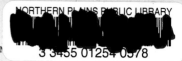
UN LIBRO DE PLUM

HABÍA UNA VEZ UNA QUINCEAÑERA

JULIA ALVAREZ ha escrito cinco novelas, un libro de ensayos, cinco colecciones de poesía y cinco libros infantiles. Reside en Vermont, donde da clases de escritura en Middlebury College. Dos de sus libros anteriores, *¡Yo!* y *En el tiempo de las Mariposas* también se encuentran disponibles en ediciones en español.

"Julia Alvarez demuestra, con *Había una vez una quinceañera,* que es capaz de escribir obras de no ficción tan convincentes como sus obras de ficción. Su elocuente narrativa y la indiscutible alegría con la que aborda el tema y la cultura hacen que este libro sea interesante no solamente para la población latina de los EE.UU.".
—*USA Today*

"Un libro ameno que invita a la reflexión . . . El libro de Julia Alvarez es una mirada cautivadora y fascinante a lo que sucede 'tras bambalinas' en las fiestas de quince años. Nos complace el haber sido invitados a compartir la vida de estas mujeres jóvenes en ese breve instante en el que —llenas de entusiasmo y esperanza— se asoman a la madurez".
—*El Paso Times*

"Con una franqueza llana y un optimismo enternecido, Julia Alvarez nos ofrece el lente ideal para observar este fenómeno estadounidense en rápido crecimiento. *Había una vez una quinceañera* nos invita a recordar esos años inciertos en que iniciamos el recorrido a la madurez como mujeres".
—*Santa Cruz Sentinel*

"*Había una vez una quinceañera* es un libro minucioso, profundo e importante. Al indagar sobre la ⬚⬚⬚⬚ ⬚⬚ ⬚⬚ince años, Julia Alvarez se adentra en el mundo ⬚⬚⬚⬚⬚⬚ biendo las diversas cuestiones a las que se en-⬚⬚⬚ es en los EE.UU. . . . Bravo, Julia Alvarez".

The Middle of Everywhere y *Reviviendo a Ofelia*

⬚⬚⬚⬚⬚⬚⬚ na vez una quinceañera sea un libro indispensable; y el ojo novelístico de Julia Alvarez lo convierte en una lectura íntima y embriagadora".
—finalista para el premio *National Book Critics' Circle Award* en crítica, nominado por Marcela Valdés

Obras de Julia Alvarez

FICCIÓN

De cómo las muchachas García perdieron el acento
En el tiempo de las Mariposas
¡Yo!
En el nombre de Salomé
El cuento del cafecito
Para salvar el mundo

ENSAYOS

Something to Declare

POESÍA

The Housekeeping Book
The Other Side/El Otro Lado
Homecoming
Seven Trees
The Woman I Kept to Myself

INFANTIL Y JUVENIL

Cuando tía Lola vino visita a quedarse
Antes de ser libres
Las huellas secretas
En busca de milagros
Un regalo de gracias: La leyenda de la Altagracia

Había una vez una
quinceañera

DE NIÑA A MUJER
EN EE.UU.

Julia Alvarez

Traducción de Liliana Valenzuela

A PLUME BOOK

PLUME

Publicado por Penguin Group

Penguin Group (USA) Inc., 375 Hudson Street, New York, New York 10014, U.S.A.

Penguin Group (Canada), 90 Eglinton Avenue East, Suite 700, Toronto, Ontario,
Canada M4P 2Y3 (a division a Pearson Penguin Canada Inc.)

Penguin Books Ltd., 80 Strand, London WC2R 0RL, England

Penguin Ireland, 25 St. Stephen's Green, Dublin 2, Ireland (a division of Penguin Books Ltd.)

Penguin Group (Australia), 250 Camberwell Road, Camberwell, Victoria 3124, Australia
(a division of Pearson Australia Group Pty. Ltd.)

Penguin Books India Pvt. Ltd., 11 Community Centre, Panchsheel Park,
New Delhi – 110 017, India

Penguin Group (NZ), 67 Apollo Drive, Rosedale, North Shore 0632, New Zealand
(a division of Pearson New Zealand Ltd)

Penguin Books (South Africa) (Pty.) Ltd., 24 Sturdee Avenue, Rosebank,
Johannesburg 2196, South Africa

Penguin Books Ltd., Registered Offices: 80 Strand, London WC2R 0RL, England

Penguin Books Ltd., Oficina registrada: 80 Strand, London WC2R 0RL, England

Publicado por Plume, un miembro de Penguin Group (USA) Inc.

Primera impresión, agosto de 2007
Primera impresión de esta traducción, agosto de 2008
10 9 8 7 6 5 4 3 2 1

Derechos del texto © Julia Alvarez, 2007
Derechos de la traducción © Liliana Valenzuela, 2008

Todos los derechos reservados

Título original: Once Upon a Quinceañera

Grateful acknowledgment is made for permission to reprint the following copyrighted works:
Excerpt from "The World's Gone Crazy" by Jeff Durand and Tommy Barbarella. Used with
permission. Excerpt from "Querida Compañera" from Loving in the War Years by Cherríe
Moraga (South End Press). Copyright © 1983 by Cherríe Moraga. Used with permission of
the author. Exerpts from for colored girls who have considered suicide / when the rainbow is enuf
by Ntozake Shange. Copyright © 1975, 1976, 1977 by Ntozake Shange. All rights reserved. Re-
printed with permission of Scribner, an imprint of Simon & Schuster Adult Publishing Group.
"Father and Child" (from "A Woman Young and Old") from The Collected Works of W. B. Yeats,
Volume 1: The Poems (revised), edited by Richard J. Finneran. Copyright © 1933 by The Macmil-
lan Company; copyright renewed © 1961 by Bertha Georgie Yeats. All rights reserved. Re-
printed with permission of Scribner, an imprint of Simon & Schuster Adult Publishing Group.

REGISTERED TRADEMARK—MARCA REGISTRADA

LIBRARY OF CONGRESS CATALOGING-IN-PUBLICATION DATA DISPONIBLE

ISBN 978-0-452-28939-0

Impreso en los Estados Unidos de América—Printed in the United States of America

LOS LIBROS ESTÁN DISPONIBLES A PRECIOS ESPECIALES PARA PROMOCIONES DE PRODUCTOS O SERVI-
CIOS. PARA MÁS INFORMACIÓN, FAVOR DE ESCRIBIR A PREMIUM MARKETING DIVISION, PENGUIN BOOKS
(USA) INC,. 375 HUDSON STREET, NEW YORK, NEW YORK 10014.

*Para
todas las niñas
y todas
las mujeres sabias
que las crían*

La educación consiste en incular a nuestros hijos el afán de anhelar las cosas apropiadas.

—Platón

Había una vez una
quinceañera

Invitación

Vas de vestido largo, color rosa pálido, no lustroso ni al estilo diva, sino más bien como una princesa, con una falda amplia de tul y encaje que te hace ver como si flotaras por el aire cuando apareces en lo alto de la escalera. La corte de catorce parejas te ha precedido y ahora se ponen en fila en la pista de baile, formando un pasadizo a través del cual pasarás para sentarte, acunando tu última muñeca en el columpio sostenido por cuerdas adornadas de guirnaldas. Tu mamá te pondrá una corona sumiéndola en una cascada de rizos que la estilista pasó casi toda la tarde esculpiendo sobre tu cabeza. Luego tu papá te cambiará los zapatos de piso que llevas puestos por un par de tacones plateados y te conducirá a la pista donde bailarán el vals.

No, no eres la *Miss America* ni una princesa ni una actriz interpretando a Cenicienta en una película de Walt Disney. No eres excepcionalmente hermosa ni esbelta ni alta, ni tienes madera de modelo. Te llamas María o Xiomara o Maritza o Chantal, y tus abuelos vinieron de México o Nicaragua o Cuba o la República Dominicana. Es probable que tu familia no sea rica; en realidad, tu mamá y tu papá han ahorrado desde que eras niña o han hipotecado la casa o han reclutado a cuarenta padrinos y madrinas para que los ayuden a costear esta celebración, tan grandiosa como una boda. Si cuestionas por qué gastar más de cinco mil dólares —el presupuesto promedio— en una celebración de una sola noche, en lugar de invertirlo en tu educación universitaria o ahorrar un poco de dinero para la hipoteca, tus padres negarán con la cabeza en complicidad porque no comprendes: esto pasa solamente una vez en la vida.

¿Qué sucede?

Vas a tener tu fiesta de quince años, vas a ser una quinceañera o sencillamente vas a cumplir tus quince. Y un día cuando tengas la edad de tu abuela y quieras decirle a alguna jovencita, oye, yo también fui joven una vez, usarás esta expresión: *Yo también tuve mis quince.*

Querrás reclamar esa edad mágica cuando una niña latina se convierte ritualmente en mujer por medio de una ceremonia conocida como la fiesta de quince años.

Exactamente, ¿qué es una quinceañera?

Es posible que esta pregunta muy pronto sea retórica en nuestra cultura estadounidense que rápidamente adquiere rasgos latinos. Ya existe una *Barbie* Quinceañera; hay paquetes de quinceañera en Disney World y en Las Vegas; y la película *Quinceañera* ha recibido varios premios; y para los niños, *Dora la Exploradora* tiene un episodio sobre la fiesta de quince años de su prima Daisy.

Una quinceañera (este término ha llegado a usarse de manera intercambiable para la muchacha y para la fiesta en inglés, en los EE.UU., pero en español, se usa únicamente para la muchacha) celebra la transición de niña a mujer con una fiesta elaborada y ritualizada al cumplir los quince años. En nuestros países de origen, ése era el cumpleaños que servía para demarcar una etapa importante: al cumplir los quince años, una muchacha podía asistir a fiestas de adultos; podía depilarse las cejas, usar maquillaje, afeitarse las piernas, usar joyas y zapatos de tacón. En pocas palabras, estaba lista para casarse. (La edad legal para contraer matrimonio en muchos países de Latinoamérica es, o lo era hasta hace poco, de quince o menos para las mujeres, de dieciséis o más para los hombres.) Incluso las familias humildes celebraban los quince años de una muchacha como algo especial, quizá con un pastel, ciertamente con una reunión de la familia y los amigos en la que la quinceañera podía alternar y bailar con muchachos. Las familias de la clase alta, por supuesto, daban fiestas más elaboradas donde la muchacha llevaba un traje largo de fiesta y bailaba el vals con su padre.

En un momento dado, estas fiestas más elegantes se volvieron sumamente ritualizadas. En uno u otro de nuestros países latinoamericanos, se coronaba a la quinceañera; su padre le cambiaba los zapatos bajos por unos de tacón alto; iba acompañada de una corte de catorce damas y catorce chambelanes, que representaban sus catorce años cumplidos; recibía su última muñeca, señalando tanto el final de la niñez, así como también mostrando de manera simbólica que ya estaba lista para tener un hijo propio. Y debido a que nuestros países eran católicos, aunque sólo fuera de nombre, la fiesta en sí era generalmente precedida por una misa o una bendición en la iglesia, o por lo menos, se invitaba al cura para que impartiera cierto peso espiritual a la ocasión. Los periódicos reseñaban este tipo de fiestas y dedicaban fastuosas planas de fotos que recuerdo haber estudiado minuciosamente de niña en la República Dominicana, sintiéndome reconfortada con la prueba de que el deseo de ser princesa no tenía que ser abandonado al comenzar a ser adulta, sino al contrario, una podía representar ese papel alegremente al compás de cientos de miles de pesos de papá.

A fines de los años sesenta, cuando mucha de nuestra gente pobre se dirigió al norte a la tierra de las oportunidades, trajeron consigo esta tradición y, con su creciente poder económico, ahora que ya no eran tan pobres, podían emular a los ricos de sus países. Surgieron productos derivados (cruceros para quinceañeras, paquetes para quinceañeras en centros turísticos, sesiones fotográficas y de video); proliferaron los cuentos acerca de dónde provenía esta costumbre de los quince (una tradición azteca antigua, una importación de las cortes europeas); se añadieron aspectos más elaborados (temas de Walt Disney, entradas especiales, rutinas de baile coreografiadas al estilo de obras musicales de Broadway); y dentro de nuestra mezcolanza panhispánica en los Estados Unidos, la fiesta de quince norteamericana adoptó todo los pequeños toques específicos de cada país para convertirse en una ceremonia más elaborada (y costosa) y para ser exportada nuevamente a nuestros países de origen. Pero en el fondo, la tradición de la fiesta de quince años en los EE.UU. cobra fuerza con el antiguo sueño del inmigrante de dar a los hijos aquello que los padres nunca pudieron haberse costeado en el país donde nacieron.

En realidad, a pesar de esta manifestación de los quince, muchas de nosotras de la primera generación de latinas nunca tuvimos una fiesta de quince años. No había dinero en aquel entonces o recién habíamos llegado a Estados Unidos y no queríamos que nada nos hiciera resaltar como algo fuera de lo normal y que no fuera lo típico de una muchacha americana. O veíamos con desprecio que se hiciera tanto alboroto por algo tan cursi o aniñado y decíamos que no queríamos una fiesta de quince porque no comprendíamos que no sólo se trataba de nosotras.

Estas celebraciones culturales también tienen como propósito forjar una comunidad en un país nuevo. Extirpadas del contexto de nuestras culturas de origen, las tradiciones alrededor de la fiesta de quince se vuelven maleables; se mezclan con las tradiciones de otras culturas que encontramos aquí; se convierten en muestras exquisitas de nuestra etnicidad dentro de la cultura anfitriona en general; al mismo tiempo reafirman que no somos como "ellos", al unirnos aunque sea en espíritu con las raíces de nuestras culturas. En otras palabras, esta tradición plasma una historia más amplia de nuestra transformación en latinos, un grupo panhispánico amalgamado en los Estados Unidos, que ahora se llama a sí mismo los "nuevos estadounidenses".

Es esa historia la que me intriga. Razón por la cual cuando una editora me invitó a escribir un libro acerca de las quinceañeras, acepté la oportunidad de seguir la pista de esta tradición a dondequiera que me llevara. Dado que nosotros los latinos / hispanos somos la nueva minoría floreciente, parecería el momento apropiado de acercarnos a un ritual que señala el momento en que una joven latina se vuelve mujer. Nosotros también estamos alcanzando la madurez en los EE.UU., mezclándonos y transformándonos de maneras que no estoy segura que nosotros mismos registramos o comprendemos del todo. A nivel más personal, a medida que mi generación, los *baby boomers* o sea, los que nacimos durante la posguerra (de 1946 a 1960 ó 1965), comenzamos a quedarnos sin padres, nos convertimos en los depositarios de nuestras culturas de origen. Ésta es una enorme responsabilidad que nos motiva a observarnos de manera crítica con el fin de asegurarnos de que lo que le estamos transmitiendo a la juventud sea algo útil e incluso, fiel a lo que vivimos a su edad en nuestras culturas de origen o, para aquellos de nosotros que llegamos aquí antes de la pubertad, en nuestro país nuevo.

De modo que por el espacio de un año me sumergí en esta tradición. Viajé a varias comunidades latinas en los Estados Unidos: dominicanos americanos en Lawrence, Massachusetts, y en Queens, Nueva York; cubanoamericanos en Miami; méxicoamericanos en San Antonio y Los Ángeles. Aun cuando atribuyo nacionalidades bien diferenciadas a estas comunidades, tengo que especificar que estas nacionalidades se encuentran en un proceso de mezcla con otras nacionalidades hispanas y no hispanas. Los

padres que dieron la fiesta de quince años en San Antonio eran
ella panameña y él méxicoamericano; de dos fiestas de quince en
Lawrence, sólo una era de dominicanos, la otra era de ecuatoria-
nos; la corte de Mónica, la quinceañera de Queens, incluía a co-
lombianas, peruanas y una norteamericana de ascendencia
italiana e irlandesa.

También hablé con docenas de muchachas y sus familias y
miembros de las cortes, con organizadores de eventos y fotógrafos, con sacerdotes de iglesia y pastores del ministerio juvenil y
con coreógrafos. Hablé con latinas de mi edad y mayores, con
profesoras universitarias y con mujeres al frente de negocios que
ofrecen servicios para el mercado de las quinceañeras, quienes
observaron que la fiesta de quince años se ha convertido en algo
todavía más grande en los EE.UU. de lo que fuera en su tierra
natal.

Con ese nivel de elaboración y derroche, las muchachas han
llegado a creer que tienen derecho a tal fiesta. Muchas de las adolescentes latinas a quienes entrevisté por escrito, a menudo se
referían a la celebración como *my right of passage* en lugar de *my
rite of passage*, es decir, "mi derecho a la iniciación" en vez de "mi
rito de iniciación". Dado que el corrector electrónico no habría
captado esa transposición de idea, éste era un error ortográfico
comprensible, pero también me pareció una descripción apta
para expresar lo que sucede con las tradiciones en los Estados
Unidos. Los ritos se transforman en derechos (o sea, *"rites become
rights"*). Las nuevas generaciones se sienten con pleno derecho a
lo que las generaciones anteriores han luchado durante años en
obtener para ellas.

Al mismo tiempo, esta ética de sentirse con derecho a ciertas
cosas parece no proteger a nuestra juventud latina del fracaso. A
medida que leía los resultados de las investigaciones sobre el
tema, me inquietó ver cómo nuestras adolescentes latinas rebasan

los índices de todo tipo de comportamientos riesgosos: desde embarazos en la adolescencia, al abuso de sustancias nocivas, hasta la deserción escolar en la escuela secundaria. ¿Qué está pasando? ¡Las coronamos como princesas y al mismo tiempo las estadísticas muestran que un gran número de nuestras jóvenes están encaminadas hacia la pobreza y el fracaso! Y me pregunto, ¿acaso son las mismas muchachas?

De modo que, lo que comenzó como el estudio de una tradición se convirtió en un recorrido exploratorio plagado de dudas e interrogantes. He de admitir que esta disyuntiva entre la grandiosa presentación en sociedad latina y la realidad de sus vidas y el enorme costo de la celebración para familias que luchan por salir adelante, en un principio me hicieron sentir escéptica en cuanto a esta tradición. Sin embargo, una y otra vez cuando asistía a estas celebraciones, me sentía profundamente conmovida por algo que estaba en el meollo de la tradición, el deseo de potenciar a nuestras jóvenes, la necesidad de demarcar ritualmente su iniciación en la edad adulta, el recordarles la importancia de su comunidad y su pasado y, al hacerlo, darles y darnos esperanza. ¿Qué tiene eso de malo?

¡Cómo me hubiera gustado contar con ese tipo de apoyo al llegar a principios de los años sesenta como inmigrante adolescente de la República Dominicana! Como era de esperarse, explorar esta tradición me remontó a mi propio proceso de maduración poco después de haber llegado a los Estados Unidos. ¿Acaso fue ese empalme engañoso de una transición doble lo que hizo mi paso de la juventud a la madurez algo tan incierto, regado de naufragios y plagado de pasos en falso? ¿Qué había aprendido de esa transición, si es que algo había aprendido, que pudiera ayudar a las jóvenes latinas que intentan integrar sus dos culturas, cada una con su propio impedimento de género, mientras dan el paso de niña a mujer? En realidad, mientras más conversaba con jóvenes de ambos sexos, algunos de los cuales no eran de origen hispano pero formaban parte de la corte de la quinceañera y su círculo de amigos, más me daba cuenta de que no sólo son las muchachas latinas las que se enfrentan a este reto. Nuestros jóvenes se están convirtiendo en adultos como parte de una cultura global nueva que los reta a integrar una variedad de mundos a la vez y a crear una narrativa individual y comunitaria coherente.

Así que, mientras asistía a fiestas de quince años, tuve la sensación de que atisbaba tanto el futuro como el pasado. Un futuro que —dada la demografía— tendría, si no un acento hispano, sí un sabor latino. Y un pasado que era mi pasado, al crecer en un Estados Unidos que apenas despertaba a su nueva identidad como país multicultural en el que las mujeres y las minorías exigían los mismos derechos.

Ahora, ya en la segunda y tercera generación, ¡seguimos celebrando fiestas de quince años! ¿Acaso es éste un testimonio de que en nuestra lucha por los derechos, no hemos olvidado nuestros ritos? O, dado el inmenso gasto y lo elaborado de la celebración en los Estados Unidos, ¿se trata de una señal más siniestra de la avaricia del mercado que está ganando mucho *money* con este agrandamiento ay-tan-americano de la tradición? Como aconsejó el presidente George W. Bush a la nación mientras ésta luchaba por expresar su dolor ante las muertes del atentado del 11 de septiembre de 2001: "Vayan de compras". ¿A qué otros ritos para expresar el duelo podíamos acudir en esos días aciagos? En este mundo posterior al 11 de septiembre, muchos sentimos mayor necesidad de ofrecer a nuestra juventud maneras de tener acceso a recursos más profundos que los que se puedan encontrar en un centro comercial o adquirir con una tarjeta de crédito. Queremos que conozcan sus raíces y sus tradiciones y, por tanto, que se comprendan mejor a sí mismos. De igual manera, debemos volver a examinar lo que les transmitimos para asegurarnos de que estas tradiciones y prácticas les sean útiles y apropiadas para los retos que enfrentan el día de hoy y sin duda enfrentarán el día de mañana.

Este libro es tanto una invitación a un recorrido por una tradición que puede ofrecer cierta perspectiva sobre algunos de estos dilemas e interrogantes, como un vistazo a un segmento cada vez mayor de la población estadounidense. Espero que este recorrido también inspire a los lectores a reflexionar acerca de sus propias tradiciones, acerca de la necesidad de tener rituales que ayuden a la juventud, de hecho a todos nosotros, en las muchas transiciones llenas de sobresaltos que nos ofrece la vida. Y para aquellos que como yo se encuentran en el umbral de convertirse en patriarcas y matriarcas, este libro es una invitación para tomar el manto o la mantilla, y asumir la responsabilidad como los ancianos de la tribu y considerar lo que significa encontrarse al otro extremo del proceso de maduración de nuestros jóvenes. ¿Cómo podemos guiarlos con luz y esperanza, como nuestros antepasados hicieron por nosotros?

Pero más que nada, este libro es una invitación a una fiesta.

Específicamente, a la fiesta de quince años de Mónica en algún lugar del barrio de *Middle Village,* en el municipio neoyorquino de Queens.

Mónica Ramos no es su verdadero nombre, y se han cambiado otras características de esta jovencita que pudieran identificarla. (Los locales, proveedores y encargados que prestan servicios a un sinnúmero de quinceañeras y que por tanto no comprometerían la identidad de Mónica se mencionan expresamente). Desde el inicio de este libro, comprendí que cualquier crítica al ritual no debía empañar ninguna celebración en particular, ni avergonzar a ninguna muchacha ni a su familia. En nuestras culturas de origen latino, así como en muchas otras culturas tribales, la relación entre anfitrión e invitado es muy especial, y no debe deshonrarse ni usarse indebidamente. Ellos me invitaron a su mesa, comí de su comida y en algunos casos fungí como la autoridad en algún detalle de la ceremonia: el significado de la última muñeca, el color tradicional del vestido, la letra de la canción "Quinceañera". (Al cabo de un año era capaz de responder a casi todas las preguntas acerca de las fiestas de quince años).

También deliberé sobre cómo presentar todo el material que había recopilado sobre las fiestas de quince en el curso de mis viajes, entrevistas e investigaciones. A medida que comencé a escribir sobre los distintos viajes que realicé a comunidades y fiestas de quince años y a festividades relacionadas con las quinceañeras, me di cuenta de que estaba repitiendo mucha de la misma información. Entonces decidí seguir a una sola quinceañera durante su tarde y noche especial y, a través de esa historia, poder establecer una conexión entre las historias de demás quinceañeras y mi propio proceso de convertirme en mujer. Escogí la fiesta de quince años de Mónica por varias razones. En primer lugar, ella era la más desenvuelta de las jovencitas a quienes había entrevistado. En segundo lugar, durante su fiesta de quince años hubo varias dificultades que brindaron la oportunidad de comentar sobre una serie de cuestiones relacionadas con la tradición, entre ellas, la dimensión religiosa, los gastos y las tendencias de la cultura dominante. En tercer lugar, y con un significado más personal, la fiesta de quince años iba a celebrarse a sólo unas millas de donde yo había pasado la primera parte de mi adolescencia, en el barrio de Jamaica, en Queens. La celebración inevitablemente desencadenó una serie de recuerdos de cuando yo tenía su edad y me enfrentaba a algunos de los mismos retos que enfrenta una muchacha latina hoy en día. Cuatro décadas más tarde, ¿qué he llegado a comprender acerca de esta tradición y de esta época de la vida, si es que he llegado a comprender algo? Espero que al final de esta narrativa, una jovencita se habrá convertido ritualmente en mujer, y mis lectores y yo nos habremos enriquecido al haber pasado una noche especial acompañándola.

Así que les pido disculpas a Maritza, a Chantal, a Xiomara y a María —a cuyas fiestas de quince años asistí— por no convertirlas en las estrellas de este pequeño libro, como lo hubieran deseado ustedes. A menudo, en los salones de belleza, mientras les arreglaban el pelo y las uñas o en los estudios de fotografía o en los jardines formales durante la sesión de fotos o mientras íbamos de la casa a la iglesia al salón de recepciones en una limusina larguísima, me preguntaban qué tipo de escritora era yo. ¿Había salido en *Oprah*? ¿Había escrito algo que hubieran oído mencionar alguna vez? ¿Saldrían sus fotos en mi libro?

Por lo general, mis respuestas las decepcionaban. Trataba de explicarles que el tipo de libros que escribo en realidad no son sobre nadie en particular, aunque por supuesto, sus maestros de literatura tienen razón: viajamos a través de historias dentro de personajes. Pero aun cuando escribo sobre mí misma, no es un yo personal sino una creación del lenguaje en una historia que en última instancia tiene que ver con todos nosotros.

A estas alturas de mi explicación, sin duda estaban distraídas por varios rizos fuera de lugar o alguna pose que el fotógrafo les pedía, que les parecía una exageración, al igual que a mí. Pero mi esperanza es que ahora, en la tranquila madurez de su vida después de los quince, leerán mi libro y encontrarán en él no un espejo que refleje su propia cara, sino la oportunidad de vivir varias vidas a través del lenguaje y el relato y otros puntos de vista y convertirse en mujer —esta vez sobre la página— como mujeres más sabias y auténticas.

A principios de mi adolescencia, cuando crecía no lejos de la casa de Mónica y luego en un internado, nunca se me hubiera ocurrido que algún día escribiría libros, mucho menos que escribiría un libro sobre esta época de la vida en que me sentía totalmente perdida. Recién llegada a los Estados Unidos, huyendo de la dictadura de Trujillo en la República Dominicana, comenzaba de nuevo en todos los renglones: aprendía un idioma nuevo, una cultura nueva, una manera de ser nueva, como una muchacha americana.

A nuestra llegada en la ciudad de Nueva York en 1960, mi papá contactó a un doctor estadounidense que había visitado la isla durante un congreso de medicina años atrás. El Dr. Deluccia y su esposa Nancy, italianos americanos de primera generación, se volvieron nuestra gran ayuda en el nuevo país. El Dr. Deluccia guió a mi padre profesionalmente para que solicitara su licencia médica y tomara los exámenes necesarios. Estábamos en deuda con ese hombre tan gentil y con su simpática y extravagante esposa. Cuando mis padres no comprendían algún documento o procedimiento o cuando se preguntaban dónde debíamos rentar una casa o qué tipo de auto comprar, siempre era, "¿por qué no llamamos al Dr. y a la Sra. Deluccia y vemos qué nos recomiendan?"

Una noche, varios meses después de haber llegado, los Deluccia invitaron a toda la familia a cenar. En consideración a nosotros, el restaurante era español y antes de salir del apartamento, mi mamá nos había advertido que dejáramos que ella escogiera nuestra cena del menú. Quizá porque los Deluccia iban a pagar, a mami le preocupaba el gasto. A media comida comenzó un espectáculo: dos bailaores flamencos entraron pavoneándose al escenario, la mujer en un vestido largo blanco con lunares rojos, con una aber-

tura a un costado, una mantilla roja sobre los hombros y una pei-
neta en el cabello. Su pareja llevaba un traje negro entallado y un
sombrero negro de ala ancha. Mientras bailaban con pasión y
destreza, el público aplaudiéndoles y aclamándolos, sentí una
oleada de orgullo étnico. Estas personas eran españolas, tenían
cierto parentesco con nosotros, inspiraban la atención y el
aplauso. Ya no éramos unos pobres *"spics"* de cuyos acentos los
demás se burlaban en el patio de recreo; de pronto, por medio de
estos bailarines, habíamos sido enaltecidos, éramos un pueblo
hermoso y conmovedor y poseíamos una cultura rica, éramos las
estrellas de la noche.

Poco después de que terminó el espectáculo, la bailarina se
acercó con una canasta de muñecas tipo *Barbie* vestidas como
ella. Se detuvo junto a mi silla y ladeó su canasta hacia mí. Creí
que me ofrecía la muñeca que yo quisiera, así que escogí una, a
pesar de sentir que mami me advertía con los ojos.

Esa noche más tarde, después de que nos despedimos de los
Deluccia, mami me dio un buen regaño. Esas muñecas estaban a
la venta, eran un *souvenir* muy caro. Mi papá le había insistido al
Dr. Deluccia que lo dejara pagar por mi extravagancia. No recuerdo
cómo dijo mamá que arreglaron el asunto del pago. Pero de ahí
en adelante, la muñeca me provocaba gran ambivalencia.

Cada vez que la veía, posada sobre el tocador en el cuarto que
compartía con mis hermanas, recordaba a la hermosa y apasionada bailarina y ese momento de orgullo étnico tan intenso en que
me sentí reivindicada. No importaba que fuera una bailarina española y no dominicana. En ese Estados Unidos pre-multicul-
tural, eso ya era mucho decir. Pero la muñeca también era un
recordatorio de cómo yo había malinterpretado estúpidamente la
venta de mercancías por un regalo simbólico de mi gente. Ignoraba aún que me había embarcado en una aventura en la que esa
muñeca bien podría ser el símbolo del resultado final: un cono-

cido símbolo estadounidense, la *Barbie*, vestida como una señorita española, mezclas y combinaciones que me llevarían a mí —y a Estados Unidos— varias décadas en descifrar. Después de todo, no fue sino hasta 1980, cuando yo tenía treinta años, que comenzaron a aparecer las primeras *Barbies* negras e hispanas en las repisas de *Wal-Mart* y *Target*.

La recuerdo ahora, mi muñeca de tantos rostros (vergüenza y orgullo, estadounidense y española, gasto y pérdida), porque las muñecas aparecen con frecuencia en el curso de este libro: desde la última muñeca que la quinceañera recibe tradicionalmente hasta la quinceañera misma con su corona y su vestido lleno de volantes, ella misma ¡una muñeca de tamaño natural!

Mientras escribía este libro, yo misma coleccioné tres muñequitas como amuletos que me recordaran los aspectos del crecimiento y el desarrollo de una niña. Encontré estas muñecas una vez que fui a la juguetería para comprarle a mi nieta una mochila de *Dora la Exploradora*. Las muñecas, exquisitamente detalladas, están hechas por la compañía francesa *Papo*, pero estas muñecas, como se puede leer en letras pequeñas cuando les das vuelta, están hechas en China. ¡Incluso nuestras muñecas personifican nuestras mezclas globales, raciales y étnicas!

La primera muñeca *Papo* es una "princesa bailarina vestida de rosa" y supongo que la escogí porque representa el tema de mi recorrido, a la quinceañera misma.

La segunda es un hada madrina vestida de blanco con una varita mágica con una estrella en la punta: la madrina que todas las niñas necesitan interiorizar para que sus sueños se hagan realidad.

La última muñeca no parece pertenecer al mismo universo que las otras dos: está vestida con pantalones de hombre y lleva la cabeza cubierta con una toca blanca sujeta por una corona plateada. Empuña una espada y lleva una capa roja que se arremolina a su alrededor.

Sólo gracias a la sabiduría que da la experiencia de ser mujer comprendo cabalmente cuán necesaria es esta última imagen para completar la trinidad de princesa y madrina que encarnan el cuento de hadas de la quinceañera. Ella es la guerrera, a quien conocí por primera vez a los veintitantos años cuando leí las memorias de Maxine Hong Kingston tituladas *Woman Warrior* (La guerrera). Ser mujer en Estados Unidos hoy en día —por no decir en el mundo— continúa siendo una batalla cuesta arriba en contra del sexismo, la desigualdad salarial y las amenazas a la igualdad de derechos, así como la lucha en contra de las furias mitológicas y la negatividad interiorizada que aún intenta limitarnos. Pero el detalle que me resulta más encantador de este talismán de guerrera no es su porte valiente provisto de un arma, sino la mano izquierda que ella tiende para equilibrar su embestida con la espada en la mano derecha: cinco deditos color carne, vulnerables y abiertos, que inspiran ternura, una mano capaz de sostener una pluma o un portafolios o un bisturí u otra mano.

Mientras escribo esto en mi casa en el área rural de Vermont, un estado con una de las poblaciones latinas más pequeñas (5,504 de una población de 608,827, según el censo del año 2000), soy conciente de toda una nueva población clandestina en las granjas vecinas. De hecho, el condado de Addison en el que vivo tiene ahora 400 trabajadores mexicanos indocumentados que ordeñan vacas en granjas lecheras que quebrarían si se deportara esa mano de obra barata dispuesta a trabajar de día y de noche. En otras palabras, no existe un rincón en los Estados Unidos que no se esté convirtiendo rápidamente en una comunidad multicultural.

Algunos de estos trabajadores han viajado hasta aquí con sus esposas y novias. Recientemente, durante el *baby shower* de una de estas mujeres, mencioné la tradición. —En caso de que sea niña —bromeé—, más vale que nos pongamos a pensar en su fiesta de quince años.

A las jóvenes se les iluminó el rostro. La futura mamá ofreció una sonrisa amplia. De pronto, en medio de un país extraño y en un estado aún más extraño, Vermont en pleno invierno, había un vínculo que las remontaba a sus pueblos y a sus familias en un México distante. Y aunque sólo una de las cuatro mujeres había tenido una fiesta de quince, cada una de ellas podía enumerar todos los detalles: el vestido largo, el cambio de zapatos, la última muñeca, la misa, el baile con el padre...

—Todas las niñas crecen con la ilusión de que algún día tendrán su fiesta de quince años —explicó otra mujer joven, también embarazada. Las demás asintieron.

—Así que, si tienen hijas, ¿celebrarán su fiesta de quince años aquí en su nuevo país?

Las mujeres se quedaron calladas, ya que en los inciertos días venideros, ¿quién puede imaginar cuáles serán las posibilidades?

Ojalá que este libro forme parte del proceso de imaginar un futuro brillante y prometedor para todas nuestras hijas. Que al crecer se sientan tan especiales como las princesas, tan poderosas como las hadas madrinas y tan ferozmente comprometidas con la lucha por la igualdad de todas las personas como las guerreras.

Había una vez una quinceañera

Estoy sentada en mi habitación del Hotel *Pan American* sintiéndome casi casi como la Cenicienta antes de que se le aparezca el hada madrina. Vine por carretera desde Vermont temprano por la mañana, un trayecto de cinco horas que me tomó seis, ya que no estoy acostumbrada a hallar el camino en un laberinto urbano de carreteras y autopistas con salidas que surgen de la nada en esta área multicultural y multilingüe, multi multi de Queens, donde hace cuarenta años pasé mi propia adolescencia como inmigrante.

He venido aquí para asistir a la fiesta de quince años de Mónica Ramos. El plan era que yo telefonearía a la familia Ramos tan pronto como llegara y que ellos vendrían a recogerme para que yo pudiera acompañar a la quinceañera durante las últimas horas de preparativos. Pero he estado llamando al número de la casa y al teléfono móvil del padre de Mónica por media hora y nadie contesta. Quizá sea el diseño floral abigarrado de la colcha del hotel o el desodorante ambiental recién rociado en la habitación, pero las dudas me dan vuelta por la cabeza. ¿Vine desde tan lejos para pasar la noche en una habitación carísima del *Pan American,* tan sólo para regresar mañana por la mañana y manejar de vuelta a Vermont sin siquiera darle un vistazo a esta quinceañera de Queens?

Como muchas latinas nacidas en los EE.UU., Mónica, cuyos padres nacieron en la República Dominicana, está celebrando su fiesta de quince años al cumplir los dieciséis. Ésta es sólo una adaptación más de la tradición del país de origen que lleva sobreviviendo más de cuatro décadas en suelo estadounidense. Pero con la tenacidad única de este grupo inmigrante que parece conservar al menos un poco del idioma español y el sentido de que el "hogar" todavía se encuentra al sur del Río Grande o Río Bravo hasta entradas la segunda y tercera generación, Mónica llama su *sweet sixteen* (dieciséis abriles), una especie de quince años.

La fiesta de quince años de Mónica había sonado de maravilla por teléfono. Iba a ser algo tan especial, me dijo durante varias conversaciones de larga distancia. Abierta, simpática, desenvuelta, Mónica era una de las quinceañeras más elocuentes y comunicativas que entrevisté. Al principio ella no quería una fiesta, pero al final dos cosas la convencieron: la oportunidad de ponerse un hermoso vestido tipo princesa y la oportunidad de dar un discurso frente a toda su familia y amigos. Como parte de la celebración, Mónica prenderá diecisiete velas, cada una de ellas dedicada a una persona especial con un breve discurso acerca de por qué esa persona es tan especial para ella.

—Siempre hay una vela de más dedicada a alguien ausente —Mónica explicó sobre la vela extra—. La mía va a estar dedicada a Dios por haberme dado una vida tan especial.

Mónica me ha dicho que ella es una católica devota. Tengo que morderme la lengua para no señalar que una vela destinada a alguien ausente quizá no sea la mejor categoría para Dios, quien estoy segura Mónica cree que se encuentra en todas partes. Pero de por sí es difícil lograr que estas jovencitas confíen en una perfecta desconocida sin atosigarlas con preguntas espinosas. Como dijo una jovencita mientras yo la interrogaba acerca de cómo exactamente pensaba ella que iba a pasar de ser niña a mujer al tener su fiesta de quince años: "esto se está poniendo pesado".

En vez de eso le pregunté a Mónica si sus quince iban a tener un tema. Los temas gozan de popularidad: la quinceañera es una mariposa, saliendo de una flor. La quinceañera es una princesa, sentada en su trono. La quinceañera es una vaquera, con una corte de muchachos luciendo sus lazos. La quinceañera, como en el truco de un mago, sale de un escotillón envuelta en una bocanada de humo.

—La mía se basa en los personajes de *Walt Disney* —anunció Mónica con emoción. Sus amigas de la corte iban a ser la Bella Durmiente, Blanca Nieves, Jazmín, la Bella, etc. —Vamos a hacer una breve obra en la que el príncipe encontrará mis zapatillas en la pista de baile y se las llevará a papi para que me las ponga —continuó Mónica efusivamente.

Antes de colgar, le pregunté a Mónica qué significaba para ella su fiesta de quince años. Aunque había estado bastante parlanchina acerca de los detalles de la fiesta, Mónica parecía no saber qué contestar. Todas las quinceañeras a quienes les había hecho esa pregunta me habían dado la misma respuesta fácil. Claudia de Lawrence, Massachussets, una muchacha bajita y fornida vestida en pantalón deportivo, presionada por su mamá para celebrar sus quince; Ashley de San Antonio, una muchacha menuda, popular, con una sarta de amigas que habían celebrado o que estaban por celebrar sus quince; Leticia de la parte Este de Los Ángeles, quien se fugó con su chambelán siete meses después, todas ellas hicieron eco a Mónica como si recitaran el mantra de las quinceañeras: "Voy a pasar de ser niña a ser mujer". Cuando le insistí a Mónica que me explicara lo que quería decir con esto, ella me contestó con imprecisión:

—Es como una parte de mi cultura.

—Así que, ¿tu mami también celebró sus quince años cuando estaba en la República Dominicana? —pregunté.

Mónica no estaba segura.

—¡Mami! —la llamó desde su extremo del teléfono—. ¿Tuviste una fiesta de quince años? —La respuesta:

—Una fiesta fiesta de quince años, no, mija.

Me enteré de la fiesta de quince años de Mónica hace apenas cuatro días por medio de conocidos de conocidos, esa forma de comunicación de boca en boca que tanto me recuerda a nuestras culturas de origen. La amiga colombiana de una estudiante mía dominicana tiene una madre que es dueña de una floristería en Queens que hace muchos arreglos florales para fiestas de quince años, y ella (la madre) estaba haciendo los arreglos para Mónica, así como suministrando algunos de los artículos de utilería, y le contó a la familia Ramos acerca de mí. Para cuando me llegó la noticia de vuelta de que los Ramos estarían encantados de que yo asistiera a la fiesta de Mónica y, con número telefónico en mano, los llamé, se encontraban en esa cuenta regresiva de cuarenta y ocho horas, usualmente asociada con las bodas, en la cual todo el mundo anda a las carreras, a punto de tener un soponcio, discutiendo, echándose a llorar y con la novia amenazando cancelar todo. De hecho, la fiesta de Mónica tomaba lugar poco después de que aparecieran los titulares acerca de la novia fugitiva, Jennifer Wilbanks, que desapareció días antes de su boda en Duluth, Georgia. Mientras estoy sentada en la habitación del hotel, intentando comunicarme con los Ramos, me pregunto si acaso nadie contesta porque Mónica se fugó. Sería la primera quinceañera fugitiva en recibir la atención de los medios de comunicación.

Por teléfono, un Sr. Ramos muy generoso ("¡José, por favor!") había ofrecido ir a recogerme al aeropuerto en caso de que decidiera llegar en avión. —Ni pensarlo, con todo lo que tienen que hacer —me rehusé. En parte, me pareció prudente tener mi propio transporte para ir de la iglesia, donde una misa o una bendición precedería la fiesta, al *Dance Club,* el salón de fiestas donde la ceremonia, la cena y el baile tomarían lugar, y de allí de vuelta al hotel a buena hora, ya que estas fiestas tienden a prolongarse más allá de las doce campanadas de la Cenicienta. Traer mi propio vehículo resultaría ser una decisión acertada, de más maneras de las que pude haber previsto. Pero por el momento, me pregunto si el largo viaje ha sido en vano ya que no me han contestado ninguno de los mensajes que he dejado en el teléfono móvil del Sr. Ramos o en el teléfono de la casa. Bobamente, no tengo la dirección ni otra manera de ponerme en contacto con la familia. Miro hacia fuera por la ventana mugrienta del *Pan American,* más allá del estacionamiento trasero, hacia calle tras calle de hileras de casas con su cerca y sé, con el alma en los pies, que éste no es el tipo de barrio donde todo el mundo se conoce.

Pasa una hora. Es viernes, así que en Vermont, mi esposo todavía está en el trabajo. Yo le había sugerido que ambos tomáramos el avión, dado que no soy muy hábil manejando en la ciudad, y que convirtiéramos el viaje en un fin de semana placentero, pero antes de que pudiera darle una idea de lo mucho que nos íbamos a divertir dos noches en el Hotel *Pan American,* mi esposo negaba con la cabeza. Ya había asistido a bastantes fiestas de quince años, no gracias. —Sólo has asistido a unas cuantas —alegué, sintiéndome vagamente herida ante su obvio desencanto con una de "mis" tradiciones culturales —. He asistido a cuatro y fueron tres de más —replicó. No sé si se deba a sus raíces germano luteranas ahorrativas, pero desde un principio ha mirado con recelo estas celebraciones excesivas, ya que muchas de ellas cuestan mucho más de lo que una familia de clase trabajadora puede costear.

Comparto su escepticismo sobre esta tradición. El gasto increíble; una muchacha a quien se le fomenta la engañosa fantasía de ser una princesa como si las buenas nuevas del feminismo nunca hubieran llegado a los oídos de su madre; el mercadeo de una jovencita como un atractivo producto casamentero. ¿Por qué no ahorrar ese dinero para su educación? He insertado esa pregunta en todas mis entrevistas. ¿Por qué no tener una celebración tanto para los niños como para las niñas? Pero aún así, cada vez que la jovencita hace su entrada triunfal pasando por un arco o cuando se abren las cortinas para mostrarla allí, sentada en un columpio o un trono o un caballito de carrusel, mientras el salón repleto con toda la familia y los amigos la aplauden, se me llenan los ojos de lágrimas y tengo un nudo en la garganta. Esta tradición, cualesquiera que sean sus adornos, da en el blanco en cuanto a la necesidad de reconocer y celebrar a estas recién llegadas en el devenir del tiempo. Desde mi lugar entre la multitud me debato entre sentir optimismo por este nuevo y delicado ser que emerge del capullo de su niñez y una sensación de terror de que el mundo en el cual ella está incursionando, a diferencia de la fantasía que disfruta en esta noche particular, no le permitirá volar tan alto.

El lamentable estado de las muchachas hispanas

Leer sobre el estado de las adolescentes en los Estados Unidos sólo puede intensificar esa sensación de terror.

En su libro de mayor venta, *Reviviendo a Ofelia: Qué pasa con las niñas de hoy,* la Dra. Mary Pipher, una psicóloga clínica que ha tratado a niñas y a adolescentes durante más de treinta años, advierte que algo les sucede a las muchachas estadounidenses, llenas de vida e inquietudes, al llegar a la adolescencia. Enmudecen, pierden la confianza en sí mismas, dudan de sus habilidades, rinden menos de lo esperado en la escuela y se vuelven presa fácil para el abuso de sustancias nocivas, los comportamientos sexuales de alto riesgo y la depresión. Y la adolescencia comienza más temprano que nunca. La edad promedio del comienzo de la menstruación entre niñas de raza blanca de clase media en los EE.UU. hoy en día, es de doce años (aun más temprano entre las niñas hispanas) en contraste con quince o dieciséis a finales del siglo XIX. Las niñas están madurando sexualmente y, en algunos casos, comienzan su actividad sexual cuando todavía son unas niñas. Y esta maduración temprana se da en lo que la Dra. Pipher llama una cultura "maligna para las niñas", "lugares de mala muerte donde abundan las licorerías y escasean los espacios protegidos". Las presiones y las exigencias de la adolescencia contemporánea bastan para que incluso las muchachas más fuertes se desmoronen y se desanimen.

No sólo se han intensificado las presiones físicas y sociales sobre las jóvenes, sino que además están menos protegidas de lo que lo estaban hace un siglo y tienen menor afecto, según Joan Jacobs Brumberg, quien termina su libro *The Body Project: An Intimate History of American Girls* (El proyecto del cuerpo: una historia íntima de las chicas estadounidenses) con un llamado vehemente a lo que ella designa "la defensa en pos de las jóvenes". Irónicamente, esta falta de protección es un producto del feminismo de nuestra generación. "A fines de la década de los sesenta y durante la década de los setenta, la noción tradicional de que las mujeres necesitaban de protección especial debido a la biología cayó en descrédito". Las feministas, entre quienes la Dra. Brumberg se cuenta a sí misma, renunciaron a todo tipo de supervisión especial o guía para las niñas. Y por tanto, estas muchachas han quedado desamparadas en medio de una cultura popular que las bombardea con ideales artificiales, manipuladas, sobre qué aspecto deben tener, una cultura de violencia, drogas y presiones sexuales en la cual sus cuerpos son "la moneda principal del reino". Muchas de ellas andan a la deriva. "En los EE.UU., las niñas menores de quince años son cinco veces más propensas a dar a luz que las niñas de la misma edad en otros países industrializados".

Pero todo esto resulta ser el lado más prometedor de las malas noticias comparado con la situación entre las latinas jóvenes. En un estudio llevado a cabo por la Coalición Nacional Hispana de Organizaciones de Salud y Servicios Humanos (*COSSMHO*, por sus siglas en inglés) titulado *The State of Hispanic Girls* (El estado de las muchachas hispanas), las latinas jóvenes encabezan las listas de los índices de embarazo en adolescentes, de intentos de suicidios, de deserción escolar y de abuso de sustancias nocivas. No es de extrañarse: a partir de 1996, advierte el estudio, "más del 40 por ciento de todos los niños hispanos menores de diecisiete años viven en familias con ingresos por debajo del umbral de pobreza". La lectura de los resultados resulta despiadadamente desalentadora: "Es escalofriante..." (cerca de una de cada tres estudiantes hispanas de la escuela secundaria ha considerado seriamente el suicidio); "Lamentablemente..." (las muchachas hispanas tienen el índice de deserción escolar más elevado de cualquier otro grupo étnico: un 30 por ciento entre las edades de dieciséis y veinticuatro años han abandonado los estudios sin volver a inscribirse y sin conseguir un diploma de equivalencia de la escuela secundaria); "Es deplorable..." (las muchachas hispanas aventajan a sus homólogas en el uso de sustancias ilegales); "Más nefasto es el hallazgo de que..." (las estudiantes hispanas son más propensas a haber comenzado a ingerir alcohol antes de los trece años de edad); "Lo más perturbador de todo... También es desconcertante..."

¿Qué diantres hay que celebrar? ¿Por qué las quinceañeras están de fiesta? Quizá, más allá del espesor de las estadísticas, ¿las cosas no estén tan mal? Pero, de hecho, según el estudio de *COSSMHO*, esto es "calculando por lo bajo", ya que esta información se recopiló de estudiantes de la escuela secundaria, edad en la cual muchas muchachas hispanas ya habían abandonado los estudios. (Las muchachas hispanas que abandonan la escuela corren mucho más riesgo que sus homólogas que permanecen en la escuela). Dado que los hispanos son el grupo minoritario en crecimiento más grande del país y ya que más de uno de cada tres hispanos es menor a los dieciocho años, estas cifras representan una parte considerable de la población compuesta por niñas.

En parte es por eso que sentí un gran interés en escribir acerca de las fiestas de quince. Si la situación realmente está tan mal, ¿acaso nuestra comunidad no debería acudir en masa y cada uno de manera individual para rescatar a nuestras niñas? ¿Cuántas de estas princesas de una noche terminarán en la dirección opuesta al cuento de hadas de la Cenicienta: de trajes de fiesta y coronas y fiestas de quince a una vida en el escalafón más bajo de la jerarquía norteamericana? Como se cuestionan los autores de *El estado de las muchachas hispanas*, "Estos estudios nos incitan a hacer una pregunta importante: ¿Acaso la americanización se ha vuelto dañina para la salud de las adolescentes hispanas?"

La respuesta parece ser afirmativa: "la residencia a largo plazo en los Estados Unidos aumenta de manera apreciable los índices en todas las categorías de trastornos, con aumentos particularmente drásticos en los índices de abuso de sustancias nocivas". Y sin embargo, el estudio también encontró que aquellas muchachas que triunfan, lo logran en parte debido a creencias y prácticas culturales protectoras que actúan como una especie de amortiguador importante en contra de la depresión y de comportamientos de alto riesgo. Y así, en realidad, la celebración de los quince años, mientras que respalda una fantasía cuestionable y a menudo costosa, también implica una inversión de tiempo, energía y atención en la persona joven, lo cual puede pagar con creces en maneras que no pueden descartarse tan fácilmente. Vale la pena recordar el viejo refrán acerca de que nuestras virtudes están a menudo tan entreveradas con nuestras fallas que debemos tener mucho cuidado de dónde podamos y qué es lo que cortamos.

Lluvia radioactiva

Me figuro que en lugar de quedarme sentada en la habitación del Hotel *Pan American,* esperando a que los Ramos me llamen, mejor podría salir a explorar mi antiguo barrio. Es la ventaja de los teléfonos celulares: puedo acarrear mi medio de comunicación móvil. No que me haya servido de mucho hasta ahora.

Según la muchacha latina de la recepción, es muy fácil llegar a la calle 179 en el barrio de Jamaica desde donde estamos en Queens Boulevard. —Nada más siga por esta calle hasta topar con Hillside Avenue —. Pensé en preguntarle si ella había tenido una fiesta de quince años, pero su paciencia parecía tener un minutero con límite de una pregunta, tiempo que se termina cuando le pregunto si tiene un pequeño mapa, ya que tiendo a ser una persona visual.

No lo tiene.

Pero sus instrucciones dan en el clavo: Voy conduciendo por Queens Boulevard, doy vuelta a la izquierda por Hillside y muy pronto el barrio comienza a parecerme familiar. Todas las fachadas de las tiendas han cambiado: donde antes había una dulcería, ahora hay una tintorería. La bodega ha sido reemplazada por un banco. El consultorio dental del Dr. Gold ha desaparecido. Han remozado la casa de los Diller. Los árboles son más altos. Pero el barrio todavía tiene ese aire familiar de un amigo de la infancia en la edad madura: ves destellos del niño aparecer en la cara surcada de arrugas.

Mi familia se mudó al barrio de Jamaica, en el municipio de Queens, en la ciudad de Nueva York, en 1963, nuestro tercer año en los Estados Unidos. Mis padres habían vivido antes en los Estados Unidos, durante una emigración temprana y fallida. Habían vuelto a su tierra en 1950 cuando yo tenía un mes de nacida. Ahora, diez años después, estaban de regreso. Pero esta vez, no les quedaba más remedio que quedarse. La participación de mi papá en un complot en contra del dictador Trujillo había sido descubierta y apenas habíamos logrado escapar con vida.

Los primeros dos años fueron difíciles. El mundo que conocíamos había terminado y ahora luchábamos por mantenernos a flote en medio de la abrumadora novedad que todo representaba. Estábamos escasos de dinero. Mi papá tuvo que solicitar su licencia médica para poder ejercer su profesión. ¿La conseguiría antes de que el préstamo de los padres de mamá se terminara? ¿La conseguiría del todo? Le rentamos un apartamento cerca de *Columbia University* a un profesor que estaba de año sabático, luego subalquilamos una casa en *New Hyde Park*: cada año en un barrio nuevo, una escuela nueva, un lugar nuevo al que teníamos que acostumbrarnos además de que intentábamos acostumbrarnos a un mundo totalmente nuevo. Nos mantuvimos muy unidos como familia nuclear, todos sufriendo de un profundo choque cultural.

Pero para el tercer año, las cosas fueron mejorando. Mi papá había obtenido su licencia y trabajaba siete días a la semana en una clínica de Brooklyn. En la isla, la situación política permanecía incierta; aun después de que el dictador fue derrocado, había golpes de estado, tomas de poder por parte de los militares y descontento social. La ilusión de que algún día regresaríamos había terminado. Habíamos llegado para quedarnos. Compramos casa propia en Jamaica y comenzamos a echar raíces en este país.

Y de esa forma, en este barrio, no muy lejos de donde Mónica celebrará sus quince, fue donde mis hermanas y yo comenzamos a convertirnos en muchachas americanas. Por supuesto, esto comenzó a causar problemas en la familia. Mis hermanas y yo queríamos andar con nuestras amigas, pasar la noche en sus casas, asistir a sus fiestas, usar ropa como la de ellas: faldas demasiado cortas, blusas demasiado breves, pantalones vaqueros andrajosos. Discutíamos, éramos respondonas, hacíamos cosas a escondidas. Mis padres indudablemente habrían estado de acuerdo con las conclusiones del estudio de *COSSMHO*: la residencia a largo plazo en los Estados Unidos estaba comenzando a arruinar a sus hijas.

Mi mamá, quien se volvió la encargada principal ahora que mi papá siempre estaba trabajando, recurría a los castigos, los ultimátums y cuando esos métodos no funcionaban, trataba de meternos miedo. Constantemente nos advertía sobre los peligros en este nuevo país: no podíamos confiar en nadie; los únicos que siempre acudirían en nuestro auxilio serían los miembros de nuestra propia familia. Punto, se acabó la discusión. A diario escuchábamos historias recopiladas de periódicos y de la televisión sobre atracos y asesinatos; muchachas violadas; muchachas estranguladas; muchachas violadas y estranguladas a sólo diez cuadras de distancia. Creo que supe acerca de las violaciones antes de comprender cómo funcionaba en realidad el sexo normal.

Y sin embargo, a la vez que trataban de mantener el control sobre nuestra sexualidad y comportamiento, mis padres también hacían hincapié en la importancia de la preparación académica, de salir bien en la escuela, donde al contrario de las reglas en casa, nos enseñaban a pensar por nosotras mismas, a expresar nuestras opiniones, a defender nuestras creencias. Comenzamos a sentirnos perdidas en un mar de dudas, con lealtades divididas, entre Lucas y Juan Mejía, como dicen los dominicanos. Por un lado mis padres luchaban por protegernos de la influencia asimiladora, seductora, corruptora de la cultura estadounidense, pero por el otro, nos impulsaban a sobresalir y a triunfar en este mundo nuevo donde los antiguos cimientos ya no estarían a nuestro alcance como niñas dominicanas de buena familia.

Este dilema bicultural —el cual tres décadas más tarde sería reformulado en los medios masivos y en los programas de estudios escolares como la riqueza multicultural que los inmigrantes contribuyen al crisol de culturas, que para entonces había adoptado el nombre de "el mosaico americano"—, este dilema fue el nudo gordiano que mis hermanas y yo muy pronto fuimos incapaces de desatar. Por supuesto, hubiera sido beneficioso establecernos en una comunidad dominicana, que podría haber funcionado como una zona de amortiguamiento y habernos ayudado a mantener nuestras tradiciones y nuestro idioma, esas creencias y prácticas culturales protectoras que el estudio de *COSSMHO* encontró que ayudaban a que las muchachas no adoptaran comportamientos de riesgo o —en palabras de mi madre— a que no se portaran mal.

Pero pasaría otra década y media antes de que la gran ola de inmigrantes dominicanos salpicara las costas de Nueva York y acabara en Washington Heights, Queens y el Bronx. Otra década antes de que nuestras identidades ferozmente etnocéntricas de Centro y Latinoamérica y el Caribe fueran subsumidas bajo una sola categoría, una aglomeración burocrática denominada *"hispanic"* o sea, hispana. En 1973, la Oficina de Administración y Presupuesto (*OMB*, por sus siglas en inglés) del gobierno del presidente Nixon estableció la Directiva 15, según la cual, los estadounidenses debían clasificarse a sí mismos dentro de la casilla correspondiente según la raza y la etnia como: "negro"; "blanco"; "asiático o isleño del Pacífico"; "indio americano o nativo de Alaska"; "hispano". Otra década de mezclas y políticas, y para los años ochenta nosotros mismos comenzamos a reivindicar esa identidad como nuestra. Y aunque algunos discreparon con el apelativo y prefirieron autodesignarse como "latinos" en lugar de "hispanos", esa cavilación burocrática se había vuelto una realidad: nos habíamos convertido en la Raza, un solo pueblo.

Pero eso estaba a diez o quince años en el futuro. En 1963, los Estados Unidos se encontraban aún sumidos en el temor de la amenaza comunista, saliendo apenas de los años de la persecución del senador Joseph McCarthy, comenzando a escuchar a esas masas más morenas que ansiaban respirar libres dentro de sus propias fronteras. En nuestro barrio, una familia negra se había mudado frente a nuestra casa. Recibieron llamadas amenazadoras, o eso supimos. Una patrulla rondaba la cuadra. El padre era profesional, el superintendente de algo; mantenían a la hija, una niña como de mi edad, dentro de los rigurosos confines de la familia; no le permitían salir a jugar.

¿Acaso ése era el éxito: escalabas posiciones sociales y te salías de tu elemento, y luego te aferrabas a los pocos que habían venido contigo porque eso era todo lo que quedaba de lo que habías perdido en tu ascenso a ese mundo feliz? Tan pálidas como éramos, acaso los transeúntes no nos habían dicho a mis hermanas y a mí cuando nos escuchaban hablar español en voz alta: "¡*Spics*! ¡Regresen al lugar de donde vinieron!" Había habido varios incidentes en mi escuela, los niños mayores me habían escupido, me habían tirado piedras, me habían perseguido por la cuadra, acusándome de comunista porque me habían escuchado decir que nuestra isla quedaba junto a Cuba, donde el tan temido Fidel Castro se preparaba para lanzar una bomba contra los Estados Unidos.

Pero aunque la ola de concientización multicultural con la corrección política acompañante estaba a décadas de distancia, otro cambio estaba tomando lugar, uno que no podría esperar ni diez ni quince años: mis hermanas y yo entrábamos a la adolescencia. Mi hermana mayor cumplió quince años, pero ni hablar de hacerle una fiesta de quince. ¿A qué familia íbamos a invitar excepto a las dos tías paternas ancianas que vivían en el Bronx? ¿Qué comunidad íbamos a reunir para celebrar el que una pasara de niña a mujer? En cuanto a nuestras amigas estadounidenses: mami ni siquiera les permitía que entraran en casa. Esas eran niñas que no tenían nuestras costumbres, niñas que eran una mala influencia, niñas a quienes mami no podía controlar como todavía esperaba hacerlo con nosotras. (¡Ja!)

Así que para sus quince, a mi hermana mayor le tocó el anillo que mi mamá había recibido de sus padres cuando ella cumplió quince años. A mi hermana también se le permitía ahora usar un poco de maquillaje: lápiz de labios de color pálido, un poco de colorete en las mejillas. El otro privilegio que acompañaba el cumplir los quince años era afeitarse las piernas, lo cual habíamos sorteado meses antes cuando las tres hermanas mayores habíamos ido a la farmacia en Hillside y habíamos comprado un frasco grande de crema *Nair*, y nos habíamos depilado las piernas. Técnicamente no habíamos desobedecido, ya que la prohibición era que no podíamos "afeitarnos" hasta que cumpliéramos los quince.

Como es obvio, encontramos maneras de eludir el control de nuestros padres, el cual era aun más extremo por estar fuera de contexto —obsoleto— el resultado directo de sentirse asediados en un mundo del que desconfiaban.

Comencé a tramar mi huida. De vez en cuando, me iba de casa, vagando por los pequeños comercios de Hillside Avenue. Una vez llamé a *Pan American*, la aerolínea que nos había traído a Nueva York, para pedir información sobre cuánto costaría un vuelo a Australia. ¿Australia? ¿Por qué no regresar al lugar de donde había venido? ¿Por qué Australia? Recientemente, papi nos había llevado a ver la película, *La hora final*, sobre la guerra nuclear, el fin del mundo, la destrucción del hemisferio norte. El último bastión no contaminado era Australia. Gregory Peck se enamora de Ava Gardner, mientras la lluvia radioactiva se desplaza por el Océano Pacífico . . .

Yo estaba enamorada de Gregory Peck. ¿Acaso me correspondería? Después de todo, Ava Gardner parecía *"Spanish"* (el término que usábamos en aquel entonces en lugar de *"hispanic"* o "latina"). ¿Acaso las prefería morenas? Pero no sólo era el romance lo que capturaba mi atención. La película era fascinante, aterradora, en parte porque yo habitaba en la misma tonalidad emocional. Comprendía la sensación de que el mundo llegara a su fin, de no saber si evitaríamos el desastre o si la nube de lluvia radioactiva se movería lentamente adonde el amor te había salvado por un momento.

La operadora de *Pan American* me siguió la corriente, una niña con un acento marcado tratando de comprar un boleto de avión con su dinero de cumpleaños.

—Es muy caro volar a Australia, cariño.

—Pues, ¿cuánto costaría?

—Depende, ¿quieres un pasaje redondo o sencillo?

No sabía la diferencia, ella me lo tuvo que explicar. Y he aquí el meollo de lo que se convertiría en mi dilema constante, el nudo gordiano que yo misma seguiría anudando: quería un pasaje de ida y vuelta aunque nunca jamás iba a volver.

Y ahora, heme aquí cuarenta y dos años después, conduciendo por Hillside Avenue, la calle por la que solía vagar cuando me fugaba de casa. Siempre terminaba de la misma manera: aguantaba hasta la hora de la merienda cuando sabía que mi papá regresaría del trabajo y que lo mandarían a buscarme con una de mis hermanas. Veía el Mercury negro dar la vuelta por Hillside, mi papá tocaba la bocina, mi hermana bajaba la ventanilla y gritaba: "¡¡¡JULIEEEEEEEEEEEE!!! ¡Más te vale que te metas al coche!" La calle entera parecía detenerse y clavarnos la mirada. Les estábamos demostrando que tenían toda la razón, éramos unos *spics* gritones haciendo un escándalo. No pertenecíamos a este lugar. Debíamos regresar al lugar de donde vinimos. Con razón tenía ganas de fugarme a Australia y casarme con Gregory Peck y contemplar el fin del mundo desde sus brazos.

Todas las niñas deberían tener una fiesta

Ojalá hubiera podido llamar y hablar con Isabella Martínez Wall en mis épocas de adolescente en busca de alguien que me rescatara y me diera una infusión de autoestima.

Isabella es la fundadora de una página de Internet, con sede en Los Ángeles, que ofrece todo lo necesario para las fiestas de quince años, además de dar consejos: bellaquinceañera.com. También es actriz, ex Señorita República Dominicana, una famosa modelo de modas y la fundadora de *Someone Cares International,* una asociación sin fines de lucro "que beneficia a los niños necesitados" en su país natal, según la página de Internet. Al hablar por teléfono con esa mujer apasionada que causa inspiración, siento la misma mezcla inquietante de asombro, cautela y anhelo que siento hacia los televangelistas. ¿Realmente alguien puede creer en eso? Y de ser así, ¿por qué no yo?

Me enteré de Isabella por medio de una dominicana que trabaja en *Disney World,* a quien había contactado para obtener más información sobre el paquete *Disney* de quince años. Ella describió a Isabella como a una "latina con cuerpo" que estaba haciendo cosas fabulosas para las jóvenes latinas. Según mi contacto, Isabella había descubierto que las muchachas que celebran sus quince no abandonan los estudios, ni se quedan embarazadas, ni se meten en problemas.

—¿De veras? Es decir, ¿según las estadísticas? —pregunté de inmediato. Allá vas otra vez, pensé, atosigando a estas jovencitas con tus preguntas. Pero una panacea para quinceañeras me parecía algo demasiado bueno como para ser verdad. Yo apenas había regresado a la superficie después de leer "El estado de las muchachas hispanas" con una sensación de terror en el corazón, lo cual también hacía que quisiera encontrar un remedio.

—No sé —dijo mi contacto—. Mejor habla con Isabella, ella sabe.

Ah, qué mi gente, pensé. Las estadísticas son para los gringos. Nosotros confiamos en los testimonios, en lo que el corazón y las telenovelas nos dicen. Yo acababa de asistir a una charla ofrecida por el Dr. James Martin titulada: "El significado del siglo XXI". Las soluciones a los problemas mundiales no tenían que ser costosas ni complejas, explicó el gurú de la informática. En México, un grupo vanguardista de productores de televisión que comprendía los peligros de la explosión demográfica había comenzado una campaña para reducir las tasas de natalidad al introducir a protagonistas que practicaban la planificación familiar en las telenovelas del momento. Los resultados iniciales mostraban que la campaña estaba funcionando. Mucho mejor que los panfletos o las clases de ciencias o las charlas como la del Dr. Martin.

Cuando localicé a Isabella, después del tratamiento honorífico inicial, "¡Así que tú eres la autora!" "¡Así que tú eres la reina de belleza!" Le pregunté sobre su declaración de que la fiesta de quince años realmente le da un rumbo nuevo a la vida de las muchachas. No que quisiera un análisis ni algo académico, agregué, pensando en que quizá sonaba demasiado como una gringa escéptica, al estilo de Santo Tomás. Pero con todas esas estadísticas oprimiéndome aún el corazón, quería saber por qué ella creía que la celebración de los quince era tan eficaz. —Bueno, déjame decirte. —Isabella soltó la carcajada—. ¡No hay nada académico acerca de una fiesta de quince años!

—A lo que me refiero es que no existe un libro de texto sobre cómo tener tu fiesta de quince años —prosiguió a explicarme Isabella. Ella recibe muchos mensajes de jovencitas por medio de su página de Internet, donde da consejos gratis, una especie de Ann Landers para las muchachas latinas.

—Ellas me escriben y me preguntan, ¿puedo ir de vestido corto? ¿Tiene que ser blanco? ¿Puedo tener en mi corte sólo a mi mejor amiga y a mi hermana? Yo les digo, mira, aquí no hay reglas. Lo más importante es que hagas tuya esta celebración, totalmente tuya. Trato de instruirlas, hablo con ellas, el sitio es muy interactivo. El propósito de las fiestas de quince años es desarrollar a mujeres fuertes. Nuestras jovencitas necesitan toda la ayuda que les podamos brindar.

Es curioso cuando estás segura de que vas a terminar en polos opuestos a la opinión de alguien, resulta que ambas están en el mismo bando. Nunca me hubiera imaginado que una ex reina de belleza que promueve una fantasía aprincesada resultaría ser una gran feminista. ¿Pero cómo rayos puede este cuasi concurso de belleza combinado con una mini boda convertir en amazona a una niña llena de ilusiones?

—Pues, me consta, ¡lo he visto! —De hecho, le sucedió a la misma Isabella. De adolescente en la República Dominicana, se topó con una pared—. Yo fumaba, tomaba, tenía problemas de identidad y de autoimagen. —Tengo muchas ganas de pedirle que sea más específica, pero ella va encarretada—. Cuando cumplí los quince, todas comenzaron a tener sus fiestas de quince. Quiero decir todas. Las fiestas de quince años no respetan límites sociales ni de clase. Puede que no tengas dinero, pero le vas a hacer su fiesta de quince años a tu hija. La familia está expresando algo. Puede que no seamos ricos, pero valoramos a nuestra hija.

La fiesta de quince años de Isabella le impartió un nuevo rumbo a su vida. —Me hizo sentir tan especial. —De hecho, ella cree que gracias a eso se encaminó hasta llegar a recibir la corona de la Señorita República Dominicana—. Yo pasé por eso —dice Isabella—. Tuve mi momento de gloria. ¿Pero cuántas mujeres en el mundo llegan a sentirse como una reina? ¿Cuántas?

No esta latina flaquita, más pequeña que lo normal, tengo que coincidir.

—Bueno, pues ésa es la primera razón para celebrar una fiesta de quince años —dice Isabella—. Para tener esa experiencia y no porque te estés casando con alguien.

La segunda razón viene de su propia experiencia. —Tener quince años, seamos francas, es una edad difícil. Tu cuerpo está totalmente descontrolado. Te preguntas quién eres. Quiénes son tus amigos. Hacia dónde vas. Te puedes perder, sin duda. ¿Qué mejor momento de la vida para que toda tu familia, tus amigos y tu comunidad se reúnan y creen un sistema de apoyo que te dure para el resto de tus días?

¿Acaso no es mucho pedir de una fiesta de quince años?

Pero Isabella descarta mi escepticismo. —Hace como dos años, me di cuenta de que tenía una misión: promover este ritual tan importante. Y sí, he visto a muchas niñas enderezar el rumbo. No tengo estadísticas, esto no es nada académico, como te dije, pero las niñas que tienen su fiesta de quince, ponte a pensar, pasan mucho tiempo con su mamá, haciendo compras, hablando de la vida. Sus amigos llegan a los ensayos. Imagínate, un cuarto lleno de muchachos de quince años aprendiendo los pasos de baile bajo tus narices. Los padres de familia siempre se quejan de que no saben qué hacer cuando sus hijas llegan a la adolescencia. ¡Caramba! Pues aquí hay algo que pueden hacer. Pueden darle un pozo de los deseos.

—Por supuesto, tenemos que dar un paso adelante con esta tradición de los quince —agrega Isabella. Antes, la fiesta de quince años anunciaba que la muchacha estaba en edad de casarse, era como mostrar la mercancía. Pero ahora podemos darle un significado nuevo a esta tradición antigua.

—Podemos crear una plataforma de apoyo para esa jovencita a la cual pueda recurrir en el recuerdo por el resto de su vida. Ese momento cuando ella está de pie vestida como una reina con su mami a un lado mirándola en el espejo, por ese momento, si tan sólo fuera por ese momento, ella sabría que está bien tal como es. Ella sería la reina de su propia vida, si lograra aferrarse a ese sentimiento.

De hecho, Isabella cree que la fiesta de los quince es algo tan especial, que la tradición debería "salir de su clóset" étnico y convertirse en un fenómeno estadounidense. —No importa de qué clase social o de qué grupo vengan —asevera Isabella—. Todas las muchachas deberían tener una celebración.

Al colgar tengo esa sensación exaltada que debe ser la razón por la cual la gente toma el teléfono después de ver a un televangelista y hace un donativo con su tarjeta de crédito.

Rendezvous con quien muy pronto será coronada como la reina de su propia vida

De vuelta en el Hotel *Pan American,* de pronto tengo suerte: marco el número de la casa de la familia Ramos y contesta un joven.

Se trata de José hijo, "Joselito", quien acaba de llegar en avión para la fiesta de su hermana menor desde Dakota del Norte, donde está asignado con la fuerza aérea. No tiene idea de dónde está todo el mundo. Pero me da una sarta de números telefónicos celulares que me salvan la vida, incluso el de Mónica y el de su hermana mayor, Silvia, el de su padre, el cual había estado marcando sin mucho éxito. Los pruebo todos y finalmente me comunico con Silvia. —Soy la escritora —le digo—. No sé si tu hermana te contó. Estoy trabajando en un libro acerca de las quinceañeras. —Bien podría haberle dicho que era una agricultora que cultiva el gusano de seda en la China o que analiza la estructura molecular del ADN en un laboratorio de Canadá. Para ella no tenía ningún sentido, pero éste no era momento para el desconcierto—. Tenemos un problema —dice Silvia—. He estado tratando de comunicarme con uno de mis amigos. Necesitamos que alguien nos lleve a casa y papi anda recogiendo el pastel y a mami todavía la están peinando en el salón y la limusina llega a las cinco y media, y tenemos que vestirnos o si no nunca llegaremos a la iglesia a tiempo para la bendición de las seis de la tarde. ¿Tal vez usted podría pasar a recogernos?

Vivo en Vermont, quiero decirle. No manejo muy bien en el tránsito de la ciudad. Pero la necesidad es tan apremiante, la voz tan lastimera. Además, acabo de sobrevivir el trayecto al barrio de Jamaica, así que me siento más segura de mí misma.

—¿Dónde están ahora? —le pregunto. Eso es lo malo de los teléfonos móviles. Silvia y Mónica podrían estar en cualquier parte. El municipio de Queens es un laberinto de autopistas y bulevares y de barrios pequeños. ¿Se da cuenta de lo que me está pidiendo?

Están en un salón no muy lejos de donde les digo que estoy. ("¿Cómo se llama este lugar?", escucho a Silvia preguntar a la gente a su alrededor. Es increíble, pero nadie lo sabe a ciencia cierta). —Se llama *R.L. Coquette Unisex* —. Silvia ha salido a la acera con su celular y está leyendo el nombre en el toldo. Hay un ligero rugir de tránsito, sonidos de la multitud, una sirena que pasa por allí. Esto podría tomar veinte minutos. Un accidente que he provocado.

—De acuerdo —accedo, tragándome el terror que siento ante el tránsito urbano. Silvia suena demasiado desesperada. Me da instrucciones de cómo llegar allí, pero resultan ser las instrucciones de alguien que no maneja: quiere que de vuelta en una calle de un solo sentido que va en dirección contraria, luego que de vuelta a la izquierda en una calle, la cual, si ella está en lo correcto, está a mi izquierda, pero se interpone un camellón y el tráfico viene hacia mí.

Pero ésta es una fiesta de quince años, un cuento de hadas con un final feliz, así que doy vuelta a la izquierda en una calle con un letrero que prohíbe la vuelta a la izquierda y desobedezco otras dos señales de tránsito más y manejo por una calle llena de gente que va de compras y helas allí. Resultaría imposible no ver a dos muchachas en pantalón vaquero y camiseta con peinados elaborados al estilo María Antonieta, como si fueran unas cabezas del Sr. Cabeza de Papa de juguete que no les corresponden, haciéndote señas frenéticas con las manos.

Silvia, la hermana mayor, tiene dieciocho años, piel color de miel y pelo con rayitos rubios, más bajita y gordita que Mónica, quien es alta y pálida y trae una corona en el pelo oscuro. Es realmente bonita, un poco desgarbada dentro de su flacura, con ojos grandes y expresivos y una tendencia a reírse después de todo lo que dice. (Me di cuenta cuando hablamos por teléfono y le resté importancia, atribuyéndolo a los nervios iniciales con una persona extraña, pero resulta que así es como Mónica habla con casi todo el mundo, excepto con los miembros de su familia).

Muy brevemente, mientras estoy estacionada en doble fila en esta calle angosta, entro corriendo para conocer a la madre de las muchachas. Rosa está enfundada en una capa de plástico negra mientras una mujer le embadurna unos químicos malolientes en unos mechoncitos de pelo que brotan de lo que parece ser una gorra de papel aluminio. Rosa debe tener unos cuarenta y tantos años, es guapa, pero tiene esa sonrisa avergonzada de alguien a quien un extraño ha pescado en un momento privado de arreglo personal. De nuevo afuera, subimos al auto justo cuando el cielo se abre y comienza a llover.

—¡Ay, no, y ahora qué! —gruñe Mónica.

Resulta que todo lo que podía haber salido mal a último momento ha salido mal. El local de la compañía de limusinas que se suponía iba a transportar a Mónica y a su corte se incendió hace apenas unos días. Si no fuera porque Joselito hizo arreglos para conseguir otra limusina, hubieran tenido que ir a la iglesia y luego al salón de fiestas en el auto familiar. Luego, el pastel elaborado (en realidad, tres pasteles con puentes que los conectan a un cuarto pastel con figuritas de parejas alineadas en cada uno de los puentes, la quinceañera encima del pastel central) no estuvo listo cuando la mujer dijo que lo estaría. Así que su papá tuvo que ir a recogerlo justo cuando se suponía que tenía que ir a recoger a las muchachas y a la mamá, quien todavía necesitará que alguien la lleve a casa cuando esté lista. Para colmo de males, el fotógrafo acaba de llamar diciendo que tuvo un contratiempo y que no podrá tomar las fotos de la fiesta.

—¿Cómo se le ocurre? —digo, sumándome al dramatismo del evento. Por poco ofrezco mis servicios, usando la cámara digital de mi esposo, la cual apenas aprendí a usar. Estoy empezando a comprender. Parte de la diversión es que te atiendan profesionales pagados, facilitadores que constituyen una especie de séquito que circula alrededor de la jovencita para hacerla sentir importante. Siento contradecir a Isabella, pero es como si en realidad hubiera un libro de texto: debes tener una limusina; debes tener a un estilista que te peine; te deberán acosar los *paparazzi*, tus fotógrafos y videógrafos, quienes crearán la película de tu cumpleaños especial; deberás tener una corte de damas y chambelanes, quienes habrán aprendido los pasos que marcó tu coreógrafo. Más tarde, después de la bendición en la iglesia, cuando el sacerdote pregunta quién soy yo, Mónica sale con: —Ella es mi escritora.

Nos detenemos frente a una casa modesta, de tablas de madera blancas; resulta ser una casa de alquiler. La familia Ramos ocupa la planta baja. Una pareja anglosajona vive en la planta alta con varios perritos blancos que, en el momento justo en que llegamos, los sacan a pasear bajando las escaleras de entrada. Su saludo es tan frío, que me siento desairada por cuenta de Mónica. ¿Cómo es posible que la gente no diga nada al ver a una muchacha bonita con una corona en el pelo? Pero a medida que me entero de toda la gente que ha estado atiborrada dentro del apartamento de los Ramos desde la semana pasada (un primo, su esposa, un bebé, un niño pequeño, Mónica, Silvia, su hermano mayor y sus padres, y cuatro parejas y un chambelán practicando los pasos de baile en la sala), puedo adivinar de dónde proviene la tensión. Pienso en todos los años en que viví en casas de alquiler, a la merced de los vecinos, evitando siempre que me fuera posible los apartamentos junto a guarderías o a familias numerosas y bulliciosas como los Ramos, quienes hubieran hecho imposible que contara con un cuarto tranquilo en casa.

Adentro, los adornitos dan un toque hogareño a la cocina pequeña. Hay un orden aparente en la sala-comedor; el televisor da un programa deportivo que nadie ve. Pero al fondo del pasillo hay un desorden en los dormitorios: ropa desparramada sobre las camas, estuches de maquillaje que vierten sus contenidos sobre las cómodas, cajas con lo que parecen ser recuerditos para la fiesta, zapatos y ropa por debajo. El revoltijo parece como el típico dormitorio de adolescente, excepto que los tres dormitorios están así, incluso aquel en donde la esposa del primo intenta vestir a su pequeñín, Tavito, en un diminuto esmoquin blanco.

Mónica encuentra su vestido en algún lugar, sus zapatillas, sus guantes largos de raso blanco y, despojándose de la ropa que trae puesta que cae sobre la pila caótica en el suelo, ¡se transforma! Realmente parece una princesa en su vestido blanco resplandeciente con destellos. La falda ampona que da al piso hace que parezca como si se deslizara por los aires al moverse por la casa.

Pero, ¿dónde se ha metido la corte? ¡Se suponía que ya todos iban a estar aquí para que los recogiera la limusina que tampoco ha llegado todavía! Aún llueve afuera y su mamá no ha llamado para que la recojan del salón de belleza y, de todas formas, su papá todavía no vuelve. El Sr. Ramos, un hombre fornido como de mi edad, vestido con una camiseta sucia, sudando profusamente, entró brevemente pero tuvo que salir corriendo de nuevo para hacer otro mandado. Mónica está a punto de llorar: ¡eso arruinaría por completo su maquillaje! Camina de arriba abajo por el pasillo angosto, su cetro/teléfono celular en mano, intentando convocar a los protagonistas de este drama que no parece que fuera a llevarse a cabo al último instante.

Alabemos ahora el famoso vestido de la quinceañera

Mientras aguardamos a que llegue la corte de Mónica, prestemos atención a un aspecto de primordial importancia para la quinceañera: el vestido.

Es posible que mamá esté preocupada por los manteles o qué servir con el filete de ternera en salsa de vino tinto; y que papá esté preocupado de si realmente debe sacar otros mil dólares o más por una limusina Hummer extra larga, ya que su hijita insiste en hacerse mujer a bordo de un vehículo tipo tanque que parece más apropiado para la toma de la Bastilla, que para convertirse en mujer. Pero de las jovencitas con quienes hablé, todas y cada una de ellas mencionó el vestido de princesa como una de las razones principales para tener una fiesta de quince años. Por supuesto, como buenas niñas latinas que no quieren dar la apariencia de ser superficiales y materialistas, también hablaron de la importancia de una ceremonia en la iglesia o de que su abuelita iba a venir en avión desde Guadalajara o, en el caso de Mónica, del discurso que iba a pronunciar al dedicar cada una de las velas. Pero el detalle que ocupó más tiempo y vocabulario dentro del espacio de la entrevista fue el vestido, realmente fabuloso, realmente hermoso, realmente caro. (Se mencionó el precio con mucha frecuencia y no el precio en el sentido de "¡Conseguí una ganga!", sino de "Me costó $496", hasta el último dólar y a veces los centavos).

Nelly en Lawrence, Massachusetts, por ejemplo, con cuya fiesta de quince años me topé por casualidad al pasar por *St. Mary's* para ver la iglesia donde la mayoría de las muchachas de esta área celebran la parte religiosa del servicio, estuvo de lo más lacónica en una entrevista telefónica posterior. Sí, ella siempre había querido una fiesta de quince años. No, su mami nunca tuvo una. ¿Qué significaba su fiesta de quince? ¿Iba a pasar de ser niña a mujer y qué más? Era obvio que Nelly no tenía mucho que decir, pero cuando le pregunté acerca de su vestido, me di cuenta de cómo se le suavizaba la voz y las palabras comenzaron a fluir. Era blanco con un talle de encaje y mangas acampanadas y una falda amplia de Cenicienta con muchos pliegues y encaje en el frente y, ah sí, ¿cómo lo supe? Las mangas eran parte de una chaqueta tipo bolero entallada, la cual se podía quitar, y luego el vestido se convertía en un vestido *strapless* ¡con un escote en forma de corazón! Le había fascinado y lo había comprado. Le había costado $549.95.

Si eso parece como mucho dinero para un vestido de fiesta, es una ganga comparado con el precio de un traje de novia, que es lo que las quinceañeras solían comprar antes de que las compañías de vestidos para ocasiones especiales comenzaran a hacer vestidos de quinceañera. Lisa Chang, hija de la dueña de *Mary's Bridal,* una de las principales compañías de vestidos para ocasiones especiales, me contó que hace cerca de veinte años se comenzó a escuchar de las tiendas de novias que las muchachas hispanas venían y compraban trajes de novia y le cortaban la cola. Y entonces ellos habían pensado, pues, "si los quieren sin cola, se los hacemos sin cola". Ahora tienen su propia colección para quinceañeras que se llama *BELOVING.*

En realidad, muchas muchachas todavía compran trajes de novia y le piden a la costurera ¡que le corte la cola! Sí, así es, según nos cuenta Juana Reyes, quien cose casi exclusivamente para quinceañeras en Lawrence. Juana proviene de una larga tradición de costureras: su abuela, su madre y sus tías eran costureras en su tierra natal de la República Dominicana. Juana nunca tuvo una fiesta de quince, así como tampoco ninguna de las que vivían en su pobre campo. Razón de más por la que le parece un desperdicio comprar un traje de novia y luego cortarle la cola. Pero la alternativa es peor aún. Algunas quinceañeras que la buscan para que les haga arreglos, insisten en dejarle la cola al traje de novia.

—¿Qué ilusión van a tener cuando se casen? —se lamenta Juana.

El costo promedio para el vestido de los quince oscila entre los $250 (la cotización más barata que obtuve fue de la misma Juana, quien puede hacerte un vestido a ese precio si no quieres demasiados detalles) y los ... bueno, esos pueden costar hasta miles, sobre todo si compras un traje de novia y le cortas la cola. Una revista nueva de distribución nacional, *Quince Girl,* hizo una encuesta a sus lectoras y descubrió que el costo promedio del vestido estaba entre $500 y $700. Como regla general, en un mundo donde no hay reglas y, como lo advirtió Isabella, tampoco hay libros de texto sobre el ritual, es que el vestido suele representar el 5 por ciento del costo total de la celebración.

Por supuesto, hay alternativas más razonables. Muchas muchachas que mantienen lazos con sus países de origen a veces compran sus vestidos allí. Por cien dólares se pueden mandar a hacer un traje a la medida o comprarse uno ya hecho que costaría dos o tres veces más acá. En Miami, está de moda rentar el traje del mismo estudio que toma las fotos. Se puede conseguir un vestido de alquiler entre $800 y $1,000, así como también, recibir un álbum de fotos de estudio y de otros lugares escogidos. Esthersita Pentón-Nodarse, autora de *Sólo para quinceañeras* y una experta en todas las cosas que tienen que ver con los quince, dice que se puede encontrar un vestido alquilado por cerca de $100 si eso es todo lo que la muchacha quiere gastar. Por supuesto, si el estudio no tiene a la disposición el vestido que deseas o si lo quieres de un color extraño, como verde aguacate, puede ser que acabes pagando cientos de dólares más. Los estudios que Esthersita me llevó a visitar en Miami tenían unos almacenes cavernosos llenos de trajes colgados. (Estos son vestidos voluminosos que ocupan mucho espacio).

De vez en cuando se eliminan modas antiguas, pasadas, como vestidos con capas (que antes eran tan populares) o con cuellos altos o que cubrían demasiado para la muchacha moderna. Cuando esto ocurre, los comercios saben que hay que llamar a Esthersita, quien empaca los antiguos trajes y los manda a la Habana junto con abanicos y coronas, para que las cubanitas también puedan celebrar sus quince. A pesar del socialismo y de la escasez de productos en la isla, esta celebración burguesa está floreciendo. De hecho, este comercio de prendas usadas se ha vuelto tan popular que, a instancias de una amiga, consideré brevemente seguirle la pista a un vestido que iba de la Florida a Cuba. Pero muy pronto me di cuenta de que sería una tarea ingrata. Ninguna muchacha quiere que le recuerden que su vestido de quince años fue el traje de princesa de otra muchacha. A veces es mejor dejar que la historia se quede en el pasado.

En realidad, si lo alquilas, existe todo un personal de costureras en los estudios fotográficos que no sólo arreglarán el vestido dentro de ciertos límites, sino que también lo harán a tu manera: tal vez quieres unos tirantes finos con pequeñas rosetas encima o un bordado en la falda blanca o una faja en la cintura con los colores que hayas escogido como tema de tu fiesta, claro, nada que destruya el vestido, ya que la siguiente muchacha también querrá un lienzo en blanco sobre el cual pueda elaborar su fantasía de princesa. La costureras con las que Esthersita y yo nos topamos se encontraban trabajando a toda máquina en la trastienda de los estudios, rodeadas de perchero tras perchero llenos de trajes de fiesta, charlando divertidas.

—Trabajamos en un negocio muy alegre —comentó Cindi Freeburn de *David's Bridal*, durante una entrevista—, vistiendo a mujeres para momentos trascendentales en sus vidas. —*David Bridal's* ofrece una línea completa de vestidos para ocasiones especiales, desde vestidos de primera comunión hasta trajes de novia—. Encajamos de maravilla con el mercado para las chicas latinas —explica Cindi—. Comenzamos a vestir a la niña latina para su primera comunión. Si tiene una buena experiencia con *David's*, regresará siete años más tarde por su vestido de quinceañera. Luego, tres años después, querrá un vestido para el baile de graduación y luego, varios años más tarde, una hermana mayor se casará y ella vendrá por su vestido de dama, y a la larga, por su traje de novia. Hemos visto a la población latina crecer y dispararse durante los últimos diecisiete años y *David's Bridal* ha crecido a la par. Se podría decir que tenemos caminos alineados. —*David's Bridal* no confecciona un vestido específico para quinceañeras porque la compañía no quiere encasillar a la chica latina en un tipo de vestido particular—. Ella puede recorrer la tienda entera y hallará, desde trajes de novia hasta trajes para el baile de graduación y vestidos de dama —. Habiendo dicho eso, hay un cierto *look* para las quinceañeras: una falda amplia que llega al piso, el torso entallado estilo princesa o bailarina, que es lo que más se asemeja al vestido tradicional.

El vestido transforma a la muchacha latina en una princesa por lo menos por una noche. —Pero no se trata solamente de una cuestión entre las latinas —según María Hinojosa, autora, periodista y presentadora de televisión—. Al menos en occidente, es parte de la cultura popular. Las niñas quieren ser princesas. El vestido bonito, la pasión por todo lo rosado. —De hecho, en muchos de nuestros países, el vestido de la quinceañera tradicionalmente era color de rosa para distinguir a la jovencita de una novia que iba de blanco, y la celebración misma se conocía como "la fiesta rosa". En realidad, algunos tradicionalistas acérrimos todavía insisten en que el vestido debe ser color de rosa—. Si escoge otro color, ya no es una quinceañera de verdad — me dijo Salvador Suriano, un fotógrafo oriundo de El Salvador, quien ha fotografiado a quinceañeras en Queens durante más de veinticinco años—. Eso es mucho más americano, como una fiesta de *sweet sixteen*.

Pero al ser trasportado a los EE.UU., el color del vestido se ha democratizado, así como también muchas otras cosas. Según Esthersita, el cambio del color a blanco ocurrió en los años sesenta, cuando las muchachas de la comunidad cubana en el exilio de Miami salían a buscar su vestido de quinceañera en los únicos lugares que vendían vestidos elegantes: las tiendas para novias. Al igual que *Mary's Bridal*, otras compañías que hacían vestidos para ocasiones especiales se enteraron de eso. Ahora, todas esas compañías como *Morilee, Maggie Sottero, Alfred Angelo* y una con el insólito nombre, para vestidos de quinceañeras, de *House of Wu*, venden trajes en todos los colores imaginables, desde el blanco de novia, al rosado tradicional, hasta el rojo encendido.

—Lo más importante es que el vestido de los quince tenga un aspecto divertido y femenino —Trina Chartier de *House of Wu* lo sintetiza durante una entrevista. De hecho, cuando uno hojea los gruesos catálogos de papel satinado de esas compañías de vestidos, la manera en que uno puede distinguir a las quinceañeras de las novias, no sólo reside en las coronas que llevan en la cabeza y en los vestidos de falda amplia de "épocas pasadas", como los describe Tonya de *Needleman's Dress Shop* en Burlington, Vermont, sino en que todas y cada una de ellas están sonriendo. Son niñas con quienes resulta divertido pasar el rato y a quienes les gusta divertirse de forma sana. En realidad, parecen ser totalmente ajenas a su atractivo sensual, a su busto incipiente, a sus hombros bonitos, a sus cinturitas o a sus abultados traseros. Se les hacen hoyuelos en las mejillas al sonreír, les brillan los ojos, les dan risitas nerviosas, te sonríen coquetamente. Son tan distintas a las novias recatadas y pensativas que se niegan a mirarte a los ojos o a las muchachas hoscas que hacen pucheros en las otras líneas de vestidos para ocasiones especiales, que te fulminan con la mirada, con una actitud desafiante como diciendo, "¿Y tú qué me ves?" Las quinceañeras se ven felices, y gran parte de esa felicidad viene del hermoso vestido que llevan puesto.

Razón por la cual resulta sorprendente encontrarse con que la mayor parte de la literatura juvenil sobre las quinceañeras —siendo éste el género que se presta más fácilmente al tema— habla del vestido como de la manzana de la discordia. En la novela de Malín Algería, *Estrella's Quinceañera* (La fiesta de quince años de Estrella), por ejemplo, el horrible vestido color mandarina de mangas con volantes como para bailar rumba y demasiados fruncidos aparece en la portada. Abajo, el pie de ilustración reza: "Esta fiesta de quince años va camino al desastre".

"Me sentía como si me ahogara dentro de un sorbete de naranja", se queja Estrella, la joven protagonista a quien su fiesta de quince años no le hace ninguna ilusión. Pero hacia el final de la novela, Estrella ha cambiado de parecer y se ha dado cuenta de la importancia de la tradición, una trama de cambio de opinión que también es común en este género. Al mirarse al espejo, vestida en "el pavoroso traje de quinceañera", ha de admitir que, "se me veía realmente hermoso". Su amiga anglosajona *punk* de la escuela secundaria, Sheila, le hace el cumplido más grande del que es capaz: "Pareces una estrella de rock".

En *Sister Chicas* (Chicas hermanas), tres autoras latinas, Lisa Alvarado, Ann Hagman Cardinal y Jane Alberdeston Coralin, cada una de ellas como si fueran cada uno de los tres personajes principales, abordan el tema de las quinceañeras. Taina va a cumplir quince años y la fiesta que se acerca constituye la trama principal de la novela. Ella también se enfrenta a problemas con su madre en cuanto al vestido. Mamá quiere "una fea explosión de encajes [...] un horror blanco al estilo *Disney*", el cual según ella es tradicional, rechazando "la dulce tentación coral de mi libertad fugaz" que Taina quiere ponerse. Pero el color coral se parece demasiado al "rojo puta", que definitivamente no es adecuado para una quinceañera, le dice la madre a Taina. A medida que se aproxima el último capítulo con la celebración culminante, a Taina se le ocurre una gran solución. Escuchen todas ustedes que puedan encontrarse en un atolladero similar con sus madres. Taina decide usar el "vestido tipo pastel para la misa en la Iglesia del Sagrado Corazón y el de seda jaspeada de color coral para la fiesta en 'La Reina Borinqueña', siguiendo al menos en parte, cierta tradición sobreentendida".

Los vestidos de quinceañera forman el telón de fondo del libro *Sweet Fifteen* (Quince abriles) de Diane Gonzales Bertrand, ya que la protagonista no es Stephanie, la quinceañera, sino Rita, una costurera que hace vestidos de quinceañera. Rita tiene una actitud feroz cuando se trata de la santidad del vestido de la quinceañera. En un momento dado, cuando Stephanie le sugiere que deje de confeccionar los vestidos porque dan mucha lata, Rita le responde:

> —Nunca dejaré de hacer vestidos de quinceañera. —El tono de Rita era decidido—. Escasos lugares los venden. Y aquellos que lo hacen tratan de que sirvan un doble propósito, como traje de novia para ahorrar dinero. Un vestido para los quince años debe verse como un vestido especial para una adolescente. —Al darse cuenta de que su inflexibilidad podría confundirse con la ira, hizo una pausa y bajó la vista al plato—. Es que disfruto mucho haciendo vestidos de quinceañera...

Aunque puede que la literatura juvenil haga mucha alharaca negativa sobre el vestido de la quinceañera, todas las muchachas con quienes he hablado sólo decían cosas buenas sobre su vestido. Es posible que esto se deba a que los libros han sido escritos por autoras adultas que ahora pueden mirar hacia atrás, a sus años adolescentes, con cierta ironía. Una editora hizo recientemente un llamado para que las latinas de más edad le enviaran cuentos acerca de sus quinces: "Por más que hayas tratado de olvidar esa pesadilla de la fiesta de los quince años que tus padres te obligaron a tener o que quizá realmente tú querías celebrar por razones ambiciosas de tu parte, esta antología te asombrará con recuerdos empañados de tafetán". Recuerdos empañados de tafetán. Esa es la voz de la experiencia, mirando hacia atrás a los excesos de la juventud, los cuales siempre queremos achacar a nuestros padres.

Pero a veces el no contar con esos recuerdos de tafetán con que culpamos a nuestros padres crea su propia especie de carga. La poeta Gwen Zepeda, que se crió en Houston, me dijo durante una entrevista que ella no tuvo una fiesta en 1986 al cumplir sus quince años y que diez años más tarde, todavía le daba lástima no haberla tenido. Aun después de tener a su primer hijo, se iba a la cama contando a las catorce muchachas que hubieran formado su corte e imaginándose el vestido grande y hermoso que se hubiera puesto. Carolyn Ramos, una alumna mía que ahora tiene treinta y tantos años, también lamenta el hecho de que su mamá se negara a dejarla disfrutar del delicioso exceso de una fiesta con un vestido exagerado. "Ella estaba demasiado consumida por el feminismo como para ver más allá del significado histórico de las fiestas de quince años", que convertían a las muchachas en "material de (servidumbre) matrimonial". Pero Carolyn "anhelaba estar envuelta en un vestido tipo merengue cosido amorosamente por mi abuelita". En lugar de eso, le pusieron dinero en el banco para que lo usara en su educación universitaria, lo que la llevó más tarde a hacer una maestría en leyes. Volverse mujer al estilo americano, usando el dinero juiciosamente y sin el vestido.

¡Ah! el vestido.

Alabemos ahora esos famosos (algunas dirían que de triste fama) vestidos de quinceañera. Las espléndidas creaciones de encajes que te hacen ver como si fueras un pastel de muchos pisos; las mangas abombadas que podrían ser las alas que te crecen para poder volar y convertirte en mujer; las faldas amplias ("entre más grandes mejor", según Lisa Chang de *Mary's Bridal*: "los trajes de nuestra línea *BELOVING* tienen siete capas de tul en la falda y ésta tiene una circunferencia de 210 pulgadas en la parte de abajo"), torrentes de tafetán con adornos de canutillo que caen en cascada y faldas de organdí con bastillas onduladas y fruncidos con rosetas y faldillas plegadas con aberturas, deslumbrantes de bordados, volantes y olanes bajo los cuales llevarás un miriñaque o una crinolina elaborada. Mejor dicho, una especie de dispositivo de castidad, lo que tiene sentido ya que en este momento se celebra la virginidad. De hecho, una columna que da consejos a quinceañeras sobre lo que se debe y lo que no se debe hacer, advierte a las muchachas tener en cuenta "si podrás ir al baño tú sola. ¿Podrás levantar el vestido sin ayuda? Si no, ¿podrán dos personas? Y tu vestido, ¿cabrá en el baño?"

En contraste con la falda amplia, el torso es entallado, haciendo lucir el busto de la jovencita con infinidad de escotes de corazón y cierres coquetos, incluso un canesú tipo corsé "abotonado hasta abajo por modestia" (tan modesto, en realidad, que es imposible adivinar qué es lo que se está abotonando y ocultando). Para la muchacha atrevida, hay vestidos con escotes en V pronunciados y vestidos sin tirantes y espaldas al descubierto y canesúes tipo corsé con listones entrecruzados que sugieren la intimidad de la ropa interior. Para poder apaciguar a la mamá y a la abuelita y, sabe Dios, al cura, hay una variedad de chales y chaquetitas tipo bolero y mantillas suaves y brillantes que hacen recordar a España, la madre patria, y pañoletas recatadas para dar la ilusión de cobertura, incluso "guantes largos de quitar y poner", los cuales, una vez que comienza la fiesta, ¡puedes arrojárselos a cualquiera que intente frenarte!

¡Ha llegado el momento de bailar, bailar y bailar toda la noche! Para ayudarte en la parte bailable de tu fiesta, algunas compañías de vestidos ahora hacen trajes con faldas desprendibles, la cual te puedes quitar cuando termine la parte formal de la presentación; y debajo, hay una minifalda muy *chic* con la que podrás bailar la

"Macarena" o cualquier número *hip-hop* que desees. (Una buena opción intermedia si tu mamá y tú no se pueden poner de acuerdo entre un vestido tradicional y uno moderno). A algunas quinceañeras no les interesa tener un vestido dos-en-uno; en lugar de eso tienen varias mudas de ropa según progresa la noche, una especie de ajuar sin boda, lo cual encaja dentro de los demás aspectos nupciales de la fiesta de quince años.

—Cerca de las tres de la madrugada me quité el traje de fiesta que me había hecho la costurera —me explicó Liz Bueno, una estudiante de *Middlebury College,* mientras hojeábamos su álbum— y me puse un vestido más atrevido para poder bailar mejor.

—¿Y tus padres no se molestaron? —pregunté.

Liz se encogió de hombros, como diciendo, ¿y qué? Ahora ya era mujer y podía andar enseñando un poco.

Bien podría ser un cuento de hadas

Dejamos a Mónica deambulando por los pasillos del dúplex de sus padres, preguntándose si su corte iba a aparecer algún día. Transcurrieron diez, quince minutos, lo cual debe parecer interminable cuando eres una muchacha joven vestida con un traje de princesa, esperando a los miembros de tu séquito que se supone deben estar a tu entera disposición.

Decido entonces que en lugar de perseguir a la estresada quinceañera haciéndole preguntas, voy a hacerme a un lado y a sentarme en la sala. La televisión está puesta a todo volumen, algún juego de béisbol del que probablemente debería estar enterada ya que se considera desleal el ser dominicana y no seguir con avidez las carreras de nuestra gente. En la pared cuelgan tres retratos grandes, uno de Silvia en toga y birrete negros, otro de Joselito en su uniforme de la fuerza aérea y el tercero, el de la pequeña Mónica con su vestido y velo de primera comunión. Me imagino que este último será actualizado con el de ella como quinceañera con su corona y su vestido, si acaso es posible hacer arreglos para un fotógrafo suplente a última hora. Enfrente del sofá, sobre una mesita baja de centro, hay siete figurinas de cerámica con vestidos elaborados y rostros sin facciones. Sonrío al reconocerlas. Conozco este pedacito de la tradición popular dominicana. Había una época en que estas muñecas gozaban de mucha popularidad en la isla. La gente las coleccionaba, las daba como regalos. Su peculiaridad característica es el rostro sin facciones que contrasta con lo elaborado de sus trajes. Pero la colección de los Ramos tiene un toque adicional bastante raro: los centros de las muñecas son huecos, mostrando mariposas o campanitas o pajaritos por dentro. La rima infantil en inglés me viene a la mente: ¿De qué están hechas las niñas?

Mónica, a pesar de su nerviosismo y su fe en los cuentos de hadas, es una muchacha fuerte, resuelta y con agallas, eso me queda claro. Me ha dicho que aspira a ser dos cosas en la vida, abogada y poeta, pero que probablemente acabará siendo sólo abogada porque, como dice su madre, "Mónica tiene mucho carácter". Mónica sabe lo que quiere y lo consigue. No sólo está en el cuadro de honor, también es líder estudiantil, popular entre los maestros y los muchachos de su edad. Silvia también había sido buena estudiante, pero desde que se graduó hace un año ha estado un poco a la deriva, acabó últimamente en Tennessee, cuidando de sus primos, que ahora están de visita. "Ya, ya", responde con vaguedad cuando la animo a seguir estudiando. Silvia solía bailar divinamente, pero se acabó el dinero para las clases. Así como también se acabó el dinero para las clases de piano de Mónica. Son muchachas talentosas en la cúspide, pero necesitarán de ese empujón extra y de esos pesos adicionales para hacerse al vuelo. Sus padres tienen razón de sobra para sentirse orgullosos de su inteligencia y su belleza, pero su futuro es incierto. El Sr. Ramos, un carpintero, no tiene trabajo por el momento. La Sra. Ramos no trabaja. Tengo que hacer hasta lo imposible para no soltar, "¿Entonces por qué gastan tanto para darle a su hija una fiesta de quince años?" Además, ya sé la respuesta. Esto sucede solamente una vez. La pobreza, por otro lado, puede durar toda la vida.

Mónica me encuentra sentada en la sala y se deja caer en el suelo frente al televisor, el vestido desplegado a su alrededor. —Todo va a salir bien, ya lo verás —le aseguro. ¿Desde cuándo tengo una bola de cristal? Me pregunto. Pero entonces, como si hubiera entrado a un reino mágico de cuentos de hadas donde tales rescates pueden suceder, se abre la puerta de enfrente y entra una mujer corpulenta y rubia con la cara sonrojada, vestida con un traje largo color de rosa y luciendo una corona alta y una varita mágica pero de buen tamaño. —¡Claire! —Mónica se incorpora en un segundo, corre a los brazos de esta aparición que la abraza y la sostiene cerca de su cuerpo—. Dios mío, ¡te ves tan hermosa!

—Soy la madrina de las niñas —dice la mujer a manera de presentación. Me río porque, ¿quién más podría ser? ¿La mujer policía, la conductora de la limusina? —Quiero decir que realmente soy su madrina —explica, mirándome, sin duda preguntándose para qué he sido contratada y por lo cual voy a cobrarle demasiado a esta familia de clase trabajadora. Claire es amiga íntima de la familia Ramos y es madrina tanto de Mónica como de Silvia—. Nos conocemos desde hace años. Conozco a estas niñas desde el día en que nacieron —. Resulta que en más de una ocasión, Claire ha ofrecido apoyo, consejos y sí, a veces hasta dinero para mantener a las muchachas por el buen camino.

"Qué suerte tienen ellas de contar contigo", le diré antes de que termine la velada.

Sé a qué me refiero. Llegas a este país y esas figuras paternas que te han guiado en el camino a la edad adulta de pronto esperan que tú los guíes a través de este laberinto que son los EE.UU. O peor aún, insisten en seguir guiándote y no tienen ni idea de adónde van, ya que siguen un mapa antiguo en busca de un lugar que ya solamente existe en su corazón. Tienes catorce o quince años, te sientes dividida, te sientes perdida, te sientes, ay, tan triste, y sólo puedes aguardar a que una maestra se acerque, a que una vecina se encariñe contigo o a que una amiga de la familia te diga que ve algo en ti que tú misma no puedes ver todavía. Tan endeble es la línea que existe entre caerse y volar. Para el caso, bien podría ser un cuento de hadas.

La solución de la santería

Finalmente, en el verano de 1964, nuestro cuarto año en los Estados Unidos, mi mamá dejó de castigarnos y amenazarnos y contrató a una santera para que le hiciera una limpia a nuestra casa. Tenía que haber malos espíritus merodeando por ahí para que ella acabara con cuatro hijas de carácter fuerte que la cuestionaban a diestra y siniestra. Olga, la santera, era una dominicana que vivía en algún lugar del Bronx, y llegó un sábado en metro para remediar aquello que nos aquejaba.

Con sólo vernos, no creo que ella necesitara de los poderes de la santería para darse cuenta de cuál era el problema. Tres hijas adolescentes y una cuarta que no tardaba en serlo, llegando a los Estados Unidos de los años sesenta: la música, las drogas, el amor libre, la liberación femenina; una época de gran confusión para volverse adulta, incluso si habías nacido aquí, y henos aquí, provenientes de una pequeña dictadura de un lugar atrasado, todavía en el siglo XIX respecto a lo que una joven tenía permitido ser o hacer.

De sólo verla me sentí mortificada por esta figura que pude haber respetado o por lo menos descartado sin ninguna angustia étnica unos años atrás. Pero ahora la veía a través de ojos americanos, una criatura del exceso, una caricatura latina. La cara de Olga era demasiado expresiva; el pañuelo blanco atado a la cabeza, estilo vendaje; las cejas depiladas y luego dibujadas con una raya fina demasiado arriba en la frente; los labios eran de un rojo chillón, ella seguía presionándolos, embarrándose la boca.

Olga desempacó varias pócimas y prendió velas y quemó hierbas, y mis hermanas y mi madre y yo la seguimos mientras iba de cuarto en cuarto por la casa, pronunciando encantamientos. Mientras la procesión se dirigía al sótano, tomé un desvío y salí al jardín. Tuvo que haber sido verano porque era entonces que mi mamá realmente se enervaba con cuatro hijas rondando por la casa a todas horas del día. Acababan de cortar el césped del jardín trasero, haciéndolo parecer trasquilado, más pequeño, aún más desamparado. Me acosté en el césped recortado, mirando al cielo, sintiéndome desolada, perdida. ¿A qué mundo pertenecía? El antiguo mundo de la isla me parecía ahora claustrofóbico, como estar en casa con mi mamá y mi papá todo el tiempo. Y sin embargo, este nuevo mundo estadounidense estaba lleno de extraños que olían y se veían y se comportaban de maneras tan distintas a las nuestras. Maneras que decían que nuestra forma de comportarnos era de clase baja, vergonzosa y estridente. Digo, ¡si mis compañeros de la escuela supieran siquiera lo que estaba sucediendo en este momento dentro de casa!

Ese momento en el jardín trasero, mirando a través de las ramas de los árboles, fue sin duda uno de los puntos más bajos del comienzo de mi adolescencia. Tenía catorce años y no tenía una imagen en la mente de quién podría llegar a ser. Una *tabula rasa*, la candidata ideal para todo tipo de problemas. Y eso es lo que Olga le advertía a mi mamá cuando volví a entrar a la casa y me sumé al grupo alrededor de la mesa de la cocina. El peligro acechaba. ¿Qué tipo de peligro? El peligro en forma de hombres que no nos convenían, peligro en las drogas, peligro en las malas amistades. Mami miró alrededor de la mesa a los cuatro pares de ojos que se ponían en blanco a manera de contestación. Esa noche, cuando papi regresara de la oficina, la conversación giraría en torno a mandarnos de vuelta a la isla —la nueva amenaza— a vivir con las tías o las primas hasta que pasáramos esta etapa peligrosa de la adolescencia.

Pero no sucedió así. Mis padres decidieron mandarnos fuera, pero no a la R.D. En lugar de eso, mi mamá se puso en contacto con la directora del internado al que ella había asistido en Massachusetts durante dos años. Le explicó nuestra situación. Habíamos huido a Estados Unidos. Acabábamos de comprar una casa. No podíamos pagar toda la colegiatura. ¿Sería posible que nos dieran becas parciales hasta que papá saliera adelante? No creo que mencionara que sus hijas estaban poseídas por demonios que las hacían desafiar su autoridad. Mami recibió una respuesta cordial de la Sra. Crane con formularios de solicitud para sus dos hijas mayores; las otras dos eran demasiado jóvenes. Mi mamá nos sentó a mi hermana mayor y a mí a la mesa de la cocina y nos dijo que escribiéramos un ensayo acerca de por qué deseábamos asistir a la Academia Abbot.

Yo no quería asistir a la Academia Abbot. Una fantasía escapista a Australia cuando el mundo ya hubiera sido destruido por la lluvia radioactiva era una cosa, otra cosa por completo era que me enviaran a un internado. Vivir con extraños que olían, se veían y se comportaban de manera distinta a la mía, bajo su vigilancia constante, sin ningún lugar donde esconderse. Sentí como si me tragara este país que todavía me asustaba: su demasía, su poder, su cruel belleza rubia. Las advertencias de mi mamá no nos habían entrado por un oído y salido por el otro, como siempre nos acusaba. Miré a mi hermana, quien escribía afanosamente su ensayo. —¿Quieres ir a un internado? —le pregunté incrédula.

Mi hermana me dio esa mirada fulminante que reservaba para lo que ella llamaba mis preguntas estúpidas. —¡No, no quiero ir a un internado! Sólo quiero largarme de aquí.

Mi bella dama

Ignoraba que estaba a punto de entrar en un mundo de hadas madrinas, maestras inteligentes que me proporcionarían, no lo que ya había perdido para siempre —mis raíces, la sensación de pertenecer a un lugar, la seguridad—, sino una embarcación en la cual navegar y una grandiosa narrativa de aventura.

La Srta. Stevenson, en particular. La Srta. Stevenson, a quien localicé hace varios años, se había casado, había recibido un doctorado y había criado a tres hijos. Ahora era directora de la facultad de literatura inglesa en Union College, y estaba a punto de jubilarse. Cuando me reencontré con ella, me sorprendió lo poco que esta mujer mayor, ligeramente distraída, vestida en un abrigo oscuro lleno de pelo de perro y poseedora de una puerta de refrigerador llena de fotos de sus hijos sujetas con imanes, me recordaba a la mítica Srta. Stevenson. Pero entonces ella echó la cabeza hacia atrás y rió con esa risa inolvidable, medio de mofa, medio temeraria, muy al estilo de la Srta. Stevenson.

Cuando la conocí en la Academia Abbot, la Srta. Stevenson era una mujer joven recién egresada de la universidad, una especie de mujer impredecible dentro de nuestro internado de modos acartonados. Desde su mesa en el comedor salía una risa bulliciosa, de muchachas divirtiéndose. Lo mismo en su salón de clases. Uno nunca sabía qué iba a hacer la Srta. Stevenson.

Una vez estábamos estudiando *Pigmalión* y ella nos estaba re-calcando lo escandalosa que era la forma de hablar de Eliza y no sólo debido a su acento *cockney*. La palabra *bloody*, por ejemplo. ¿Acaso nos dábamos cuenta de qué palabrota era esa en la época victoriana de buenos modales de George Bernard Shaw?

Sí, sí, como no, asentíamos. Era un día primaveral cálido. Las ventanas alargadas que daban a la entrada circular de autos esta-ban abiertas.

—No me creen, ¿no es así, *ladies*? —Se burlaba de nosotras, arras-trando las sílabas en la palabra *ladies*. Su acento sureño siempre se volvía más pronunciado cuanto más animada se ponía.

Asentimos que sí le creíamos. Creíamos todo lo que la Srta. Stevenson nos dijera. Toda la clase estaba enamorada de ella. Al-gunas de nosotras rompíamos las reglas y nos escabullíamos del dormitorio por la noche para escondernos detrás de los setos fren-te a la residencia para maestras y mirábamos su luz. Una vez, re-cuerdo que ella se detuvo frente a la ventana y miró hacia fuera. Dios mío, ¿nos había visto? Nos echamos a reír.

—¿Quién anda allí? —gritó.

Si el punto más bajo de mi adolescencia fue estar acostada en el césped del jardín trasero en Queens, sintiéndome desarraigada y a la deriva, con una santera tratando de convencer a mi mamá de que nos mandara de vuelta a la isla, entonces el punto más alto tuvo que ser ese momento de mirar hacia arriba por detrás de los setos a la ventana de la Srta. Stevenson y sentir esa emoción de estar viva ahora que ya sabía que quería ser como ella.

Ese día en la clase sobre *Pigmalión*, la Srta. Stevenson llamó a una compañera tras otra al pizarrón, para que escribieran la peor palabrota que supieran. Las primeras estudiantes no estaban seguras de si lo decía en serio. *Damn*, escribieron. *Hell*.

—¡Muy soso, Srta. Moore! —se mofaba la Srta. Stevenson—. ¿Esa es la palabra más grosera que sabe, Srta. Hoover? —la retaba—. Srta. Elmenhurst, ¿podría hacernos el favor de ayudar a la Srta. Hoover? —Las palabras se volvieron más groseras—. Así está mejor —decía ella, sonriendo—. Mucho mejor —. Aún ahora, al recordar ese día, me quedo sin aliento del asombro. ¡Sabía que me moriría si me llamara a mí! No sabía suficientes groserías en inglés para salvarme la vida, mucho menos el orgullo frente a la Srta. Stevenson.

El pizarrón muy pronto estuvo repleto de todas las obscenidades que se le pudieron ocurrir a un montón de muchachas de catorce y quince años a mediados de los años sesenta en un internado para señoritas leyendo *Pigmalión* en la clase de literatura inglesa. Lo que la Srta. Stevenson hizo después aún ahora me parece lleno de inspiración. Se trepó en su escritorio y pronunció todas las palabras en el pizarrón en un acento medio *cockney*, medio sureño. Nos miramos unas a otras con nerviosismo. ¡La van a despedir! Salimos disparadas de la silla y corrimos a cerrar las ventanas. La Srta. Stevenson rió con esa risa maravillosa y siguió maldiciendo. Cuando terminó, muy calmadamente bajó del escritorio a su silla y luego al piso. —Bueno, señoritas —concluyó—, ¿ahora comprenden qué tipo de palabrota era *bloody* en la época de Shaw?

—¡Sí, Srta. Stevenson!

Tres décadas después, la Srta. Stevenson me invitó a dar una lectura de mi obra en Union College y más tarde, una docena de invitados fueron a cenar a su casa. Conté esta anécdota y todos rieron. ¡Tan típico de Ruth! Pero la Srta. Stevenson dijo que no recordaba haber hecho tal cosa. ¿Recordaba haber mirado desde la ventana de su apartamento para maestras una noche y haber visto a un montón de muchachas espiándola? Tampoco lo recordaba. ¿Cómo era posible no recordarlo? ¿La residencia para maestras al otro lado de la calle *Draper*? ¿El salón de clases en la torre redonda que daba a la entrada circular de autos?

Finalmente, desistí. ("Esto se está poniendo pesado", había dicho la quinceañera sobre mis preguntas insistentes). Pero me sentí inquieta. ¿Acaso había inventado a la mítica Srta. Stevenson porque necesitaba tanto de su influencia en mi vida? ¿O quizá yo había malentendido cómo era que funcionaban las hadas madrinas? Sólo hacen una aparición breve —para que puedas interiorizarlas— antes de desaparecer dentro de sus propias vidas comunes y corrientes.

Un guión "unitalla" demasiado estrecho

Mi primer año en la Academia Abbot me benefició de manera similar a la que un año de asistir a fiestas de quince años y luego tener sus propios quince, benefició a Isabella Martínez Wall. Me brindó una comunidad nueva a la cual pertenecer, una narrativa que pudiera seguir hasta la edad adulta. En lugar de una familia y una comunidad que apoyaba la transformación de la quinceañera, planificando y preparándose a veces durante todo un año para estas festividades simbólicas que marcan el paso de niña a mujer, yo tuve una comunidad de compañeras de clase y maestras y entrenadoras y supervisoras de la residencia femenina de estudiantes, quienes me ayudaban a perfeccionar mis destrezas, estimulando mis talentos, preparándome para ser lo que Isabella Martínez Wall llamaría "la reina de mi propia vida".

Por cierto, yo también iba a cumplir los quince y, sobra decirlo, al encontrarme lejos, en una escuela donde éramos las únicas latinas (lo más parecido a nosotras era una niña alemana cuyos padres vivían en Guatemala y una niña americana cuyo padre tenía un puesto en Venezuela), no tuve una fiesta de quince años. Tampoco se me festejó gran cosa: un pastel en la residencia de estudiantes, una llamada de mis padres, una tarjeta con un cheque por veinticinco dólares. A mi hermana mayor ya le había tocado el añillo de mi mamá, y estando en el internado me podía afeitar las piernas y usar maquillaje sin pedirle permiso a nadie.

Pero aunque algunos de los elementos psicológicos de una fiesta de quince años en los Estados Unidos y mi primer año en la Academia Abbot fueron los mismos —una comunidad preparando a una jovencita para convertirse en mujer— el contenido de esa preparación fue apreciablemente distinto. A las señoritas de *Abbot* se nos estimulaba a desarrollar la mente, a no dejar el cerebro estacionado frente a la puerta de nuestro género. De hecho, la placa en la entrada principal nos animaba a adentrarnos en el saber, para tener una vida más noble. ¡Una vida más noble! Es verdad que muchas de mis compañeras de *Abbot* a la larga se casarían y tendrían hijos (esto sucedía, después de todo, a mediados de los años sesenta), pero se suponía que todas iríamos primero a la universidad. (De una clase de setenta y ocho muchachas, sólo una, mi compañera de cuarto, no asistió a la universidad y se casó con su novio de siempre). Y ya que muchas de nuestras maestras eran mujeres solteras que enfrentaban el mundo por su cuenta, el mensaje subliminal nos quedaba claro: se esperaba que fuéramos mujeres inteligentes, emprendedoras e independientes.

Esta narrativa nueva de posibilidades femeninas era innovadora y vigorizante, aun para mis compañeras estadounidenses. *"Although Columbus and Cabot never heard of Abbot"* ("Aunque Colón y Cabot nunca supieron de Abbot"), así comenzaba una de las canciones de la escuela. Y menos mal. Esos exploradores del viejo mundo no hubieran dado el visto bueno a unas jovencitas que asumían el timón de su propio recorrido por la vida, descubriendo sus propios mundos nuevos.

Por contraste, la típica fiesta de quince años representa una narrativa tradicional que es, hay que reconocerlo, un guión unitalla demasiado estrecho que intenta aplicar un corsé a una corpulenta vida femenina. Se viste a la muchacha latina en unas galas que no son tan distintas de las de una novia, su padre le cambia los zapatos, reclama ese primer vals, luego la pasa a un hermano o tío o abuelo, hasta que finalmente ella queda en brazos de su chambelán ante el aplauso de todos. La fiesta de los quince es como un ensayo de boda sin el novio y le envía un mensaje muy claro a la muchacha latina: esperamos que te cases, tengas hijos y te dediques a tu familia. No es de extrañarse que las muchachas terminen embarazadas poco después de celebrar sus quinces. Jaider Sánchez, un peluquero y maestro particular de baile para las fiestas de quince años en Denver, mencionó en una entrevista reciente que de siete quinceañeras a quienes dio clases en el 2005, cuatro ya lo invitaron a fiestas de regalos para sus futuros bebés.

Y de esa forma, aunque le da a la muchacha la ilusión momentánea de poder (la retórica sobre la princesa, la celebración de su poder sexual, su juventud, su belleza), en realidad, el ritual representa el viejo paradigma del patriarcado agrandado cada vez más (en los EE.UU.) por un mercado codicioso. En un libro fascinante titulado *Emerging from the Chrysalis: Studies in Rituals of Women's Initiations* (Emergiendo de la crisálida: estudios de rituales en las iniciaciones de mujeres), Bruce Lincoln, quien da clases en la facultad de teología de la Universidad de Chicago, amplifica la teoría clásica de Arnold van Gennep sobre los ritos de iniciación, según se aplican a las mujeres. Según van Gennep, quien acuñó ese término, los ritos de iniciación son ceremonias dentro de cada cultura que le permiten a un individuo pasar de un rol bien definido a otro. Los ritos de iniciación masculinos tienen que ver con el despojo de su identidad como niños, para luego someterlos a pruebas y finalmente reintegrarlos a la sociedad sociopolítica adulta.

Pero lo que Bruce Lincoln descubrió es que las iniciaciones de mujeres siguen un patrón distinto: a la niña se le adorna con galas ceremoniales, a menudo se le ponen varias capas, una glorificación que le confiere un estatus cósmico y una participación en un drama mítico. "Los rituales de iniciación femenina pretenden transformar a la niña en mujer, pretenden renovar a la sociedad al proveer un nuevo miembro productivo". Durante las ceremonias, "se considera a la iniciada como habiéndose convertido en una deidad, en una heroína cultural, en el eslabón entre el pasado y el futuro". Hasta aquí todo va bien, pero Bruce Lincoln procede a sugerir que este poder mítico es la sustitución de un poder real, castillos en el aire en lugar de alternativas y oportunidades en el aquí y el ahora:

> La estrategia de la iniciación femenina es llevar una vida de mujer [...] alejada del ámbito sociopolítico, iniciándola en lugar de eso en los esplendores reales o imaginados del cosmos. Para decirlo de otra manera, la iniciación femenina ofrece una compensación religiosa a cambio de una privación sociopolítica. O para decirlo aún de otra manera, es el opio de una clase oprimida...
>
> A pesar de las reivindicaciones cósmicas, el resultado deseado del ritual es logar que la niña esté lista y dispuesta para asumir el papel tradicional de una mujer según lo define una cultura dada [...] La estrategia es la de colocar a la mujer en un pedestal, llevado hasta sus últimas consecuencias: hablar de ella como de una diosa para convertirla en esclava.

Aunque la joven quinceañera está siendo coronada como una reina, el ritual no cambia nada. Simplemente tiende su red de significado resplandeciente sobre lo que podría ser una situación deprimente: "Rara vez puede un ritual alterar las maneras básicas en las que una sociedad está organizada", concluye Bruce Lincoln. "Los rituales tampoco dan forma a la manera en que vive la gente tanto como dan forma a la manera en que la gente comprende la vida que llevaría en un dado caso".

Aun si se encuentra en el escalafón más bajo de la sociedad americana, si la jovencita latina puede creer en esa fantasía —que su estado es provisional, que ella es una Cenicienta aguardando a que su hada madrina o su esposo le concedan su poder— entonces ella puede sobrellevar la carga de su desventaja. Y con el paso de los años y cuando la probabilidad de que su sueño se convierta en realidad disminuye, por lo menos podrá pasar ese cuento a su hija.

Quizá sea por eso que se me saltan las lágrimas en las fiestas de quince años. Observo cómo se intenta domar a la siguiente generación dentro de una narrativa que mi generación luchó tanto por cambiar. Por eso me siento como una víbora en el jardín, porque heme aquí sentada en la sala de sus casas o en los salones alquilados, comiendo sus banquetes, celebrando con la familia y pienso, ¿por qué gastar todo este dinero para representar una fantasía que las estadísticas indiscutibles aseveran que no se hará realidad?

Expo Quinceañera

En la Expo Quinceañera en el Centro de Convenciones del Aeropuerto de San Antonio, Texas, las niñas caminan por ahí con coronas en la cabeza, dando exclamaciones ante los vestidos elegantes, los globos color de rosa, los pasteles propios de una boda, las últimas muñecas envueltas en plástico, los cojines mullidos con correas para afianzar los zapatos de tacón en caso de que el paje se tropiece de camino al altar para que los bendiga el cura.

En un área acordonada al final de la sala de exposiciones, Victoria Acosta, una sensación pop de la localidad de catorce años de edad, canta al micrófono mientras baila y gesticula con la mano libre. "¡Loco, loco, loco, creo que el mundo se ha vuelto loco!" Su próxima canción, "Había una vez", está dedicada a "todas ustedes que alguna vez han sufrido una pena de amor". "Todas ustedes" está compuesto de un semicírculo de preadolescentes gorditas sentadas en el suelo, fascinadas por la esbelta y glamorosa Victoria con sus pestañas largas cubiertas de rímel y con sombra de ojos reluciente, su traje negro ceñido y su destellante corbata plateada. —Por supuesto que voy a celebrar mis quince —me dice durante una pausa entre canciones, aunque no veo por qué. Parece que ella ya se convirtió en mujer y con bastante éxito.

No hay ni un solo comprador varón a la vista. De hecho, los únicos hombres en derredor están a cargo de los puestos o atendiendo al público:

un par de modelos varones, uno en un esmoquin blanco con chaleco rosa pálido, el otro en un traje blanco con chaleco amarillo;

un hombre adulto en uniforme militar, un atuendo para chambelán muy popular entre algunas muchachas, según me dice él;

un *disc-jockey* con sombrero de vaquero que toca música a todo volumen mientras su compañero, un muchachito flaco, distribuye folletos;

Seve, el payaso (quien, ahora que lo pienso, bien podría ser una mujer detrás de todo ese maquillaje facial y la protuberante nariz postiza);

Dale de Diseños Increíbles en Hielo (por $350 puedes obtener la "Escultura de fuego y hielo" con la foto de la quinceañera incrustada en un medallón central de hielo);

Ronny de Fuentes de Chocolate *VIP,* cuya esposa, Joanne, es quien toma la palabra. (¿Sabían que se puede poner chile

con queso en las fuentes si tienes un tema mexicano para
los quince años de tu hija? La juventud todavía prefiere el
chocolate, como podrán imaginarse);

y Tony Guerrero, el dueño de Globos sobre San Antonio
("Los inflamos para usted").

A esto hay que agregar a dos fotógrafos de Tilde (Fotografía,
invitaciones, videografía), el Sr. Acosta (el padre y mánager de
Victoria), el tipo con un recipiente de Starbucks amarrado a la espalda y Manuel Villamil del puesto de Servicios Financieros *Primerica*: y con eso tenemos a un poco más de una docena de hombres
entre una multitud de cerca de trescientas mujeres de todas las
edades que han venido aquí a comprar algo para la fiesta de
quince años de alguien de su familia. La sala de exposiciones está
tan llena de mujeres que la caseta encortinada para cambiar o
amamantar al bebé parece superflua. Podrías dar pecho a tu bebé
aquí sin taparte y todavía estar dentro de los estrictos confines de
la modestia, como hacer pipí sin cerrar la puerta del cubículo en
el lavabo de señoras porque todo el mundo adentro, menos el
niño pequeño en brazos de su madre, es mujer.

Siento como si hubiera entrado a la trastienda donde la femineidad de la siguiente generación de latinas está siendo manufac-
turada, exhibida y vendida. Una visión anticuada, a decir verdad.
Un montón de objetos de color de rosa, con encajes tipo princesa,
con mucha lentejuela y oropel. Una niña pequeña empuja una
última muñeca grande en una carriola mientras su madre la sigue,
acarreando a su hermanita, quien ha cedido su carriola a una muñeca más grande que ella. —¡Qué linda! —me agacho para admirar ese cargamento que lleva con tanto orgullo—. ¿Es para
tus quince? —la niñita mira suplicante a su mamá—. Es para su
prima —dice la mamá, haciendo un gesto con la cabeza hacia una
adolescente gordita que acarrea una bolsa de compras grande y

se detiene en el puesto de Joanne y Ronny, metiendo su palillo con pastel dentro de la fuente de chocolate. La niña parece triste. —Estoy segura de que tú también tendrás una última muñeca cuando cumplas tus quince —la consuelo. Me devuelve una media sonrisa. ¿Por qué diantres la estoy animando?

Loco, loco, loco, creo que el mundo se ha vuelto loco.

No es eso. Es que después de pasar una hora recorriendo los pasillos, me hago a la idea del espíritu de la expo. Hay cierto aire evangélico, contagioso, en cuanto a todo este asunto que te arrastra y hace que quieras formar parte de ese fervor casi religioso que rodea esta celebración. Espero a medias encontrarme aquí a Isabella Martínez Wall, dirigiéndose a una muchedumbre de adolescentes boquiabiertas.

En realidad, mi guía, Priscilla Mora, me recuerda mucho a Isabella. Ambas mujeres comparten un entusiasmo de campaña por una tradición que según ellas es uno de los más grandes beneficios para la mujer latina. Robusta y bonita, con la cara risueña de alguien que está continuamente de buen humor, Priscilla ha organizado seis de estas exposiciones y aunque algunas no han tenido la asistencia deseada, su fe no se eclipsa. Cuando no está organizando expos, planifica fiestas de quince años, es la autora de *Quinceañera Guide and Handbook* (Guía y manual para quinceañeras) y, más que nada, es promotora ardiente de la tradición. De hecho, ideó este negocio en un taller donde los participantes tenían que anotar sus sueños en pedacitos de papel. Luego le dieron fuego a todos los pedacitos para que sus sueños se elevaran a Dios. No se trata solamente de un negocio, explica Priscilla, es una vocación, parte del plan que Dios tiene para ella.

Es a través de Priscilla que escucho por primera vez el voto de la quinceañera en la iglesia: —Tiene que ver con la castidad. Ella le promete a Dios que no va a tener relaciones sexuales hasta que se case. Por eso es importante que las muchachas sepan lo que significa —insiste Priscilla. De otra forma, la celebración de los quince— no es más que una fiesta.

Al parecer, muchos de los proveedores comparten el mismo fervor misionero de Priscilla y cuentan historias edificantes acerca de por qué se involucraron con la celebración de los quince. Por ejemplo, Tony Guerrero, de Globos sobre San Antonio, creció en una familia muy pobre donde eran cuatro niños y cuatro niñas. ("¿Lo dice en serio?", responde cuando le pregunto si las niñas tuvieron fiestas de quince años). Hace algunos años, Tony abandonó su trabajo de oficina para hacer esto porque "quería tener la oportunidad de aportar algo a la comunidad". Le encanta ver a la gente divirtiéndose, contenta y así, "ya tengo otro boleto para cuando pase a mejor vida". "Otro" porque ya tiene allá a una tía abuela. "Ella me prometió que me iba a guardar un lugar". Ruby, de *Grandes Espectativas* (un estudio fotográfico), cree que es un "honor" compartir ese día especial con una jovencita. "Me encanta la idea de dedicar nuevamente tu vida al Señor". (Ecos de Priscilla). Curiosamente, el puesto de las monjitas junto al de Ruby está vacío. "Dijeron que vendrían". Priscilla parece estar desconcertada por un instante. Pero su personalidad alegre se recupera de inmediato. "Quizá vengan después de la misa". Es domingo, después de todo. Resulta que las hermanas son las Evangelizadoras Misioneras de la Divina Providencia, la primera y única orden religiosa de mujeres méxicoamericanas fundada en los Estados Unidos. Su enfoque en las quinceañeras es parte de su misión en su sentido más amplio, como "evangelizadoras del barrio y transmisoras de la rica fe méxicoamericana a la Iglesia universal".

El único pez gordo en la expo es Sunita Trevino, nacida en Bombay y casada con un hispano. En el cursillo acerca de cómo financiar una fiesta de quince años, Sunita nos da el opuesto de la

venta agresiva: una charla sobre cómo velar por tu bienestar fi-
nanciero como mujer perteneciente a una minoría étnica, tema
que me tiene en vilo. Mientras habla, Sunita camina de arriba
abajo por la tarima como un león atrapado en una jaula demasiado estrecha.

Sunita trabaja para Servicios Financieros *Primerica*, pero su
formación profesional es en psicología clínica, lo cual acaba
usando constantemente al aconsejar a familias sobre sus finan-
zas. —¿Saben qué? —pregunta a un público de casi una docena de
personas, principalmente abuelitas, ya que ésta es la única área
de toda la sala de exposiciones donde hay sillas para sentarse—,
las fiestas de quince años ocasionan mucha tensión —. Muchas
parejas acuden a recibir sesiones extra. Pero la mayor parte de los
clientes de Sunita son mujeres solteras que están en apuros financieros. No saben administrar el dinero. Gastan demasiado. Se en-
deudan. Conoce a mujeres de setenta y tantos años que todavía
están pagando la segunda hipoteca sobre su casa que sacaron para
costear la fiesta de quince años de sus hijas. A ella esto le parece
catastrófico.

—¡Nadie se sienta a hablar con nosotras las mujeres! ¡Estamos
jugando el juego del dinero pero nadie nos ha enseñado las
reglas! —La propia madre de Sunita vino a Estados Unidos de
Bombay, pensando que su esposo siempre velaría por ella, y luego
sus padres se separaron y su madre se sintió perdida. No tenía
idea de cómo velar por sí misma. Sunita no quiere que eso le pase
a ninguna mujer. Nosotras las mujeres nos hundimos en un hoyo
de deudas y la fiesta de quince años es a menudo cuando nos
comprometemos con más de lo que verdaderamente podemos
gastar.

Su recomendación para todas las que estamos sentadas en el
público es: paguen en efectivo. —Si tienes un presupuesto de

ochocientos dólares para las flores y escoges algo que cuesta el doble, no lo hagas. ¡NO LO HAGAS! No excedas tu presupuesto. Muchas mujeres se meten en problemas al último instante. Piensan, ay, hagámoslo, sólo esta vez.

Si acaban pidiendo dinero prestado: —por favor —, nos implora Sunita— lean los términos financieros del préstamo, léanlos con mucho cuidado. Lo que la letra grande te da, la letra chica te lo quita. ¡Instrúyanse! No crean que los bancos y las cuentas de ahorro están ahí para hacerles el favor. Vamos a ver, ¿quién me puede decir qué hacen los bancos con su dinero? —pregunta.

Ninguna de mujeres mayores entre el público nos atrevemos a lanzar una respuesta. Pero una niña de alrededor de once años levanta la mano y dice con orgullo: —Te lo guardan.

Sunita menea la cabeza con ternura. —Criatura inocente —suspira. Nadie se ríe. Esta jovencita va camino al sumidero de la deuda a menos que Sunita pueda ayudarla a evitar los peligros de pedir dinero prestado—. No, cariño, no es eso lo que hacen. Usan tu dinero para ganar más dinero.

La niña vuelve a sentarse en su silla, con cara de escarmiento y vergüenza. Su corona resplandece mientras Sunita le explica que lo que acaba de decir es lo que la mayoría de la gente cree. Por eso Sunita ha venido aquí hoy para decirnos la verdad que nadie más nos va a decir, para hacernos pensar en esas cosas. —Doscientas cincuenta familias se declaran en bancarrota cada hora, cada día en EE.UU. Conozco a un señor jubilado de setenta y nueve años de edad que ahora se dedica a embolsar víveres. La gente no hace planes para fallar —explica Sunita—. Falla porque no hace planes. Así que enójense. Enójense y aprendan bien las reglas.

La niña está inquieta en su silla, al igual que todas nosotras. Después de todo, vinimos aquí en plan de fiesta, no para sentir que al final de la vida terminaremos como mendigas, deseando no haber emprendido el camino de la deuda con nuestra fiesta de quince años o la de nuestras hijas.

Tirar la casa por la ventana

Entonces, ¿cuánto cuesta una fiesta de quince años? Si se lo preguntas a cualquiera de los organizadores de fiestas, te dirán lo mismo: desde cien dólares por una comida al aire libre en el jardín trasero con música de estéreo para la señorita y sus amigos, hasta cincuenta mil dólares o más en un salón de fiestas, con los servicios de un organizador de fiestas, una limusina y una cena para ciento y pico de invitados.

Todo el mundo habla de este nivel de precios, pero después de entrevistar a docenas de quinceañeras y de hablar con igual número de organizadores, proveedores, coreógrafos y servicios de banquetes, tengo que concluir que las fiestas de quince años con comida al aire libre se están convirtiendo en la excepción. En el pasado, quizá eso era lo normal, en los países de origen, por supuesto, en pequeñas zonas homogéneas, como en un pueblo fronterizo en Texas o en un barrio compuesto únicamente de centroamericanos, en otras palabras, un grupo todavía fuera de la cultura dominante, quizá. Pero ahora, como advirtió una quinceañera, "Si tuviera que hacerlo por tan poco dinero, mejor no haría ninguna fiesta, ¿para qué?" Es propio en estos casos querer derrochar el dinero, convertir la ocasión en un gran espectáculo. Más de una persona ha usado aquella expresión española para indicar un gasto exagerado: tirar la casa por la ventana. Tiraron la casa por la ventana para la fiesta de quince años de esa muchacha.

Tiraron la casa por la ventana. En un país donde la tasa de pobreza sigue creciendo (el 12.7 por ciento de los ciudadanos estadounidenses vivía por debajo del índice de pobreza en el 2004,

una cifra superior al 11.3 por ciento del año 2000), donde los latinos forman una porción considerable de ese número empobre-
cido (el 21.9 por ciento de la población hispana vivía por debajo
del índice de pobreza en 2004, según el censo de población de los
Estados Unidos). Resulta que Sunita no exageraba.

Tiraron la casa, que probablemente no les pertenecía, por la
ventana.

La fiesta de quince años de Mónica en realidad fue bastante
modesta si su cálculo de "tal vez tres mil dólares" era correcto.
¿Por qué no tengo una cifra exacta? Permítanme decir sincera-
mente, no es fácil hablar de dinero con mi gente. Quizá si yo fuera
una reportera americana con una libreta de taquigrafía y unas cuantas palabras en español aprendidas en la escuela, podría salirme
con la mía y preguntarles a los padres cuánto gastaron en la fiesta.
Pero soy latina. Conozco las reglas. Ellos saben que conozco las
reglas. Preguntar a mis anfitriones cuánto les había costado su fiesta sería una falta de educación. De modo que aprendí varias
maneras de hacer preguntas indirectas sobre el tema. Aproximada-
damente, ¿cómo cuánto cuesta una fiesta de quince años, según
su experiencia? ¿Si alguien diera una fiesta como ésta, como
cuánto les costaría?

La única persona a quien podía hacerle esa pregunta directamente resultó ser la quinceañera misma. Pero aunque las muchachas de quince años son muy buenas para saber cuánto costó el
vestido o la sesión de maquillaje, no son tan buenas para saber
cuánto costó el alquiler del salón de fiestas o lo que cuesta servir
filete de res a la Wellington en lugar de albóndigas suecas para
cien personas, o cuál fue el costo adicional por las servilletas y los
manteles de lino o por las sillas con fundas blancas amarradas con
lazos de raso, lo que parecía ser de rigor para todas menos para
las fiestas más económicas. A las quinceañeras les gusta salir con

cifras altas para impresionar a sus amigas, pero no son tan buenas con la suma. Es decir, si pagaron $250 por el vestido y $250 por la limusina, y el salón de fiestas con el servicio de comida costó $2,500 por cien personas, sin contar el pastel compuesto de cuatro pasteles —que no costó menos de $300—, y agreguémosle entre $100 y $200 por las sesiones en el salón de belleza, y por lo menos $300 por el fotógrafo y las fotos y, ya que siempre surgen cosas de último momento, y mamá sin duda también necesita un vestido nuevo, y papá probablemente tendrá que rentar un esmoquin, y algunos miembros de la familia necesitarán ayuda con el costo de los viajes, eso sería entre $500 y $1,000 más. En todo caso, ya rebasé por mucho la cifra conservadora de $3,000 que Mónica Ramos, con una modestia poco común para una adolescente, había calculado.

Y su padre estaba desempleado.

Tiraron el apartamento alquilado por la ventana. ¿Y por qué no? De todas maneras no era suyo, de la misma forma que este sueño americano no es tan fácil de conseguir como parece, así que por qué no vivir en grande, dar a tu hijita una fiesta inolvidable, disfrutar de lo único que realmente te pertenece, los momentos felices de esa noche, antes de que empiecen a llegar las cuentas.

Cuando ya no se puede recurrir a la abuelita

Will Cain es el presidente y fundador de *Quince Girl*, una nueva revista nacional dirigida a las más de cuatrocientas mil latinas en los Estados Unidos que cumplen sus quince cada año. A principios de 2006, la revista hizo una encuesta que preguntaba a sus lectoras cuánto habían gastado o pensaban gastar en su fiesta de quince años. El resultado promedio fue de $5,000.

Le confieso a Will que me parece un promedio bajo, dadas las cifras que los organizadores de eventos y de fiestas de quince años y las familias me han dado. Pienso en la fiesta de quince años de Idalia que le costó a su familia dominicana acomodada $80,000, lo cual no resulta sorprendente, dado que invitaron a más de quinientas personas, con coreografía para una corte de veintiocho parejas (el doble del número acostumbrado para no hacer de menos a ninguna amiga o prima), con efectos especiales dignos de un espectáculo de Broadway y vestidos de sirena para las damas diseñados por Leonel Lirio, quien se hizo famoso por diseñar el vestido largo de la Miss Universo, Amelia Vega. He de admitir que éste es un ejemplo hacia el extremo superior en la escala de fiestas de quince años, pero el extremo inferior sube cada día más. En Miami, el padre de Sofía confesó entre disculpas que él "solamente" estaba gastando cerca de $12,000 en los quince de su hija, a pesar de que su esposa lo corrigió y agregó: "$12,000 sin contar con la comida y las golosinas que ofrecimos a veintiocho chicos durante los tres meses de ensayos".

—Debes recordar que esos $5,000 toman en cuenta la gama completa —me dice Will Cain sobre el promedio obtenido por *Quince Girl*—. Incluye a la muchacha que gasta $25,000 y a la que sólo puede gastar $1,000. La cuestión es que incluso la gente de clase trabajadora que no tiene mucho poder adquisitivo, va a dedicar una porción considerable de sus recursos para celebrar esta tradición. Afecta a un amplio rango de estratos sociales.

Will mismo hizo las cuentas antes de decidirse a lanzar la revista. La población latina se está disparando y es en su mayoría una población joven. —No tengo que mencionarte los datos demográficos —dice Will—. Uno de cada cinco adolescentes es hispano. Y esa población está creciendo a una tasa del 30 por ciento, mientras que la tasa de la población no hispana es de sólo el 8 por ciento.

Estoy tratando de seguir el hilo de lo que dice Will, pero lo que despierta mi curiosidad no tiene nada que ver con los datos demográficos sobre los hispanos, sino sobre el mismo Will. El nombre de Will Cain no suena ni remotamente hispano. ¿Cómo fue que un "muchacho anglosajón común y corriente"—como se describe a sí mismo cuando le pregunto acerca de sus raíces— acabó como fundador de una revista para latinas que celebran sus quince años?

Will, que apenas cuenta con treinta y un años —un poco más del doble de la edad de una quinceañera—, creció en Texas, rodeado de méxicoamericanos, y siempre ha tenido interés en la cultura hispana. También le interesaban los medios de comunicación. Así que decidió unir ambas cosas y se le ocurrió la idea de la revista *Quince Girl*. Aunque se trata de una decisión económica astuta, Will cree que también proporciona un servicio importante a los hispanos de este país.

—La comunidad hispana es una comunidad muy fragmentada —explica—. Tienes a los méxicoamericanos, a los puertorriqueños y a los cubanoamericanos. Y lo único que vincula a todas estas nacionalidades, no, no es el español —me dice, anticipando lo que pudiera yo pensar— en realidad, muchos de la segunda y tercera generación ni siquiera hablan español. El vínculo, el único lazo que aglutina a todas estas culturas…

A medida que llega a su conclusión entre redobles de tambor pienso que Will Cain aprendió algo al estar rodeado de la comunidad hispana: un sentido dramático.

— …es esta tradición que se celebra a lo largo de un grupo tan diverso: la fiesta de quince años. Con esto quiero decirte que ¡es muy popular! Y el resto de Estados Unidos comienza a prestarle atención.

—Amén —digo yo. Estoy escribiendo todo un libro sobre el tema.

Como si me leyera el pensamiento, Will agrega: —No tendríamos esta conversación si no fuera cierto lo que digo.

Lo que Will descubrió es que no había ninguna revista donde estas muchachas pudieran consultar acerca de la tradición, las tendencias y las modas. —Las chicas se metían a la charla virtual y se preguntaban entre sí acerca de la ceremonia y sobre qué hacer. Solía ser que uno aprendía esas cosas de la abuelita... Pero con la inmigración y la enorme movilidad en este país, no siempre se puede recurrir a la abuelita. Además, ellas crecieron en un mundo distinto. Y con presupuestos distintos. Probablemente cinco mil dólares es más de lo que los abuelos ganaban en un año en sus países de origen.

¿Cree Will que la tradición está adquiriendo más popularidad aquí?

—Bueno —titubea. Tiene razón en ser cauteloso al expresar una opinión más allá de lo que las cifras puedan respaldar—. La tradición de los quince siempre ha sido importante, pero ahora se está dando una retroculturación...

—¿Retroculturación? —Es la primera vez que escucho este término.

—Es un patrón que se está dando dentro de la comunidad hispana —Will procede a explicarme—. La primera generación llega a los Estados Unidos y lucha por asimilarse. Adoptan la cultura y las normas americanas. Los de la segunda generación quieren ser completamente americanos. Muchos ni siquiera hablan español. No están tan familiarizados con la cultura. Para la tercera generación, ya los hijos nacieron y se criaron aquí, pero tienen algo que los hace únicos, su cultura hispana. Quieren aprender español; en realidad, muchos de ellos hablan más español que los de la segunda generación. Hacen un esfuerzo conjunto por mantener sus tradiciones, por establecer lazos culturales con su pasado.

Will cita un estudio sobre adolescentes hispanos "que apenas salió hoy", realizado por el *Cheskin Group,* una consultoría de mercadeo internacional que ha realizado muchas investigaciones sobre hispanos. El estudio confirma lo que Will plantea, que la generación joven y prometedora de adolescentes hispanos es "predominantemente bilingüe y bicultural", celebra su identidad étnica y la combina con la cultura dominante de los demás adolescentes. "Viven en *MySpace.com* y compran en *Abercrombie,* pero escuchan radio en español y acogen la diversidad con los brazos abiertos", reza un resumen del estudio. De mayor importancia para los negocios que están considerando comprar el informe entero por $5,850 —el costo promedio de una fiesta de quince— es que los adolescentes hispanos son

> líderes de una de las tendencias más importantes que dan forma al futuro de los Estados Unidos: el crecimiento de la población hispana en los Estados Unidos. Está claro que el futuro les pertenece y que ellos están concientes de ello.

El futuro nos pertenece y estamos concientes de ello. Mientras tanto hay que vivir en el presente y ver cómo pagamos por él.

La diferencia entre los niños y las niñas

¿Cómo fue que las fiestas de quince años llegaron a ser tan caras? Incluso el promedio de cinco mil dólares que arrojó la encuesta de la revista *Quince Girl* es mucho dinero para despilfarrar en una fiesta de cumpleaños.

La empresa *Kern's Nectar,* la cual ha desarrollado un nicho en el mercado de los jugos "no tradicionales" (guayaba, papaya, mango), populares entre los latinos, patrocina un sorteo anual llamado *Dulce Quinceañera Sweepstakes*: "Quince quinceañeras afortunadas recibirán $1,000 cada una, más una dotación de jugos *Kern's Nectar* por todo un año; la ganadora del premio mayor, seleccionada al azar entre este grupo, se llevará $15,000 a casa".

¿Por qué *Kern's Nectar* seleccionó esta tradición en particular? "Después del matrimonio, una fiesta de quince años es quizá el momento más significativo en la vida de una joven", reza el comunicado de prensa. Dadas tales aseveraciones, quizá cinco mil dólares no sea demasiado gasto en una fiesta para celebrar el que una niña se vuelva mujer.

Decido preguntarles a las muchachas mismas acerca de tales aseveraciones.

En el salón de maestros, decorado con paneles de madera, de *Lawrence High School,* hablo con un grupo de una docena de muchachas que han accedido a ser entrevistadas acerca de la tradición. La luz se cuela por una magnífica ventana de vitrales, brindando al salón el aire santificado de una capilla. A primer vistazo, el erudito en toga, cuya imagen adorna la ventana, bien podría ser Aristóteles o Platón, pero al inspeccionarlo de cerca resulta ser una mujer. Sostiene un libro en una mano; la otra mano, levantada con la palma hacia fuera, parece estar dando el ejemplo de decir la verdad, toda la verdad y nada más que la verdad, que es precisamente a lo que he venido. Luego me entero de que esta mujer que da testimonio es Emily Greene Weatherbee, la primera directora de esta escuela, en los años 1880.

Un siglo y cuarto después, el salón se llena con un tipo de estudiantes que Miss Emily nunca hubiera imaginado. Las latinas jóvenes aquí presentes son en su mayoría de ascendencia dominicana y puertorriqueña, aunque una jugadora de *softball* del equipo de *junior varsity,* vestida en ropa deportiva (a quien cuesta trabajo imaginarla en el atuendo hiperfemenino de una quinceañera), es de familia ecuatoriana. A excepción de una muchacha que dijo que se sentía "timada" por no haber tenido una fiesta de quince años (su madre dijo que costaba demasiado), las otras once muchachas habían tenido una fiesta o iban a tener una antes de que terminara el año. Unos días antes de mi visita se les pidió que trajeran sus álbumes a la escuela. Entran en fila, acarreando álbumes grandes rosados o blancos como de boda con lo que vienen a ser sesiones fotográficas exhaustivas. Algunas de las muchachas que llegan con las manos vacías confiesan que dejaron sus álbumes en casa para no tener que acarrear algo tan pesado todo el día.

Después de hojear varios de estos álbumes, les pregunto a las muchachas si creen que sus fiestas de quince son tan importantes como sus futuros matrimonios. —Es decir, si es que se casan —agrego. No quiero imponer ninguna suposición en sus vidas.

—Esa es la cosa —prorrumpe Soraya. Su álbum es el más grande, lo trajo su hermano, quien lo acarreó todo el día—. Ni siquiera sabes si te vas a casar. Es decir, esperas que sí, pero no es seguro. Pero vas a cumplir quince años de cualquier manera —. Las demás muchachas están de acuerdo.

Pero si sólo se trata de cumplir quince años, los niños también cumplen quince. ¿Por qué no hacerles una fiesta de quince años a ellos?

—Los hombres no necesitan una fiesta de quince —dice Madeline, quien dejó su pesado álbum en casa, y explica—. Los niños ya nacen hombres, pero las niñas se convierten en mujeres.

He reflexionado mucho sobre esa aseveración durante todo el año pasado. El comentario recalca esa línea divisoria tan profunda, tan custodiada (al menos tradicionalmente) en la vida de una latina joven cuando pasa de niña a señorita y se convierte en un ser sexual. En su autobiografía, *Silent Dancing: A Partial Re-*

membrance of a Puerto Rican Childhood (Baile en silencio: recuerdo parcial de una niñez puertorriqueña), Judith Ortiz Cofer describe cómo cuando ella se convirtió en una señorita, la vigilaban muy de cerca como si "llevara una bomba de tiempo en el cuerpo que pudiera dispararse en cualquier instante [...] De alguna manera, mi cuerpo, con sus curvas nuevas y poderes biológicos nuevos había cambiado todo: medio mundo se había vuelto ahora una amenaza o se sentía amenazado por el potencial que tenía para el desastre".

—Jamás tocamos a las niñas —, más de un fotógrafo varón me dijo cuando los entrevisté acerca de las sesiones fotográficas tan populares en Miami. El paquete completo presenta a las quinceañeras en una variedad de poses y de ropa provocadora, incluso micro bikinis. —Les decimos a las madres, "Mami, aquí hay que meter una masita". Y dejamos que ellas lo hagan —. ¿Por qué seguían asegurándome sobre esta delicadeza sexual una y otra vez? Las niñas que hasta entonces han vivido sin preocuparse dentro de cuerpos infantiles, se convierten de pronto en mujeres con cuerpo sexy y tentador y es temporada de caza abierta. En cambio, los niños, que ya nacen hombres, a quienes se les ha enseñado desde un principio que tienen que probar su hombría como machos saludables, se lanzan a la caza.

Cuando hago estas observaciones al grupo de Lawrence, el salón lleno de jovencitas estalla en risitas nerviosas. Obviamente, estoy dando en el clavo.

Todas las muchachas admiten que una vez que comenzaron a desarrollarse, sus padres, sobre todo los papás, dicen: "¿Con quién vas a salir? ¿Quién te acaba de llamar? ¿Qué otros padres de familia estarán presentes?"

No cabe duda de que son las muchachas quienes reciben los efectos nocivos del machismo. Pero, ¿qué hay de esos pobres niños que tienen que desempeñarse como hombrecitos desde un principio, si hemos de creerle a Madeline? A menudo, en las fiestas de quince, veo a uno que otro chiquillo vestido con un esmoquin miniatura, a quien le dan empujones para que saque a bailar a una niña, o le dan un trago de ron y lo incitan a que se pavonee por allí. Al contrario de lo que se dice con frecuencia, el machismo oprime no sólo a las niñas sino también a los niños. Y sin embargo, justificadamente, ¿querrías que tu hija pubescente anduviera en compañía de una versión grande de ese machito, sin supervisión alguna?

—La fiesta de quince años es la manera aprobada en la que una familia decente dice, muy bien, ahora mi hija ya puede recibir la atención masculina —Gloria González, una profesora de español en *Middlebury College,* me explica acerca de su experiencia cuando era niña en Guadalajara, México—. Lo permitimos y lo vamos a vigilar —. Es un momento importante. En su canción "De niña a mujer", que bien podría decirse es el himno de las quinceañeras de todos los tiempos, Julio Iglesias se lamenta de cómo un padre ha venido anticipando el momento en que su hijita desaparece para siempre dentro de una mujer. El lamento continúa durante seis estrofas afligidas. Según la canción, el que la hija crezca va a romperle el corazón al padre.

De ser así, entonces, ¿por qué celebrar la pérdida?

Entran en escena las madres.

Si el padre pierde a su hijita, la madre gana una amiga en potencia. Más de una muchacha del grupo de Lawrence menciona —y cuando lo hace las demás coinciden— que planear los quince realmente une a madres e hijas. —Tomábamos decisiones sobre el vestido y la decoración y escribíamos las direcciones en las invitaciones. Yo diría que pasaba la mayor parte del tiempo que no estaba en la escuela con mi mamá —recuerda Soraya de los meses de preparativos—. Ya éramos unidas, pero nos unimos aún más.

Aun si la ceremonia en sí se centra en la transacción entre el padre y la hija (él le cambia los zapatos de piso por tacones, baila con ella su primer baile adulto en público), los meses de preparativos representan una época intensa entre madre e hija. Inevitablemente, esto lleva a peleas y desacuerdos, pero incluso esos momentos ofrecen oportunidades para negociar y estrechar los lazos. Y no sólo entre las madres y las hijas, sino entre todos los familiares, las tías, las abuelas y las primas que a menudo participan. Consuelo, la madre de Sofía en Miami, explicó cómo para decidir sobre cada detalle de la fiesta de quince de su hija, tanto su madre como sus hermanas y las primas de Sofía, daban su opinión. —Entrábamos en una tienda a probarnos vestidos o a escoger decoraciones y toda la parentela daba su opinión —. Mientras la madre relataba lo especial que había sido para ella compartir esta experiencia con su única hija, Sofía, quien había estado sentada en silencio a su lado, comenzó a llorar.

—¿Te sientes bien? —su padre, quien había asistido a la entrevista, preguntó desde el otro extremo del sofá—. ¿Qué te pasa?

Consuelo, quien había estado distraída hablando conmigo, se volvió hacia su hija. De perfil eran réplicas de sí en el tiempo. Consuelo comprendía. Se le llenaron los ojos de lágrimas a medida que alargaba el brazo y las dos mujeres se tomaron de la mano como dos niñas que iban a ser mejores amigas para toda la vida.

Control remoto

Otro factor que ha elevado el precio de esta celebración tradicional es esa palabra capciosa "tradicional".

"Más católico que el Papa", reza el dicho dominicano. Nuestras tradiciones exportadas se mezclan y se combinan con aquellas de los demás países latinoamericanos y caribeños en los EE.UU. y se vuelven más elaboradas, más caras, más tradicionales de lo que fueran alguna vez en su tierra natal.

En realidad, tener una fiesta de quince hecha y derecha en los Estados Unidos panhispánicos es adoptar las pequeñas tradiciones de todos los demás grupos latinos y más. De modo que ahora, las quinceañeras cubanas de Miami contratan a mariachis mexicanos para que les canten "Las mañanitas" tradicionales. La corte completa de catorce damas y chambelanes, "cada pareja representando un año de la vida de la quinceañera", una práctica principalmente mexicana, es ahora una tradición imprescindible. Así como el cambio de zapatos de piso a tacones, la cual parece haber sido originalmente una costumbre puertorriqueña. De los puertorriqueños también, aunque algunos dirían que de los mexicanos, vino la tradición de la última muñeca, vestida exactamente como la quinceañera, que la joven acuna en brazos y que simboliza "el final de su niñez" o "el hijo que ella misma tendrá en un futuro no lejano" (ambas son explicaciones ofrecidas por varios organizadores de eventos). La quinceañera podrá conservar esta muñeca como recuerdo o se la podrá regalar a un miembro más joven de la familia. En una de esas celebraciones, quizá inspirada en el ramo de novia, la quinceañera lanzó su última muñeca para que la atrapara alguien dentro de un grupo de chiquillas que gritaban en expectativa de sus propios quinces.

El símbolo de haber pasado la niñez también se refleja en una costumbre centroamericana y puertorriqueña (he escuchado de ambas) de que haya en la fiesta una niña vestida en miniatura como la quinceañera como "símbolo de la inocencia". A veces la acompaña un pequeño chambelán, aunque la tradición se ha elaborado aún más, de modo que ese "símbolo de inocencia", así como un pequeño príncipe y princesa (un poco mayores), son parte de la corte tradicional.

De igual forma, siempre hay una sesión fotográfica para conmemorar el evento. Esta no es una costumbre exclusiva de las fiestas de quince años. En nuestros países de origen, cada evento
importante de la vida se señala con una fotografía: la foto de
primera comunión, la foto de quince años, la foto de graduación,
la foto de boda. Incluso en la familia de mi marido de raíces alemanas, de Nebraska, había retratos formales de estudio, los protagonistas en su ropa elegante, el cabello bien peinado: una boda, un
bautizo, un hijo que se va a la guerra. Por supuesto, ahora hay álbumes completos de la joven señorita en distintos trajes y lugares,
una costumbre que parece haber comenzado dentro de la comunidad cubana de Miami, donde las muchachas a veces sólo hacen
la sesión fotográfica y se olvidan de la fiesta. Muchas muchachas
también se mandan a hacer videos, relatando su vida desde que
nacieron, con fotos y filmaciones de sí mismas a distintas edades,
y al final, los créditos ruedan como si fuera una película de verdad
donde la quinceañera hace el papel principal y sus padres son los
protagonistas "padre" y "madre" y, por supuesto, la canción "De
niña a mujer" de Julio Iglesias es la música de fondo. Resulta evidente que la tradición de los retratos de estudio de nuestros países
ha llegado a los EE.UU. y, como lo expresó una amiga cubana, es
como si esta tradición hubiera "tomado esteroides".

La tradición de coronar a la jovencita se atribuye con frecuencia a los mexicanos, quienes parecen ser el grupo que más ha ritua-
lizado la ceremonia. Pero aquí en Estados Unidos, todas las
quinceañeras llevan corona. El ramo que trae la quinceañera para
ponerlo a los pies de la estatua de la Virgen durante la misa también es parte de la tradición mexicana y centroamericana, al igual
que la misa, de la cual nuestras culturas caribeñas más hedonistas
y fiesteras han prescindido. Pero ahora, la misa y el ramo para la
Virgen se han convertido en parte de nuestra "tradición" dominicana y puertorriqueña y cubana en los Estados Unidos.

Una tradición sensata, económica y gratificante que no ha sido adoptada por otros grupos hispanos es la costumbre mexicana del patrocinio por parte de madrinas y padrinos. En la fiesta de quince años mexicana, todos los aspectos de la fiesta, desde el pastel hasta el *disc-jockey* tienen un patrocinador, lo cual distribuye el costo de la celebración entre todos. Asimismo, es un símbolo emotivo de la inversión tanto afectiva, como espiritual y financiera de parte de la comunidad en esta joven. ¿Por qué no se ha adoptado esta costumbre?

—Es una cuestión de orgullo no andar pidiendo limosna para tu fiesta —me dijo en confianza mi amiga cubana Carmel. Pero en realidad, hay mucho patrocinio informal que toma lugar. La abuela que compra los aretes y el collar de la quinceañera, el hermano que le regala el servicio de la limusina, la hermana que contribuye con el costo del vestido. De todas formas, cuando los veintitantos nombres de padrinos y madrinas se leen en voz alta en una fiesta de quince méxicoamericana, hay una sensación de la participación pública que no pasa desapercibida por la jovencita.

—Todos mis conocidos contribuyeron algo —recuerda Verónica Fajardo acerca de su fiesta hace quince años—. Sentí que me habían dado tantas bendiciones, ¡mi comunidad entera había hecho ese momento realidad! —En realidad, la familia de Verónica es de Nicaragua, pero creció en un barrio méxicoamericano de Los Ángeles, de modo que aunque el padrinazgo no era parte de la tradición en su país, para cuando llegó el momento de cumplir sus quince años, la familia había adoptado esta tradición.

A veces estos préstamos culturales ni siquiera provienen de otros latinos. La tradición de prender y dedicar las velas, por ejemplo, parece haber sido tomada de la tradición del Bar y Bat Mitzvah. De hecho, muchos críticos observan que la fiesta de quince va por el mismo camino que dicha celebración judía. El rabino Jeffrey Salkin, autor de *Putting God on the Guest List: How to*

Reclaim the Spiritual Meaning of Your Child's Bar or Bat Mitzvah
(Poner a Dios en la lista de invitados: De cómo recuperar el significado espiritual del *Bar* o el *Bat Mitzvah*), compara este momento
histórico en la comunidad hispana con los comienzos de los años
sesenta en la comunidad judía, cuando las ceremonias del *Bar* y el
Bat Mitzvah se volvieron cada vez más seculares y extravagantes.
"Estos ritos de iniciación son la manera en que un grupo minoritario puede demostrar que ha logrado el éxito en los Estados
Unidos".

Pero dadas las estadísticas, la comunidad hispana no puede todavía reclamar un éxito a gran escala. Para muchos, la fiesta
de quince se convierte en una extravagancia la cual, como advirtió Sunita, pone a la familia aún más en el hoyo. Marie Arana
del *Washington Post* me contó de sus visitas a los campos de trabajadores migratorios en Maryland y Virginia donde familias que
casi no tenían nada, gastaban cientos de dólares en dar una fiesta
de quince años a sus hijas. ¿Quizá estas son las fiestas con comida
al aire libre de las que todo el mundo habla, las cuales no quedan registradas en el radar porque toman lugar en poblaciones
segregadas, a menudo indocumentadas? Si uno hace cuentas,
cientos de dólares para un trabajador migratorio sin ciudadanía
estadounidense ni papeles ni protección de ahorros, bien podría
ser lo mismo que para una familia de clase trabajadora, dueña de
un auto y con beneficio al desempleo y acceso a tarjetas de
crédito.

"Hoy en día todo tiene que ser extra grande", dijo Nina Díaz,
productora ejecutiva de *My Super Sweet 16* (Mis súper 16 abriles) a
U.S. News & World Report. (El costo total de una reciente fiesta de
quince años en uno de los episodios de dicho programa de televisión fue de $180,000). Un sitio de Internet con el que me
topé mientras navegaba la red en busca de la sabiduría popular
sobre las quinceañeras —si uno busca por medio de Google con

la palabra "quinceañera", poniéndole la tilde a la *n*, encontrará 8,230,000 posibilidades y sin la tilde, hallará 4,220,000 instancias— instaba a los proveedores a que se registraran en tal sitio. "Se espera que para 2006, el poder adquisitivo de la población hispana llegue a los $300 mil millones. Éste es el momento idóneo para comenzar su campaña publicitaria para los dieciséis abriles o para fiestas de quince años. La demanda de comerciantes especializados en el mercado latino ha alcanzado proporciones épicas".

Proporciones épicas; la casa por la ventana; 8,230,000 instancias y en ascenso.

"Sustentar esta celebración es sin duda alguna muy costoso", concluyó Kimberly García en su artículo de 1999: *"Sweet 15: A Financial Affair"* (Los quince años: una cuestión financiera). En los siete años que han transcurrido desde que se publicó ese artículo en *Hispanic Magazine*, la tendencia ha ido en aumento. Su escandalosa cifra de $15,000 al extremo superior de la escala por una celebración, no asombraría a nadie el día de hoy. Con mayor seguridad, suscitaría una disculpa, como la del padre de Sofía. "Es muy probable que los hispanos tomen una decisión sobre gastos mayores sin importar su nivel de ingresos", informó Lisa Holton en un artículo sobre las fiestas de quince años para el *Chicago Sun-Times*.

En Disneylandia, Denny Nicholas, gerente de ventas empresariales y nupciales, dice haber visto de todo, desde unos modestos $5,000 hasta $50,000 por una fiesta de quince años; el costo promedio en la actualidad oscila entre $12,000 y $15,000 por dicha fiesta. Cuando le pregunto a Denny si no le parece escandalosa esa cifra *promedio*, dado que el umbral de la pobreza para una familia de tres es de $15,277, se ríe. —Para cuando las familias acuden a mí, ya han tomado la decisión de qué es lo que quieren. Lo único que hago es proveer los elementos que necesitan

para hacer sus sueños realidad. —Es otro mundo —me recuerda
Denny—. Los niños ahora tienen expectativas mucho mayores.
—Se ríe entre dientes, mucho más animado de lo que a todas luces yo me siento—. Bromeo con mis dos hijos y les cuento que
cuando era pequeño, yo era el control remoto parado junto al
televisor y mi padre me decía: "¡Cámbiale a tal y tal canal!"

Dinero o *money*

El que la tradición se haya vuelto extra grande bien puede
achacarse al consumismo estadounidense, pero eso de gastar
el dinero hoy en vez de mañana parece ser parte de nuestro propio bagaje emocional.

—Los hispanos tienden a gastar el dinero inmediatamente
—escribe Rose Carbonell en su artículo "Dinero *vs. Money*".
Como parte de su tesis de posgrado en *Hispanic Marketing Com-
munication* de *Florida State University*, Carbonell hizo un estudio
sobre las distintas actitudes de los hispanos en cuanto al dinero.
Encontró que la "acumulación del capital no es característico de
los hispanos, sobre todo porque ser rico tiene una connotación
negativa [...] como masas de hispanos han soportado la esclavitud
y la pobreza endémica durante los últimos 500 años, el significado de la riqueza ha sido asociado con la experiencia de los
demás, no con la de uno mismo".

Al principio lo descarté como una especie de perfil cultural
que tanto nos hemos hecho a nosotros mismos, como nos lo han
hecho a nosotros, hasta que encontré eco sobre esta cuestión en
nadie menos que en Octavio Paz, escritor de gran influencia sobre la identidad y el pensamiento mexicanos y ganador del Premio Nóbel de Literatura en 1990. "Nuestra pobreza puede medirse

por el número y la suntuosidad de las fiestas populares. Las fiestas son nuestro único lujo" escribe Paz en su libro *El laberinto de la soledad*. "El exceso en el gastar y el desperdicio de energías afirman la opulencia de la colectividad. La vida que se riega da más vida. Se trata de adquirir potencia, vida y salud. En este sentido la Fiesta [...] es una de las formas económicas más antiguas".

Otra forma de comprender este fenómeno es un término interesante que se ha usado en artículos académicos: el "capital cultural". El término, acuñado originalmente por el teórico social francés Pierre Bourdieu, describe otro tipo de bienes, no monetarios, importantes para adquirir estatus dentro de una comunidad. El que una familia dé una fiesta espléndida para su hija quinceañera representa una especie de afirmación cultural que tiene una importancia más allá del costo en dólares. Pensar solamente en "cuánto costó" en una cifra en dólares, es simplificar una transacción mucho más compleja y multidimensional. Patricia Saldarriaga, profesora de español en *Middlebury College*, cumplió los quince en 1975 en el puerto de Talara, en Perú, donde su padre era el alcalde. La obligaron a hacer una gran fiesta de quince años, aunque ella no quería, debido a la posición social de su padre.

—"Somos gente decente" es un concepto muy importante en nuestras comunidades —explica Eduardo Béjar, también profesor de español en *Middlebury*. Eduardo creció en Cuba durante los años cuarenta y cincuenta y recuerda cómo las fiestas de quince años eran la manera en que una familia mantenía su estatus—. Ser una familia decente quiere decir que trabajas duro, que haces cosas por el bienestar de tu familia. La fiesta de quince es un reflejo de eso: una manera de decir que somos gente decente.

Pero, ¿por qué no tener ambas cosas? Después de todo, ser latino o latina es un híbrido, un sancocho de todas nuestras distintas culturas y razas, historias y nacionalidades, hecho en EE. UU. ¿Por qué no ser una familia decente que celebra los quince años de su hija sin endeudarse? ¿Por qué no podemos dar una fiesta sin tirar la casa por la ventana? Podemos hacer una revisión a nuestras costumbres y tradiciones culturales para que funcionen mejor dentro de las nuevas realidades que enfrentamos actualmente.

Pero siempre que he sugerido moderación a los padres de quinceañeras y a los proveedores de eventos, el estribillo que escucho con frecuencia es: "¡Nos encanta la fiesta!" Así somos nosotros.

Este perfil étnico persiste tanto dentro como fuera de nuestras comunidades. Es una manera de pensar reduccionista, de ser esto o aquello, sobre nosotros mismos, que no nos prepara para este nuevo milenio donde el mundo es cada vez más pequeño y todos nos estamos convirtiendo en mezclas cada vez más permeables de tradiciones y culturas.

Mi mamá también sostenía que no podíamos ser las dos cosas a la vez. No podíamos ser hijas de una familia decente y americanitas con mentes (y cuerpos) propios.

—¿Por qué no? —la desafiaba yo—. "Me resisto a cualquier cosa que no sea mejor que mi propia diversidad".

—¡No me contestes! —me regañaba ella—. ¡No seas malcriada!

—Pero, mami, si es una cita de Walt Whitman. Lo estamos leyendo en la clase de literatura inglesa.

Eso siempre la hacía desistir.

—Si vives en esta casa, ¡tienes que respetar las reglas! —se quejaba, un poco más tranquila. ¿Qué monstruo había creado al mandar a su hija a la Academia Abbot? —¿Quién te crees que eres?

—"Soy grande, contengo multitudes"—. Estaba encontrando

una manera nueva de defenderme. Técnicamente, si recitaba poesía, no le estaba "contestando".

Más cuentos de hadas

¡Llega la corte de Mónica!

La primera en llegar es Cindy, quien sale disparada al dormitorio principal para cambiarse. Se sienta en el suelo para leer las instrucciones de un artilugio de brasier sin tirantes que acaba de comprar para ponerse con el vestido escotado. Parecen moldes para senos, y es precisamente lo que son, pero, ¿cómo te los pones? Voy al dormitorio para ayudarla a vestirse, pero no sirvo mucho para estas cosas. En mi opinión, la esbelta Cindy, que parece una sílfide, no necesita ningún sostén, pero uno no le habla de esas cosas a una muchacha que se viste para el debut de una mujer. No importa que no sea el suyo.

En realidad, éste es un tema espinoso para Cindy. Ella es la única de las muchachas de la corte que no tuvo una fiesta de quince años. Tenía el vestido y todo, pero al último momento se requería dinero para una emergencia familiar en su tierra natal de Colombia. Cindy pasará gran parte de esta noche hablando de la fiesta de quince años que nunca tuvo, lo magnífica que hubiera sido, más de doscientos invitados, en tal y tal lugar. Una de sus amigas de la corte finalmente se volverá hacia ella y le dirá: —¿Por qué no haces una fiesta ahora? —De otra manera, estoy segura que seguirán escuchando hablar de la fiesta de quince años que Cindy nunca tuvo por el resto de la vida.

Una vez que Cindy logra manejar el brasier, me sorprende ver que se pone un vestido largo morado. —Pero creí que ibas a ser Blanca Nieves. —Cindy asiente con la cabeza. Resulta que la corte realmente no podía costear los disfraces de *Disney*, así que se conformaron con escoger el personaje que más les gustara y tratar de improvisar lo mejor posible—. Ya veo —digo, tratando de ocultar mi desilusión. La razón principal por la que vine en auto desde Vermont fue porque Mónica me había descrito un espectáculo extravagante, algo idóneo sobre lo cual escribir. ¿Quién está haciendo ahora la caricatura cultural?

Cindy explica que realmente no le gusta su vestido, pero de todo lo que tenía era el que más se parecía a Blanca Nieves. Su mamá hasta le cosió una trenza dorada en el talle imperio para que fuera "un poco más medieval". En eso llegan tres muchachas más de la corte, le pregunto a cada una qué personaje de *Disney* representará cada quien, luego trato de adivinar por qué escogieron su vestido. Kelly, la única muchacha de la corte que no es hispana (aunque tuvo una fiesta de dieciséis abriles, hecha a imitación de las fiestas de quince años de sus amigas latinas), dice que ella es Aurora de *La bella durmiente,* lo que supongo explica el vestido rosa pálido, aunque la parte de arriba de tirantitos, el gran escote en la espalda y la abertura provocadora que sube arriba del muslo no se hubieran permitido en el reino. Alicia, una peruana, escogió ser Bella pero, aunque realmente es muy bella, alta, con ojos intrigantes color ámbar, su vestido largo dorado pálido de tirantes finos no tiene nada que ver con *La bella y la bestia.* Finalmente, Raquel, mitad colombiana, mitad española, es Jazmín, con un vestido a rayas azul y beige que no tiene nada que ver con el mundo de *Aladino.* Más bien lo que une a este grupo variopinto son los tacones de aguja demasiado altos, que ninguna de las muchachas parece haber dominado aún sin tambalearse.

¿Esta es toda la corte? ¿Qué pasó con las catorce niñas vestidas como personajes de cuento de hadas? Recordando nuestra conversación telefónica, Mónica sólo mencionó unos cuantos personajes de *Walt Disney*. Asumí que al igual que la mayoría de las quinceañeras, atosigada con preguntas fastidiosas, había perdido el interés y cada vez respondía a medias y con mayor vaguedad.

Pero a veces es el fracaso del intento lo que hace que te encariñes con la persona o con la situación. Lo que había comenzado como una desilusión porque no iba a ser el grandioso espectáculo que me habían prometido, terminó provocándome una sensación de ternura hacia estas muchachitas que celebran el que una de ellas se convierta en mujer jugando a las mentirillas. Me hace recordar otro cuento de hadas, *La nueva ropa del emperador*. Todo el mundo finge admirar el majestuoso traje dorado del emperador, hasta que un niñito grita que el emperador no lleva ropa.

—Soy Blanca Nieves —me había dicho Cindy, señalando la trenza dorada—. ¿No le parece?

Sentí como si observara desde los márgenes mientras desfilaba el emperador desnudo. Sólo que no se trataba de un hombre poderoso, vanaglorioso, sino de una joven de dieciséis años que necesitaba que yo le infundiera confianza. Había venido a Queens para hacer una crónica de cómo nuestras tradiciones se reinventan en los Estados Unidos, se reempacan y se revenden como auténticas a un precio más alto. Pero esa misión se había evaporado. En lugar de eso, Mónica y sus amigas me pedían que me uniera a ellas imaginándolas como personajes de un cuento de hadas, Jazmín y Bella y Aurora y Blanca Nieves y la misma Cenicienta.

"¿Acaso nuestro emperador no lleva un traje hermoso?"

—Te ves tan bonita —le respondí a Cindy, eludiendo por completo su pregunta.

El hada madrina designada

Toda la corte está reunida: los cinco chambelanes, cuatro muchachos en esmoquin negro y el chambelán de Mónica,

Franz (de ascendencia colombiana alemana), en esmoquin blanco. Pero los señores Ramos no han regresado todavía y ya se nos hizo quince minutos tarde para la bendición de la iglesia. Las llamadas por los celulares van y vienen. La mamá todavía está en el salón de belleza y el papá no contesta el teléfono.

—Adelántense a la iglesia, ahora los alcanzamos —manda a decir la Sra. Ramos.

Cuando Silvia cuelga, entra una llamada. Es el chofer de la limusina. Ha estado dando vueltas por el área durante los últimos quince minutos y no encuentra la casa. —Está en la siguiente calle —le explica Silvia. Le da indicaciones de las vueltas que debe dar hasta llegar a su calle, y envía a todo el mundo afuera a la acera, para que el chofer no se pase de la casa. Pero está lloviendo, los peinados se arruinarán, los vestidos se salpicarán de gotas de lluvia.

—Esperen un momento —digo, corriendo bajo la lluvia para sacar el paraguas gigante que guardo en el baúl de mi coche. ¿Cómo es posible que acabara yo siendo la única persona adulta entre estos muchachitos? Claire se había ido al *Dance Club* para ayudar con los detalles de última hora; la prima vendría más tarde al salón de fiestas con sus dos hijos pequeños. ¿Dónde está su esposo? ¿Dónde está Joselito?

Pero por el momento, esas preguntas se desvanecen. En lugar de ser la que interroga a las quinceañeras, me he transformado en el hada madrina designada. Dejemos que las niñas jueguen a las mentirillas. El hecho de que esta fiesta de quince años fracasara en su intento de ser algo ostentoso, en realidad, la salva. Yo acribillaría con mi paraguas al que osara criticar los quince años de Mónica. ¿Cómo evitar que una costumbre se convierta en una víctima más de un mercado avaro que además de tragarse la autenticidad, arroja sólo mercancías falsas? La *Disneyficación*. El producir todo en tamaño extra grande. La demanda de proporciones épicas. El poder de compra que hay que explotar. La página de Internet, *MySweet16online.com*, se ha convertido en "un paraíso para las chicas que van a cumplir 15, 16..." Los vendedores deben aprovechar este "paraíso" que cuenta con "una presencia mundial gigantesca" y con un "vigoroso tráfico en la red". No puedo evitar pensar en la descripción sobre nuestra cultura de la Dra. Pipher, que dice que es venenosa para las niñas como "lugares de mala muerte donde [...] escasean los espacios protegidos".

Pero tampoco se puede congelar una tradición e insistir en que siga siendo pura, simple, lo que antes fue. Tiene que evolucionar, cambiar para amoldarse a nuevas situaciones y generaciones. ¿Cómo ofrecer a estas jovencitas una parte auténtica de su tradición latina, algo que no olvidarán jamás? ("El momento más significativo en la vida de una joven..."). De igual manera, ¿cómo transformar aquellos aspectos de la tradición que se remontan a un orden del viejo mundo del cual muchos de nosotros escapamos al salir de nuestros países de origen? "La educación consiste en inculcar a nuestros hijos el afán de anhelar las cosas apropiadas", escribió Platón. Y a veces eso incluye reeducarnos a nosotros mismos para instruir debidamente a nuestros hijos.

Acompaño a las muchachas de dos en dos a la limusina; los muchachos, seres impermeables que son, se apresuran bajo la lluvia. Silvia va conmigo en mi auto, en parte para dirigirme hacia la iglesia y en parte para alejarse del estrés que conlleva ser la mayor del grupo, la que está a cargo de todo. —Estás haciendo un buen papel —le digo mientras se reclina contra la cabecera del asiento y deja escapar un suspiro de alivio.

Cuando salimos detrás de la limusina, deja de llover. Sale el sol de la tarde, aunque el aire todavía está húmedo. —Es una buena señal —le digo a Silvia. Las condiciones atmosféricas ideales para que se forme un arco iris.

Un arco iris en el cielo.

La luz en la ventana del segundo piso del apartamento de la Srta. Stevenson. Tengo que recordar que ahora me toca a mí mantenerla encendida. Alguien más podría estar mirando hacia arriba desde el jardín de enfrente.

Domar la bestia

Llegamos con casi media hora de retraso a la parroquia de la niñez de estas jóvenes. La lluvia amainó. La iglesia está desierta. ¿Qué esperábamos? Mientras la corte aguarda en el estacionamiento, los muchachos se dan empujones, las muchachas se preocupan por sus peinados, Mónica y su hermana se apresuran a la rectoría con la esperanza de que el sacerdote todavía dé la bendición.

Pasan diez minutos. Me he quedado atrás con la corte, pero me empiezo a preguntar si, como la única persona adulta presente, debería acompañar a las muchachas para explicar que el retraso no fue culpa suya. Justo cuando me decido a ir a la rectoría, sale Mónica con una sonrisa triunfal, seguida de Silvia y un sacerdote larguirucho y desgarbado de mediana edad, en sus vestiduras, quien, a decir verdad, tiene un aspecto fatigado. Es la hora de la cena un viernes por la noche y sin duda mañana será un largo día: habrá muchas reuniones y eventos que sólo pueden tomar lugar los fines de semana en esta parroquia de obreros donde las familias trabajan largas horas, los padres hacen doble turno, los hijos acuden a un empleo después de la escuela.

El sacerdote echa una mirada a nuestra ropa demasiado elegante y en algunos casos, demasiado atrevida para entrar a un lugar sagrado. Dicho sea a su favor, no nos regaña ni nos sermonea. —¿Podemos comenzar? —pregunta.

Mónica titubea. Por supuesto, le gustaría que sus padres estuvieran presentes. Pero la paciencia del sacerdote tiene un límite. Los Ramos ni siquiera habían llegado a casa cuando salimos hace veinte minutos y todavía tienen que bañarse, vestirse y venir hasta acá. —Adelante —Silvia sale al rescate—. Mis padres están en camino.

Así que entramos y ocupamos sólo la banca de adelante, mientras que Mónica toma posición de pie frente al altar, mirando al sacerdote, quien baja la mirada desde su lugar en el escalón de arriba. —En el nombre del Padre, del Hijo y del Espíritu Santo —entona, y comenzamos. El sacerdote lee la bendición de un libro de oraciones, el único toque personal es la mención de vez en cuando del nombre de Mónica en lo que debe ser un espacio vacío para insertar el nombre de la persona a la que bendice. Espero una pequeña homilía acerca del paso de la niñez a la madurez, una anécdota graciosa con una moraleja liviana al final, un recordatorio de que Mónica es considerada ahora como una persona adulta ante los ojos de la Iglesia, pero se trata de una bendición sin adornos, tómala o déjala. Antes siquiera de que yo pueda sentir lástima por Mónica, la ceremonia ha concluido y el sacerdote baja los escalones desde el altar para darnos la mano. Ni siquiera pregunta dónde están los padres de ella. Quizá ha llegado a esperar esto de familias para quienes el aspecto espiritual de la fiesta de quince años es, como se lamentan muchos sacerdotes, algo agregado.

Cuando el sacerdote está a punto de irse, lo pesco en la puerta lateral y me vuelvo a presentar, "la escritora de Mónica". ¿Podría hacerle unas preguntas acerca de su experiencia con las fiestas de quince años en su parroquia? La expresión que adquiere su rostro es una mezcla de "Dios mío, aleja de mí este cáliz" y "¿Lo dices en serio?"

—Por supuesto —dice—, ¿de qué se trata?

Le ofrezco la versión abreviada de lo que busco: Estoy escribiendo acerca de las quinceañeras y las fiestas de quince años, usted sabe, la tradición latina de celebrar cuando una niña cumple quince años . . .

—Mónica no tiene quince años —me corrige.

Estoy preparada para esto. Ya lo sé, le digo. Eso es lo que sucede ahora en los Estados Unidos. Los latinos están combinando su tradición de los quince años con las fiestas de dieciséis abriles que es lo común en este país, una sincretización, no muy distinta a la combinación del rito azteca original (del que algunos aseveran fue de donde surgió esta celebración) con la presentación colonial ante la corte española. Es un rollo, pero me doy cuenta por la manera en que el sacerdote niega con la cabeza antes de que yo termine siquiera, que no me va a dar mucho de su tiempo.

—¿Qué invenciones son esas? —dice.

Me quedo estupefacta. ¿Le doy con el paraguas? No importa que yo tenga mis propias dudas sobre la tradición. He llegado a sentirme muy protectora de mi quinceañera de Queens, a quien tantos adultos han dejado varada.—¿Pero no acaba usted de tomar parte en lo que sea que quiera llamarla de Mónica? —lo desafío.

—Doy una bendición para cualquier cumpleaños —explica el sacerdote—. Más allá de eso, no. Estamos tratando de domar la bestia —agrega enigmáticamente—. La Iglesia no se va a involucrar en esto —. Menciona los gastos desmesurados que incurren las familias que, de por sí, ya están luchando por salir adelante. Él cedió y le dio una bendición especial como una especie de favor a Mónica, que es una chica estupenda, muy dedicada a su fe. Por lo general, sólo bendice a las muchachas en el curso de una misa común y corriente.

La corte se arremolina afuera esperándome. Obviamente éste no es el momento indicado para entrar en materia con el sacerdote, quien expresa, lo sepa o no, algunos de mis propios recelos acerca de la tradición. —¿Podría llamarlo para entrevistarlo más a fondo sobre este tema?

Se encoge de hombros. —Básicamente te he dicho todo lo que tengo que decir —dice—. Pero, sí, por supuesto —dice. Hay una bondad en su mirada que contradice su actitud cortante. Después de todo, le dio la bendición individualmente aunque llegamos casi media hora tarde.

De todas formas, me sorprende que unos días más tarde, acepte mi llamada. —La escritora de Mónica, desde Vermont —me presento de nuevo.

—¿Qué hubo? —dice el sacerdote de Mónica a manera de saludo.

Hoy está más comunicativo, como si hace varios días hubiera pisoteado por donde los ángeles temen pisar. La Iglesia, después de todo, se supone que debe apoyar lo que denomina coma "costumbres piadosas populares". Desde el Concilio Ecuménico Vaticano II, en 1964, en uno de los principales documentos, el *Lumen Gentium* o sea, Constitución dogmática sobre la Iglesia, se alentaba a la Iglesia a "fomentar y adoptar para sí misma las costumbres del pueblo para que éstas disfruten de un crecimiento y una renovación de acuerdo a su propia identidad". Todo eso está muy bien, concede el sacerdote de Mónica, pero la tradición es una cosa muy curiosa. Él ha estado en esta parroquia desde hace seis años y, a veces, cuando cuestiona la manera en que se hace algo, le dicen, ésa es la tradición, cuando en realidad, él recuerda bien cuándo comenzó la tradición ¡apenas hace cinco años!

—Tenemos que detectar la manera en que estas tonterías surgen y luego se alimentan de sí mismas —me dice.

La gente acude a él e insiste en celebrar toda una serie de "rituales" de los que él nunca ha oído hablar. —Pongamos por ejemplo la ceremonia del matrimonio. La Iglesia tiene un rito sencillo y hermoso. Pero las parejas quieren prender una vela especial, las arras y el manejo del dinero, el lazo ...

—¿Cómo? —lo detengo—. ¿El lazo?

—Ah, sí, el lazo —dice, y es obvio que lo deleita la oportunidad de explicármelo—. Se ata al novio y a la novia como si fueran ganado y se supone que eso simboliza cómo sus vidas estarán unidas. Las parejas insisten en estas tradiciones y luego ¡me preguntan qué significan! Estas cosas se pasan de una a otra generación sin ninguna comprensión de su autenticidad o significado.

En cuanto a las quinceañeras, la Iglesia ya tiene un sacramento para reconocer el paso a la madurez: la confirmación. Si las muchachas quieren una bendición, como él dijo, les da la bendición. Pero está conciente de que en algunas parroquias, los sacerdotes están oficiando más bendiciones para quinceañeras que bodas. Las quinceañeras se han convertido en el foco principal. Y eso deja por fuera a los niños. ¿Qué hay de los varones? ¿A ellos no les toca un rito de iniciación para pasar de niños a hombres?

Ya sea que uno esté de acuerdo con él o no, lo que sí se puede decir sobre el sacerdote de Mónica es que él nunca formaría filas con la multitud que hace de cuenta como si el emperador llevara un hermoso traje. Tiene su mérito el hablar con sencillez y franqueza en un mundo donde lo políticamente correcto es capaz de acobardar a cualquiera de nosotros: como lo que ocurrió después de una larga y animada conversación con alguien que tuvo el valor de despotricar contra la tradición de las quinceañeras; alguien que casualmente había contestado el teléfono en la oficina del Ministerio Hispano de una diócesis católica en el suroeste de los EE.UU., y me volvió a llamar en un estado de pánico.

—Le ruego que no mencione dónde trabajo —espetó esta persona. Yo le prometí que sería imprecisa.

El sacerdote de Mónica resume diciéndome que no sólo se trata de las quinceañeras.

—Los niños vienen a la iglesia a hacer su Primera Comunión en limusinas con fotógrafos a la zaga. Si te invitan a la recepción de una boda, te sientes obligado a dar a los novios un regalo de por lo menos $150 y, si eres una pareja, de $250 a $300, tan sólo para compensar por lo que les están cobrando para que estés allí. Imagínate, ese dinero podría destinarse al enganche de una casa.

—Pero me estoy yendo por la tangente —dice, dando por terminada la conversación—. Estoy malgastando tu plata.

No se ha ido por la tangente, pienso mientras le doy las gracias. *Domar la bestia,* recuerdo la frase evocadora e inquietante que utilizó anteriormente. La bestia (la de la Biblia, no la de *Disney*) es Mammón, el demonio del dinero, la riqueza y la avaricia. En *El paraíso perdido* de John Milton, Mammón es el ángel que antes de la caída siempre mira hacia abajo, al pavimento de oro en el Cielo. Me suena familiar, como mi padre, como tantos inmigrantes que huyen al norte en busca de ese país cuyas calles están pavimentadas de oro.

Sor Ángela de las quinceañeras

Las a veces ruinosas extravagancias de las fiestas de quince años, así como su estatus no sacramental, son las principales razones por las que muchas parroquias se niegan a participar en ellas.

Esta segunda cuestión no es menospreciable cuando se trata de una Iglesia que lucha por salir adelante con un clero cada vez menos numeroso. —Oficio tantas ceremonias de quince años como bodas —admite el padre Jorge Pérez de la iglesia *St. Mary's* en Lawrence, Massachussets. En demasiadas instancias, el aspecto religioso es una ocurrencia de último momento —. Sabíamos perfectamente bien que la mayoría de las muchachas sólo pensaban en la fiesta —explica el padre Antonio Sotelo, vicario del obispo para asuntos hispanos de Phoenix—. Para los beneficios que estas muchachas obtienen de la parte religiosa de la fiesta de quince, igual podrían irse al desierto y que alguien las rocíe con polen mágico en la cabeza.

Para responder a esta atmósfera de "reina de un día", hace diez años, la diócesis de Phoenix distribuyó oficialmente unas pautas: las muchachas y sus familias debían participar en una serie de clases y retiros para quinceañeras. De acuerdo con este nuevo enfoque, algunas parroquias decidieron realizar una sola celebración al año para todas sus quinceañeras. Unas cuantas parroquias, alegando falta de tiempo e instalaciones para llevar a cabo clases y retiros, decidieron no oficiar ninguna misa para quinceañeras.

Ése es un grave error, dice sor Ángela Erevia, M.C.D.P., quien está muy a favor de hacer de la tradición una parte importante de la vida parroquial. Las iniciales después de su nombre quieren decir Misionera Catequista de la Divina Providencia, ¡la misma orden que no se presentó en la *Expo Quinceañera* de Priscilla Mora! Pero sor Ángela hubiera asistido. Ella agradece cualquier oportunidad para correr la voz acerca de la celebración de los quince años, que es como ella prefiere referirse a las fiestas de quince para no excluir a los niños. Sí, a los niños. Hace tres años, en 2003, ella preparó una celebración en grupo para veintiuna personas, once jovencitas y diez jóvenes. En realidad, cuatro no eran hispanos: había un sudanés, una coreana, un vietnamita y una angloamericana. No pude evitar pensar en el sueño de Isabella Martínez Wall. Todo el mundo en Estados Unidos debería tener una fiesta de quince años. Pero Isabella se refería a todas las chicas de Estados Unidos. Sor Ángela no va a negarle a nadie una celebración de quince años.

—Ésta es una oportunidad maravillosa para involucrar a los jóvenes en su comunidad religiosa —dice sor Ángela cuando la llamo al número del Ministerio Hispano que me dio su congregación, con sede en San Antonio. Tanta gente me ha recomendado hablar con sor Ángela, y se le cita con tanta frecuencia en bibliografías sobre los aspectos religiosos de la celebración de los quince años, que me siento un poco intimidada de tener a tal personalidad en la línea. Pero sor Ángela es cálida y comunicativa y muy pronto nos vamos por varias tangentes. Resulta que sor Ángela radica ahora en Omaha.

—¡Mi esposo es de Papillion! —no tenía idea de que hubiera suficientes latinos en Nebraska, como para justificar que la iglesia católica tuviera todo un Ministerio Hispano allí. De hecho, Bill no conoció a ningún latino hasta que salió de ese estado para hacer un internado en la zona del canal de Panamá cuando tenía veinticuatro años. Por supuesto, eso fue hace casi cuarenta años.

—Pues ya estamos aquí, indudablemente —me informa sor Ángela, riendo. Una población latina bastante grande y en crecimiento, de la cual el 90 por ciento es méxicoamericana.

Sí, ella está consciente de toda la controversia sobre los gastos. Pero no deja que esa polémica la detenga. Algunos sacerdotes y monjas y sus familias gastan mucho en su ordenación, y quizá unos años más tarde, el cura abandona el sacerdocio. —Uno no puede controlar lo que la gente va a gastar —. Pero con un poco de suerte, si ella y los equipos de la parroquia a los que ella entrena hacen un buen trabajo y le dan a este evento una dimensión espiritual, eso en sí podría ayudar a evitar el aspecto extravagante.

A manera de ejemplo, sor Ángela cita una celebración en grupo que organizó hace unos años en Dallas: ¡setenta y cinco jóvenes! —Cada uno cooperó con veinte dólares, y más tarde tuvimos una magnífica recepción en el salón de la iglesia.

Pero mientras más habla sor Ángela de la preparación espiritual, la misa y la reafirmación de votos, de restarle importancia al aspecto fiestero, más me suena como la experiencia de la confirmación con un nombre antiguo. ¿Qué tanto es posible estirar y cambiar una tradición hasta que se transforma en otra cosa? Si uno quita a Mammón por completo de la fiesta de quince y sustrae la promesa sexual explícita en muchos de los aspectos de la celebración y la vuelve un rito democrático unisex, ¿todavía se trata de festejar a la quinceañera?

—En nuestras culturas antiguas, me refiero a la azteca y a la maya, aun en el México colonial y en algunas áreas de México hoy en día, nuestros jóvenes crecieron en una sociedad en su mayor parte homogénea —explica sor Ángela como si me leyera el pensamiento—. La comunidad entera, mujeres y hombres sabios, preparaba a los jóvenes y los apoyaban a medida que se convertían en adultos. Ahora que nuestros jóvenes están creciendo en una diversidad de culturas y de distintos tipos de fe, ¿quién los está preparando? ¿Quién los instruye sobre los aspectos tradicionales de la vida, tales como la familia, el idioma, la fe? La preparación de los quince años es una oportunidad para hacer eso precisamente.

Con un entusiasmo contagioso, sor Ángela me recuerda una vez más a Isabella Martínez Wall y también a Priscilla Mora. ¡Si tan sólo pudiéramos poner al sacerdote de Mónica en una habitación con estas tres mujeres! A veces la solución es tan sencilla como eso. Estar en un mismo lugar con gente que tiene otros puntos de vista puede atemperar nuestros propios criterios, redondearnos, agregar unos carriles extra a nuestra mente de ideas fijas. Recuerdo uno de los ejercicios en una guía para el retiro de las quinceañeras que me envió la diócesis de Phoenix. Se ata a las muchachas con estambre, la mano izquierda de una a la mano derecha de otra alrededor de un círculo (eco del lazo que mencionó el sacerdote de Mónica). Luego se les encomiendan unas tareas: servir el ponche, pasar las galletas, comer y beber, tirar los vasos y platos a la basura sin derramar nada. Cuando terminan, se cortan las ataduras y el grupo habla de cómo todos somos un sólo cuerpo, de cómo necesitamos resolver problemas de manera colectiva. Al final, las muchachas leen del Nuevo Testamento, Corintios 1, 12:12–26. "Pues el cuerpo no consiste de un solo miembro, sino de muchos. Si el pie dijera: 'Como no soy mano, no formo parte del cuerpo', ¿acaso por eso no seguiría siendo parte de éste?"

Hay una cuestión en la que el sacerdote de Mónica y estas tres mujeres estarían de acuerdo como si conformaran un sólo cuerpo: se necesita de toda una comunidad, no sólo para criar a un niño o una niña, sino para llevarlo con bien a la edad adulta.

"el padre cathie"

En realidad, no sólo los católicos han volcado su atención a la necesidad de un rito de iniciación que tenga sentido para los jóvenes. La reverenda Cathie Caimano, una mujer sacerdote episcopal que está a cargo del programa juvenil de la iglesia *St. Phillip's* de Durham, Carolina del Norte, dice que su parroquia se dio cuenta hace varios años de que no estaba cuidando de sus adolescentes. Y fue así que, inspirada por los *Bar* y *Bat Mitzvah*, *St. Phillip's* instituyó un programa de seis años de duración llamado "Camino a la edad adulta". Uno de sus principales componentes es el Rito 13.

Le envié un correo electrónico a la reverenda Cathie Caimano después de que leí acerca de este rito en un artículo de *The New York Times*. Muy puntual y gentilmente, me respondió que estaría dispuesta a hablar conmigo por teléfono. Se lo agradecí y le pregunté cuál sería la manera adecuada de dirigirme a ella: ¿Reverenda Cathie?

—Cathie a secas —me contestó—. En realidad soy "el padre cathie", pero ésa es una larga historia.

Quizá porque recientemente había leído la maravillosa novela *Middlesex* de Jeffrey Eugenides, en la cual el protagonista es hermafrodita, esto despertó mi curiosidad. ¿Acaso el padre Cathie era . . . un sacerdote episcopal transexual? ¿Cómo le pregunta uno eso a un sacerdote por correo electrónico? ¿Cómo le pregunta uno eso a un sacerdote, punto?

Por teléfono, el padre Cathie tiene indudablemente una voz femenina, animada y llena de inteligencia y buen humor. —Le digo a los jóvenes que la virilidad y la femineidad son dones de Dios. El cuerpo madura biológicamente. Pero ser adulto es el don que nosotros le damos a Dios. Ser adultos responsables, confiables, con principios éticos dentro de una comunidad de fe.

Me encanta la distinción. La citaré durante los días venideros.

—Lo que estamos observando es una brecha muy grande entre la madurez biológica y la social —Cathie prosigue a explicar—. La verdadera edad adulta, lo que significa el matrimonio, el trabajo, todas las maneras que nos llevan a formar parte de una sociedad adulta funcional, sucede cada vez más y más tarde. Esto hace que haya un periodo de tiempo muy extenso en el cual nuestra juventud crece sin que se les ofrezca ningún tipo de ayuda. Antes, quizá había un intervalo de unos cinco años entre la madurez biológica-sexual y la madurez social, pero ahora ese período es de por lo menos una década y media, si no es que más. Aquí en *St. Phillip's* decidimos que era hora de responder a ese vacío.

—Cuando los niños entran a la adolescencia participan en lo que se conoce como comportamientos para demostrar su género —es evidente que Cathie se ha documentado muy bien—. Es natural. Los jóvenes quieren probarse a sí mismos que son adultos. Cuando no les ofrecemos ritos y rituales, ellos los encuentran en otras partes. Quedan embarazadas, se incorporan a pandillas, se drogan, cometen actos de violencia para demostrarnos lo fuertes que son.

El programa de seis años toma lugar en tres etapas, cada una dura dos años y culmina en un rito. La primera etapa se llama Rito 13, y recibe su nombre del ritual con el que termina la primera etapa, cuando los niños tienen trece años. —La comunidad entera se reúne para reconocer que este niño se ha convertido en un hombre o en una mujer.

—¿Niños y niñas? —pregunto—. ¿Participan por igual?

—Sí —me dice Cathie—. Es muy curioso. Cuando el grupo comienza, tienen doce y trece años. Los niños son mucho más pequeños, menos desarrollados. Pero para la tercera etapa, todos tienen dieciséis, diecisiete, dieciocho y los muchachos ya están a la par. —Al final de la segunda etapa, que va de los catorce a los dieciséis años, los jóvenes deciden si quieren participar en la confirmación o no—. La mayoría acaba eligiendo la confirmación —agrega Cathie.

El éxito del programa ha sido fenomenal, y no sólo en su parroquia. Más de mil doscientas iglesias protestantes han adoptado el rito. La casa editorial de Nueva York que distribuye el material impreso del programa sigue enviándoles cheques de regalías por sumas considerables. La iglesia de *St. Phillip's* aún es dueña de los derechos de autor. —Se vende como pan caliente —dice Cathie. Ella aún se siente tanto encantada como sorprendida por el éxito.

Hay mucha necesidad, no cabe duda. Le cuento acerca de la creciente popularidad de las fiestas de quince años, lo cual le intriga. La población latina de Carolina del Norte está creciendo a pasos agigantados. Pero su parroquia no cuenta todavía con muchos latinos, así que ella no ha tenido experiencia directa con esta celebración en su parroquia.

—¿Qué pasaría si una familia latina acudiera a ti para festejar a su quinceañera? —me pregunto en voz alta. En realidad, muchas iglesias protestantes y evangélicas, a medida que aumentan sus miembros latinos, han instituido ritos para las celebraciones de quince años.

—¿Qué harías tú, ya que *St. Phillip's* tiene un programa establecido? —le pregunto.

—Qué buena pregunta —dice el padre Cathie, parece que lo está pensando con toda sinceridad—. Me gustaría poder honrar su tradición. Pero..., en realidad no sé.

—Tengo una idea —le digo—. Cuando llegue tu primera quinceañera, llámame y te explico paso por paso.

—Pues, quizá lo haga —. Se ríe.

Pero soy yo quien se pone en contacto con ella unos meses después, todavía intrigada por lo del *padre* Cathie—. Si no te molesta la pregunta —le escribo un correo electrónico—Dijiste que sería una larga historia pero, ¿por qué te dicen el padre Cathie?

Recibo una respuesta en cuestión de horas. Mi pregunta no le molesta en lo absoluto. De hecho, ha escrito un artículo sobre el tema titulado "por qué soy un padre". (He notado que en todas sus comunicaciones por escrito Cathie reserva las mayúsculas sólo para Dios. Sin duda, eso también esconde una historia). Hace una lista de varias razones por las cuales ella es el padre Cathie: "1) no soy una mujer sacerdote. soy un sacerdote. el hecho de ser mujer es secundario a mi vocación. 2) creo que ya es hora de que el feminismo se expanda para incluir nociones típicamente paternales, tales como el proteger, el proveer y el dirigir". Pero, entre sus razones, la razón que más me gusta sugiere por qué esa ministra generosa y juguetona podría resultarles tan atractiva a los jóvenes: "3) ¡me encanta que la gente me pregunte por qué me dicen 'padre'! eso acarrea cierta liviandad y cierta cualidad inesperada que da pie a muchas conversaciones maravillosas acerca de Dios, el género y el liderazgo dentro de la iglesia".

Y ahora también acerca de la tradición de los quince años.

El rito de ir de compras

Aun entre aquellos que carecen de fe, la necesidad de demarcar el paso a la edad adulta persiste en el siglo XXI.

En Alemania del Este, por ejemplo, mucho después de la caída del Muro de Berlín, la ceremonia de *Jugendweihe* curiosamente sigue siendo popular. Originalmente fue establecida a mediados del siglo XIX por los no creyentes para reemplazar a la tradición cristiana de la confirmación: la necesidad de un ritual, demostrando así ser una necesidad más robusta que la de la fe religiosa. La tradición sobrevivió la época del comunismo, cuando se le dio aun otro giro, como un ritual impuesto por el gobierno en el cual los jóvenes juraban lealtad al estado. En la última década de la República Democrática Alemana, el 97 por ciento de todos los jóvenes de catorce años pasaban por el *Jugendweihe*.

Después de la caída de la RDA, uno hubiera esperado que el ritual también desaparecería. ¡De ninguna manera! Dieciséis años después de la reunificación, uno de cada tres jóvenes de los estados de la antigua Alemania del Este se inscribe para participar en este programa de iniciación dirigido por la Asociación *Jugendweihe*. Los participantes, niñas y niños de trece y catorce años, asisten a charlas sobre cómo cuidarse en las relaciones sexuales, sobre el amor, sobre las perforaciones corporales; los llevan de viaje de fin de semana a París o a Londres; les dan consejos sobre la nutrición, la moda, los peinados; las muchachas visitan a un ginecólogo. El programa de nueve meses culmina en una ceremonia real en la cual cada joven sube al estrado y recibe una copia del libro *Jugendweihe*, una especie de enciclopedia de un tomo, y un apretón de manos.

Cuando se le pregunta por qué una tradición asociada con el pasado comunista ha resultado ser tan resistente a la extinción, Margrit Witzle, la dirigente de la sección juvenil de la Asociación Humanista Alemana, la cual imparte el programa *Jugendweihe*, explica: —La gente de todo el mundo tiene necesidad de rituales. Escogemos el ritual que satisface nuestras propias necesidades.

Escoger: eso sí que representa un cambio. En la comunidad indígena homogénea de sor Ángela, dudo mucho que los jóvenes pudieran escoger a qué tipo de ritual querrían someterse para marcar su paso de niño a adulto. Cada nueva generación pasaba por el mismo tipo de iniciación que había sido trasmitida de generación en generación por los ancianos. Ahora, como explicó Isabella Martínez Wall acerca de las fiestas de quince, no hay un libro de texto. La abuelita ya no está. No tienes que ser hispana para tener una fiesta de quince. —Las hindúes, las filipinas, las chinas —es la lista de Angela Baker Brown, quien les vende muchos vestidos y accesorios a las quinceañeras en *Tatiana's Bridal* en Queens—. Es una tradición hispana, pero los demás grupos asisten a esas fiestas y también quieren hacer lo mismo.

El popular programa del canal *MTV, My Super Sweet 16,* se anuncia como un programa de telerealidad acerca de adolescentes "mientras se preparan para esas celebraciones tan importantes de iniciación como adultos". Cada jovencita diseña su propio rito de iniciación. A juzgar por el enfoque de los programas, gran parte de convertirse en adulto parece consistir en ir de compras. Cada episodio sigue a la que va a iniciarse mientras compra trajes con precios exorbitantes, de los cuales se habla como si no fuera más que dinero del juego *Monopoly*. "Mi vestido costó cuatro mil quinientos dólares", la joven Janelle, una quinceañera que apa-

rece en la serie, presume frente a la cámara. Ava descarta la creación roja anaranjada para la que viajó hasta París para comprar.
"Parece un crayón", se lamenta (un crayón muy caro ¡de $2,550!).
Los padres ofrecen espléndidos regalos y ellas les hacen el desaire
como si no fuera el regalo adecuado o como si no fuera suficiente. Una muchacha quiere un *Range Rover,* no un *Mercedes-
Benz,* son "demasiado estrechos y claustrofóbicos". Otra se queja
de que su papá va a contratar a *Unwritten Law* para que toque en
su fiesta porque su primera opción, *Beyoncé,* era demasiado cara, a
$500,000 por función. En este programa abundan los pitidos. Las
muchachas dicen palabras groseras constantemente y maldicen a
todo el mundo, incluso a sus amigos, a sus padres y a la gente que
ha sido contratada para ayudarlas.

Después de los programas, los espectadores jóvenes que cen-
suran severamente a estas "niñas mimadas" acuden a los sitios de
charla virtual con sus fuertes comentarios. Esto podría ser alentador, pero en realidad, los organizadores de eventos y los comercios
que se dedican a las fiestas de adolescentes han notado un aumento
en las ventas desde que se estrenó el programa, en enero de 2005.
El programa simplemente pone en relieve un problema omnipre-
sente que resulta más evidente cuando se habla de cifras elevadas.
Estos muchachos están varados en la tierra de la abundancia, sin
que nadie los oriente o les diga qué lugar que les corresponde dentro de la familia, la comunidad o el mundo. Resulta que ir de compras no es un ritual que pueda ayudar de manera responsable y
amorosa a que los jóvenes se inicien en la edad adulta.

Lo que me sorprendió mientras veía uno de tantos episodios
(mi esposo duró la mitad de uno) fue cómo estas muchachas
seguían hablando de lo que quieren: quieren ser famosas, quieren
dar una fiesta que opaque la de los demás, quieren tener la sartén
por el mango, quieren que todo el mundo les tenga envidia...,
quieren, quieren, quieren, y lo único que se me ocurría era, ¡pero

si ya tienen tanto! ¿Qué más quieren? Zadie Smith, en sus agradecimientos a la gente que contribuyó a que ella acabara de escribir su última novela, *On Beauty* (Sobre la belleza), agradece a su esposo la ayuda más valiosa de todas. "El tiempo es a quién le dedicas tu cariño", escribe ella. De alguna manera, estos padres, que gastan una fortuna en sus hijos, no les dedican suficiente tiempo ni cariño.

O no suficiente del cariño apropiado. Para volver a Platón: "La educación consiste en inculcar a nuestros hijos el afán de anhelar las cosas apropiadas". Quizá todos necesitamos más de este tipo de enseñanza. ¿Qué es apropiado en un mundo donde tantas verdades antiguas se han venido al suelo? ¿Qué formas y ritos apropiados tenemos (¿o acaso podríamos inventarlos?) que nos ayuden a atravesar aquellas transiciones importantes en este paisaje incierto del aquí y el ahora?

El tiempo es a quién le dedicas tu cariño

Ese primer verano, después de cumplir quince años en la Academia Abbot, regresé a casa para encontrar la ropa que siempre nos espera, sin importar nuestra edad, frente a la puerta de la casa de nuestros padres. ¡¿Se suponía que me tenía que volver a vestir como una niña y volver a ser su hijita?! ¿Realmente creían que alguien que había leído a Saint-Exupéry (en su idioma original) y que podía recitar un sinnúmero de poemas de memoria no podía ir sola a la ciudad y regresar a casa en metro de noche?

Mi mamá, por supuesto, contraatacaba con historias de crímenes recientes en el barrio, de violaciones y asesinatos que despertaban mis miedos y hacían que me sintiera demasiado asustada como para cumplir con mi declaración de que yo era suficientemente mayor para cuidarme sola.

Concientes de que iban a tener en sus manos una rebelión total si todas las hijas se quedaban en Queens durante el verano, mis padres ofrecieron enviarnos a "casa" con nuestras tías y primos en la República Dominicana, ofrecimiento que dos de mis hermanas aceptaron. Yo, en lugar de eso, escogí el ofrecimiento de mi papá de trabajar en su consultorio de Brooklyn, un local comercial angosto en la avenida Graham, junto a una agencia de viajes con carteles en la ventana que anunciaban pasajes baratos a Puerto Rico y a la República Dominicana. En parte, quería ganar mi propio dinero para pagar por lo que fuera que mis padres me prohibieran hacer mientras ellos fueran los que pagaran. Mi sueldo iba a ser de veinticinco dólares al día, con una bonificación extra de diez dólares los sábados y los domingos. Ah, claro, el consultorio estaba abierto siete días a la semana. ¿De qué otra forma iba papá a pagar la colegiatura íntegra de la Academia Abbot una vez que se acabó el primer año de la beca parcial de sus hijas?

El horario era demoledor. A las cinco y media de la mañana ya habíamos salido de casa para evitar el tráfico y poder atender a los pacientes que tenían que estar en su trabajo en la fábrica a las siete y media. Malhumorada por tener que madrugar, me subía al *Mercury* negro, y conducíamos por las calles desiertas de Jamaica, en Queens, hasta *Grand Central Parkway*, entrábamos a la autopista *Long Island Expressway*, luego al *Brooklyn-Queens Expressway*. Yo me quedaba mirando fijamente por la ventanilla millas tras millas de cementerios a ambos lados. Teníamos la costumbre de no hablar gran cosa; ambos íbamos demasiado adormilados todavía, ambos seres solitarios por naturaleza. Una vez, sin duda inspirada por el paisaje, le pregunté si quería que lo enterraran aquí o allá, y él se encogió de hombros como si realmente le diera igual.

De vez en cuando me ponía a declamar; eso le gustaba, pero luego se enfadaba si lo atosigaba con preguntas al estilo de la clase de literatura inglesa imitando a la Srta. Stevenson. Sus poemas favoritos eran *"The Highwayman"* (El bandolero) y *"Do Not Go Gentle into That Good Night"* (No entres dócilmente en esa noche quieta) y *"In Flanders Fields"* (En los campos de Flandes), los cuales parecían apropiados mientras viajábamos por la tierra de los muertos, y Walt Whitman siempre hacía que él sacudiera la cabeza y se riera por lo bajo.

Llegábamos a su consultorio a las seis, y ya había varios pacientes esperando en la puerta; se les iluminaba la cara de ver al doctor con su maletín negro. Eran en su mayoría puertorriqueños y dominicanos, una pizca de otras nacionalidades latinoamericanas, nunca un americano y de vez en cuando, un negro americano que abrumaba la capacidad lingüística de El Centro Médico, ya que muy pocas de las enfermeras hablaban inglés. Todos los asuntos del consultorio se conducían exclusivamente en español.

—Buenos días —nos saludaban los pacientes cuando mi papá abría la puerta de enfrente.

—Buenos días —les contestaba el saludo. Yo esperaba a que él me presentara, pero nunca lo hizo. Quizá asumía que todo el mundo ya sabía quién era yo. O quizá él también se sentía demasiado soñoliento, todavía demasiado absorto en el mundo de Walt Whitman o ensimismado en sus pensamientos.

—¿Tu eres la hija del doctor? —alguien invariablemente preguntaba.

Yo asentía, dándolo por sentado. Después de todo, estaba aquí por méritos propios (declamadora de poesía, alumna sobresaliente de la Academia Abbot) en una bata blanca que me daba un aspecto muy formal y adulto. Pero el orgullo que yo sentía por mi papi debe haber sido aparente en mi rostro. Cuando estábamos en la Academia Abbot rodeados de padres de familia vestidos a la moda, sofisticados, durante el fin de semana en que nuestros padres venían a visitarnos, me avergonzaba esa figura pintoresca que llevaba un traje de tres piezas de color salmón con su sombrero de jipijapa, cuyo acento marcado hacía que mis maestras y mis compañeras no comprendieran lo que decía. Sonreían con la mirada vacía o preguntaban cortésmente: "¿Cómo dijo?" Y mi papá lo repetía en voz más alta como si el problema no fuera su acento sino los oídos de los demás.

Pero aquí en Brooklyn yo lo reclamaba como mío, el doctor, cuyos pacientes estaban seguros de que él podría curarlos de lo que a menudo no era otra cosa que un caso de nostalgia crónica, parecida a la suya propia.

El Centro Médico Alvarez era la antítesis de la Academia Abbot: un mundo de clase trabajadora, de habla hispana, cuya efervescencia, energía, calidez y ruido yo absorbía. La sala de espera era un lugar de reunión. Los amigos y las familias de los pacientes llegaban con comida, fotos de parientes lejanos para mostrar a los demás, anuncios y formularios en inglés que me pedían que les rellenara o que les tradujera, regalos para las enfermeras y para la hija del doctor. La radio se sintonizaba en una estación en español y cuando pasaban un buen merengue, las enfermeras dejaban de hacer lo que estuvieran haciendo para dar unos pasitos. Me paraban y me instaban a que las acompañara. Yo me resistía, sabiendo que se burlarían de mí por bailar como una americanita, habiendo olvidado que tenía nalgas y caderas y sangre dominicana, ¡allá en esa escuela en "Masachuset"!

Las enfermeras eran mujeres entre los veinte y cuarenta años, aunque había una que era mayor, Bigi, de cuarenta y tantos, bastante pícara, que me llenaba los oídos de todo lo que yo fingía ya saber, y de mucho más. No estaba casada ("¿Pa' qué?"), no tenía hijos, pero a decir de ella, había una estela de hombres en espera de sus favores. Guardaba un pañuelo en el bolsillo, dividido en cuadritos, cada uno impreso con una posición del Kama Sutra. La primera vez que me lo mostró, me tomó un instante comprender qué era lo que ilustraba, lo que la hizo reír aún más fuerte.

De vez en cuando, una de las enfermeras le recordaba a Bigi que se cuidara, que no anduviera hablando de esas cosas enfrente de la hija del doctor. Yo no hacía caso a esa preocupación ridícula. Era su manera de probar mi lealtad, creo yo, de recordarme que no debía ir con el chisme, ya que todas ellas me contaban de su vida, historias de amor y la familia y los hombres, del dinero y los hijos y los hombres, de la añoranza y los problemas familiares y los hombres. Me enseñaron a hacer procedimientos de enfermería que los reglamentos del departamento de salud y la amenaza de demandas por cometer negligencias en la práctica profesional, nunca me hubieran permitido realizar a esa edad: poner inyecciones, tomar rayos X, sacar sangre. Quién sabe si ellas mismas eran enfermeras de verdad. Tal vez habían tomado "un curso" en sus países de origen, aunque un par de ellas sí tenía entrenamiento formal y una efectivamente se había recibido de la facultad de medicina en la República Dominicana.

A veces una mujer entraba de prisa, con los ojos llenos de preocupación, preguntando por Bigi. Yo llamaba a Bigi al frente y ella se llevaba a la mujer rápidamente al llamado cuarto de las inyecciones en la parte de atrás, donde estaban las básculas y las repisas con las muestras que traían los vendedores de medicamentos y los recipientes eléctricos para hervir las jeringuillas. Poco después, salía la mujer con una dirección escrita al dorso de una de las libretas de recetas médicas de mi padre. Según los rumores que corrían de la sala de espera hasta el barrio, el doctor no tenía que ver con abortos ilegales, pero Bigi conocía a alguien. O quizá ella misma los hacía, como chismeaban algunas de las otras enfermeras.

A veces un tipo joven, buen mozo, entraba a paso lento. Mientras le tomaba el historial, él comenzaba a coquetear conmigo, echándome piropos, preguntándome si era casada. Sin importar lo enfermo que se sintiera, era un macho saludable que se sentía obligado a hacer una conquista.

—Mucho cuidadito —advertían las enfermeras si pescaban a un tipo halagándome—. ¡Ésa es la hija del doctor! —Pero Bigi nada más me guiñaba el ojo y me mostraba rápidamente su pañuelo pornográfico, haciendo que me temblara la mano y me ardiera la cara de vergüenza.

Mi trabajo consistía en atender la recepción, contestar el teléfono, encontrar los expedientes de los pacientes en los archiveros atestados a mis espaldas, o llenar uno para los pacientes nuevos. Una vez que terminaba el papeleo, llevaba a los pacientes al cuarto de las inyecciones, donde los pesaba y les tomaba la temperatura y la presión sanguínea. Luego los llevaba de vuelta a la sala de espera, donde tomaban asiento y conversaban hasta que era su turno de ver al doctor en uno de los dos cuartos donde se hacía el reconocimiento médico. Por supuesto, siempre había los habladores y los quejicas que intentaban hacer que yo les adelantara el lugar con sus dramones de que habían dejado a los niños solos en casa, de madres y abuelas enfermas, de trabajos de donde los despedirían si no llegaban a tiempo. Yo los tranquilizaba y los consolaba, explicando el procedimiento, cómo los demás también habían estado esperando "durante horas". Pero de vez en cuando, si alguien se ponía muy necio, llamaba a una de las enfermeras de la parte de atrás a que hiciera de perro guardián.

Después de que los examinaban, salían, llevando consigo sus expedientes en los que mi padre había sujetado un pedazo de papel (en los días previos a las notas autoadhesivas) con la cuenta. Nadie tenía seguro médico. Se pagaba en efectivo. La consulta costaba cinco dólares, a menos que hubiera inyecciones, lo cual sumaba ocho dólares; los rayos X costaban un poco más. Yo recolectaba el dinero, a veces tenía que mandar a alguien a la tienda de la esquina para conseguir cambio, luego le daba el pago a una de las enfermeras para que lo enrollara en su fajo dentro de su bolsillo.

Trabajábamos hasta las seis, seis y media de la tarde, hasta que se atendía al último paciente, la enfermera/cajera designada ponía el fajo de dinero que le había sido encomendado en manos de mi papá. Dependiendo de las emergencias o de las llamadas de pacientes que estaban demasiado enfermos como para ir al consultorio, hacíamos visitas a domicilio, subiendo por escalinatas mal alumbradas en edificios de viviendas dilapidadas, el corazón me latía aceleradamente por el miedo, recordaba las historias de mi mamá. Si en los suburbios de Queens abundaban los violadores y los asesinos, ¿qué nos podría salir al encuentro en un barrio malo de Brooklyn? Pero nunca nadie nos tocó. La gente del vecindario cuidaba del doctor o al menos, eso pensaba yo, hasta que años después, cuando le pregunté a mi papá sobre esas visitas a domicilio y por qué creía que nunca nos habían asaltado o amenazado. —Yo pagaba por el servicio de protección —me dijo.

—¿Lo pagabas? —yo estaba horrorizada.

¡De modo que eso eran esos tipos engominados! Siempre venían en parejas, ignorando mi ofrecimiento de llenarles un expediente. Tenían asuntos pendientes con el doctor. ¿Podía dejarlos pasar por un minutico? Yo respondía malhumorada que los demás también estaban esperando, pero eran insistentes. Finalmente, acudía a una de las enfermeras para que me respaldaran, pero una mirada a esos tipos y hasta la cara dura de Bigi decía que no había problema. Yo los conducía a la oficina diminuta, sin ventanas, al final del pasillo donde mi papá recibía a los vendedores de medicamentos a quienes también se les permitía meterse en la fila. Unos minutos después, mi papá en persona los acompañaba a la puerta, dándoles un apretón de manos y agradeciéndoles que pasaran a saludarlo.

Aguanté todo el verano en el trabajo, mientras crecía el guardadito de dinero con el que aseguraba mi independencia. Papi estaba orgulloso. Tenía una hija que no tenía miedo de trabajar duro. Hasta mami estaba impresionada. Pero ni ella ni papi sabían acerca de la verdadera educación que yo estaba recibiendo en El Centro Médico de Bigi y de las otras enfermeras. O quizá aunque hubieran expresado desagrado de haberse enterado de algunas cosas que aprendía —las distintas posiciones para hacer el amor, que uno podía hacerse un aborto en Brooklyn— se hubieran alegrado de la verdadera lección que absorbí ese verano junto con los caramelos y el cafecito de las enfermeras. No importaba qué tan lejos viajara por los caminos que la Academia Abbot me abriera, necesitaba seguir regresando al lugar de dónde había venido, para beber del manantial de mi cultura, practicar el español y el merengue, y sentirme agradecida por el tiempo que pasé con mi papá en un mundo que no era ni aquí ni allá; razón por la cual probablemente no le importaba dónde lo enterraran, razón por la cual siempre sentía añoranza sin importar dónde estuviera.

El tiempo es a quién le dedicas tu cariño.

Algo que llega a nosotros del pasado

Aunque parezca increíble, después de andar a las carreras durante horas, llegamos temprano a la fiesta, que se suponía que comenzaría a las ocho en punto. Mónica y su corte deciden ir a dar una vuelta en la limusina hasta que sea hora de hacer acto de presencia en el *Dance Club* de la Avenida *Metropolitan* en el barrio de *Middle Village*. Mientras tanto, Silvia y yo nos dirigimos al club, pasando por lo que parece ser un montón de cementerios.

Más tarde, buscaré *Middle Village* en *Google* y me enteraré de que el pueblo realmente no prosperó hasta que se prohibieron los entierros en Manhattan en 1848 y las iglesias compraron terrenos rurales en la periferia para instalar cementerios nuevos. *Lutheran Cementery* y el cementerio de *St. John's* abrieron en *Middle Village*; *Mount Zion* en *Maspeth* vecino; y en *Glendale, Mount Carmel, New Mount Carmel, Mount Neboh, Machpelah, Beth El* y *Hungarian Union Field*. Una evaluación de bienes raíces del área advierte que "los muertos cuentan con los mejores terrenos en las alturas, por encima de las calles. Los vivos luchan contra inundaciones en sótanos ... casas en hileras y multifamiliares..." Originalmente estuvo poblado por alemanes, después siguieron los italianos a principios del siglo XX, hoy en día, *Middle Village* se ha convertido en un lugar multiétnico, hogar de griegos, italianos, japoneses, chinos, coreanos, hindúes, israelitas, malteses y muchos, pero muchos latinos.

El *Dance Club* hierve de trabajadores: jóvenes bien parecidos, vestidos de negro, muy al estilo de la mafia italiana (me recuerdan a los visitantes engominados de mi papá). La mamá florista de una de mis estudiantes ya estuvo aquí y decoró el salón con globos blancos y verdes. Rozan el techo, con unas largas y sedosas cintas colgantes; por un momento tengo una visión jocosa de ellos, como si fueran espermatozoides agotados con colas flácidas, exhaustos de toparse con algún impedimento. (¡Lo que le sucede a los símiles que uno utiliza después de pasar meses rodeada de adolescentes!) A un extremo del salón largo y estrecho se ha colocado un arco de flores blancas, sosteniendo el columpio en el que Mónica se sentará para que le cambien los zapatos. Todas las mesas lucen manteles blancos y centros de mesa florales. El pastel verde con blanco donde hay unas parejas diminutas, el pastel central coronado por un carruaje y encima una quinceañera bailando, ha sido colocado en una mesa en un rincón oscuro, como para asegurarse de que esta confección colosal ("Más grande que mi pastel de bodas", me dijo Claire después) no eclipse a la propia quinceañera.

El personal todavía anda corriendo de aquí para allá, montando las mesas del bufé, probando el equipo de sonido, abasteciendo el bar. El tipo más guapo parece ser quien está a cargo. Tiene esa mirada de hombre joven que dice que no tiene tiempo para una mujer mayor que no sea su jefa o su madre. Además, me doy cuenta de que está ocupado. Todo el mundo está absorto y enfocado. Es evidente que tienen mucha práctica haciendo esto. El club, para sorpresa de Selina, la dueña, se ha convertido en un lugar de moda para fiestas de dieciséis abriles y de quince años en el área.

Subiendo unos escalones a una especie de sala de espera, dos sillones están uno frente a otro, dejando un pasillo apenas lo suficientemente grande como para llegar a una oficina pequeña al fondo. Selina se encuentra allí en ese momento, ocupada haciendo los trámites de reservación con una pareja asiática joven, quienes estarán celebrando aquí su compromiso. Seguramente el que hayan venido ahora que el lugar está decorado y muy animado ayuda a crear una impresión favorable; de otra forma, el salón oscuro y cavernoso parecería más adecuado para el velorio de un dignatario fallecido, camino a uno de los cementerios cercanos, que para una celebración.

Conoceré a Selina muy brevemente un poco después cuando sale de pronto de su oficina para darle un regalito a Mónica, una bolsa de plástico con un jabón de tocador y una esponja rosada. No está envuelta y tiene ese aspecto de mercancía de saldo de los almacenes de descuento. Me imagino que Selina tiene una reserva de esos regalos en un clóset para repartir a las quinceañeras. Me sorprenden sus felicitaciones rápidas, el regalo que entrega sin ninguna ceremonia, la salida apresurada. Puro negocio y ninguna efusividad latina. Pero luego resulta que Selina no es latina como me lo había imaginado por su cabello oscuro, su piel aceitunada y, por supuesto, el nombre (aunque ella lo deletrea con una "i" en lugar de una "e"). —Mucha gente cree eso —me dice después por teléfono, pero no, ella es de Bangladesh. Ha estado administrando el club con su esposo durante seis años, y entre el 50 y 60 por ciento de su negocio tiene que ver con fiestas de dieciséis abriles y de quince años. —Los hispanos son los que imponen la tendencia para este tipo de fiesta. Luego los blancos la adoptan —. Y no sólo se trata de la fiesta, sino de todo: el cambio de zapatos, el encender las velas, el vals con el padre, el pastel gigante como de boda. ¡La latinización de la cultura estadounidense va viento en popa en *Middle Village*!

Mientras esperamos a los demás, Silvia y yo nos sentamos una frente a otra en los dos sillones. Ella me cuenta de su propia fiesta de quince hace tres años. Sólo fue una fiesta grande y divertida, sin el vestido elegante ni la ceremonia. Parece lamentar el no haber hecho todo el ritual. Pero en ese entonces, su familia simplemente no sabía tanto como ahora. —Para cuando le tocó a mi hermana ya sabíamos qué hacer.

¿Cómo es que pasaron de no saber a saber qué hacer?

Silvia no está segura. Cree que fue la florista la que les dijo acerca del columpio. Su hermana se enteró de las velas por medio de una amiga. Otras cosas surgieron de los salones de charla virtual en la red. Ya no se puede recurrir a la abuelita, como observó Will Cain. De modo que lo que queda es una mezcolanza de una tradición hilvanada, a veces no tan finamente, con rumores, algo de historia y mucho de mantenerse a la par de los García.

Me parece raro que los Ramos sientan tal presión de rendir tributo a una tradición cuyo contenido y cuyos orígenes siguen siendo vagos. Más tarde, el Sr. Ramos admitirá que no sabía mucho sobre las fiestas de quince años porque sus hermanas no las tuvieron; su familia no podía darse esos lujos en aquel entonces. La familia de su esposa estaba en mejor posición económica, pero también ella sólo tuvo un pasadía en el campo con unos amigos, como cualquier otro cumpleaños. No obstante, él sostiene que ésta es "una tradición importante pará nuestra gente".

Cuando lo apremio a que me diga por qué, dice: "es algo que llega a nosotros del pasado, que queremos darles a nuestros hijos porque es algo que nosotros nunca tuvimos". No se da cuenta de la contradicción inherente en lo que dice, y me parece cruel y despiadado seguir preguntándole por qué.

En busca de los orígenes de una tradición

Tratar de encontrar los orígenes de la tradición de los quince años se parece un poco al conocido juego de fiestas: el teléfono descompuesto. *A* susurra una noticia en el oído de *B, B* se lo cuenta a *C,* y así alrededor del círculo. Para cuando la noticia regresa a *A* y se pronuncia en voz alta, se ha transformado en una versión retorcida de lo que *A* asevera haber dicho en un principio.

Muchos libros, artículos y páginas de Internet declaran que las raíces de la tradición de la fiesta de quince años se remontan a un antiguo rito azteca. A veces se dice que el origen es maya tanto como azteca y, a veces, se le describe en términos más generales como "indígena". No sé si se deba a que la frase "una antigua tradición azteca" suena poco convincente: como la búsqueda de un ángulo aliterado de la autenticidad de lo antiguo. Pero cuando leo esta aseveración repetidas veces en demasiados artículos, comienzo a investigar las bibliografías (en los pocos casos en que se ofrece una) para ver qué encuentro.

La mayoría cita como su fuente una guía informativa, *¡Quinceañera!* de Michele Salcedo, bien escrita, la mejor en su género. A través de una serie de mensajes electrónicos, finalmente localizo a Michele Salcedo en el periódico *South Florida Sun-Sentinel,* donde trabaja como subjefa de redacción de noticias citadinas. Me cuenta que hace más de una década, se tomó un año libre de su trabajo de reportera para estudiar la tradición de las quinceañeras y escribir un libro que diera los antecedentes y sirviera como una especie de agenda. Es gentil y generosa con su tiempo, pero es comprensible que no pueda citar ni capítulo ni versículo de las fuentes de un libro que escribió hace más de diez años. Sin embargo, recuerda haber conseguido parte de su material sobre los orígenes del "libro de una monja". Tiene que ser uno de los muchos manuales de sor Ángela, en los cuales yo también he leído acerca de esta antigua tradición azteca y maya.

De modo que le envío un correo electrónico a sor Ángela, tratando de no sonar como Santo Tomás llena de dudas, y me recomienda algunos libros: *The Ancient Maya* (Los antiguos mayas) de Sylvanus Morley y *Los aztecas: hombre y tribu* de Victor Von Hagen. Acabo immersa en el compendioso Códice Florentino, el cual fue recopilado a mediados del siglo XVI por un sacerdote español, Fray Bernardino de Sahagún, de testimonios presentados cuarenta años atrás ante la primera misión de monjes franciscanos por doce sumos sacerdotes del imperio azteca acerca de sus tradiciones. (Imaginen de nuevo el juego del teléfono descompuesto: una nación conquistada según la interpretan unos sacerdotes católicos, quienes son entrevistados cuatro décadas después por otro franciscano). Cualesquiera que sean los "datos" que conocemos acerca de los aztecas están a varios niveles críticos de separación de una práctica viva y verdadera.

Pero sor Ángela está completamente en lo cierto en que nuestros antepasados indígenas americanos sí reconocían el paso de una niña a la madurez femenina. Lo que es incierto es la edad en la que tomaba lugar el ritual. Sabemos que la doncella azteca estaba lista para el matrimonio a los quince años. Es de suponer que en una coyuntura previa se celebrara una ceremonia de algún tipo. El Códice cita discursos ceremoniales prolongados en los cuales los padres y las madres amonestaban públicamente a sus hijas, probablemente como parte de un ritual. Leer los discursos resulta bastante conmovedor. La ternura es palpable. El padre describe la maduración de su hija en palabras que hacen que uno se estremezca:

> Es como si fueras una hierba, una planta que se ha propagado, ha crecido, ha florecido. Asimismo, es como si hubieras estado dormida y ahora despertaras...

Mientras tanto, la madre advierte a "mi palomita, mi chiquita, mi niña, mi hija" que la vida es peligrosa y debe tener cuidado. (De modo que las advertencias horrendas de mi mamá no estaban tan erradas. Parece ser una tarea tradicional de la madre, la de aterrar a sus hijas para que se porten bien). "Contempla el camino que has de seguir", aconseja la madre:

> Vivimos sobre la tierra, viajamos a lo largo de una cumbre. Por allí hay un abismo, por allá otro abismo. Si te vas por allí o te vas por allá, te caerás. Sólo en el camino de en medio va uno, vive uno.
>
> Guarda estas palabras, mi hija, mi paloma, mi chiquita, muy dentro de tu corazón. Protégelas bien.

Esto dista mucho de una madre que le pone a su hija una corona de brillantes o de un padre que baila con ella mientras Julio Iglesias canta "De niña a mujer". Pero en ambos casos, una transmisión toma lugar, un reconocimiento de que la niña ha llegado a cierta madurez como mujer, y que una vida de peligros y posibilidades está por comenzar.

Los mayas también celebraban el comienzo de la pubertad con una ceremonia elaborada. De nuevo, la edad que dan las fuentes varía. Parte de la ceremonia femenina tenía que ver con que la madre cortaba una concha roja que había estado atada a la cintura de su hija desde pequeña. Es de suponer que se consideraba que la niña ya estaba madura como para casarse y tener hijos. Podemos, por supuesto, extender la comparación y encontrar en el hecho de cortar la concha roja de la virginidad, un paralelo con abandonar la última muñeca de la niñez. Pero, ¿para qué machacar el tema? A través de generaciones, la familia humana ha celebrado las transiciones en nuestras vidas mortales con ritos que usan símbolos y signos propios de cada época específica. No hay necesidad de comprobar la legitimidad de estos ritos. Son lo que son, parte del legado humano.

Este esfuerzo por legitimar la fiesta de quince años, conectándola con un pasado indígena es algo bastante reciente. En nuestros países de origen durante los años cincuenta, las familias de la élite hubieran palidecido ante cualquier sugerencia de que sus fiestas de presentación tenían algo que ver con un rito de "indios". "Se le restaba importancia a cualquier legado indígena en favor de la cultura europea y norteamericana", escribe Valentina Napolitano en *Migration, Mujercitas, and Medicine Men* (Migración, mujercitas y curanderos). En lugar de eso "la celebración de los quince años usaba la simbología de la cultura europea (por ejemplo, los valses, la interpretación de música clásica, las damas de honor y los pajes)". Fue sólo con la democratización de la tradición en los Estados Unidos que se comenzó a hablar de la supuesta conexión azteca. El anhelo por hallar unas raíces autóctonas demuestra tanto una añoranza por reconectarse con algo que se ha perdido para siempre, como lo que Renato Rosaldo llama en *Culture & Truth* (Cultura y verdad) la "nostalgia imperialista", una nostalgia por la cultura que has dominado, el pueblo que has destruido.

Más fácil de encontrar son los elementos de la corte europea en la fiesta de quince años. "Las primeras fiestas de quince años eran bailes formales puestos en escena por familias pudientes que se enorgullecían de su abolengo y sus costumbres españolas", escribe Maricel Presilla en un artículo para el *Miami Herald*. Michele Salcedo cita que el origen podría remontarse a una costumbre de la Duquesa de Alba en la España del siglo XVIII, en la cual ella "invitaba a doncellas a punto de convertirse en mujeres al palacio, donde las vestía y las maquillaba como mujeres adultas por la primera vez". La emperatriz Carlota de México, un siglo después, también "invitaba a las hijas de miembros de la corte para que fueran presentadas como señoritas casaderas". Curiosamente, aunque su origen pudo haber sido estas presentaciones en la corte, la fiesta de quince años se desconoce en España. Supongo que uno no necesita una corte de mentiras cuando tienes una de verdad.

No es de sorprenderse que la pompa de las cortes europeas también domine los rituales de las debutantes en los Estados Unidos. En realidad, parte del éxito que ha tenido la fiesta de quince años en los Estados Unidos es que embona perfectamente con la tradición estadounidense consagrada por el tiempo conocida informalmente como "*debbing*" o sea, la presentación en sociedad de las debutantes. Aunque parezca extraño para una sociedad democrática que supuestamente carece de clases sociales, Estados Unidos siempre ha sentido una fascinación por la riqueza, el privilegio y la realeza, y en ningún lugar resulta esto más evidente que en los rituales de las debutantes que son presentadas en sociedad. Karal Ann Marling en *Debutante: Rites and Regalia of American Debdom* (Debutante: ritos y atuendos de las debutantes en Estados Unidos) cita los cotillones, los bailes, los bailes de graduación de la escuela secundaria con sus reyes y reinas, los concursos de belleza, incluso el concurso *Miss America*, el cual Marling considera una

especie de "ritual de debutantes para las masas [...] *Miss America*
[como] la reina del amor y la belleza sin el abolengo". Marling
concluye, "El umbral de la edad adulta en Estados Unidos parece
provenir directamente de la corte de la reina Victoria, cuando estaba en la flor de la vida". Y con la añadidura de los nuevos inmigrantes de América Latina, ¡de las cortes de España y Francia
además!

Las descripciones que hace Marling de las suntuosas fiestas de
debutantes a principios del siglo XX suenan increíblemente parecidas a las fiestas de quince años más ostentosas, al extremo superior de la escala, de las quinceañeras cubanoamericanas de Miami.
En el baile de debutante de Mary Astor Paul en 1906, por ejemplo, había diez mil mariposas traídas de Brasil ocultas en unas re-
des suspendidas del techo. Lamentablemente, cuando liberaron
las mariposas de Mary Astor, el calor que se había producido en
el salón las había matado a todas, así que llovieron miles de bi-
chos muertos sobre unos invitados indignados. Eso es bastante
parecido a la quinceañera de Miami, cuya gigantesca flor no se
abrió la noche de su fiesta y ella se quedó atrapada dentro, y la
quinceañera cuyas cinco mil rosas *Bluebird* importadas de Ho-
landa tuvieron que ser reemplazadas a última hora porque resultaron ser de un color demasiado rosado.

Así como la tradición de la clase alta de las debutantes estadounidenses se ha democratizado (Marling describe a la debutante como "casi-cualquiera-puede-ser-una-debutante" de nuestra
época), de igual manera, la fiesta de quince se ha transformado de
una celebración para las hijas de la élite, en una fiesta para todas
las clases sociales. "Cuando yo tenía tu edad, sólo las niñas ricas
tenían su fiesta de quince años", la madre de Estrella le dice en *Estrella's Quinceañera* (La fiesta de quince años de Estrella), una de las
novelas juveniles mencionadas anteriormente que se centra en
esta tradición.

La mayoría de los historiadores establece este cambio en los años sesenta, con el comienzo de extensas migraciones a la tierra de las oportunidades del norte; la tradición muy pronto se convirtió en una posibilidad para la clase media y baja, tanto aquí en Estados Unidos como en los países de origen. El intercambio de ideas no conoce fronteras y las influencias viajan con o sin visa ni tarjeta de residente. De hecho, incluso en la Cuba actual, las fiestas de quince están resurgiendo, ya que las muchachas cubanas sueñan con tener una fiesta como las de sus primas cubanoamericanas en Miami. Muchas familias de Estados Unidos mandan vestidos de quinceañera y coronas junto con dólares y medicinas a sus parientes necesitados.

Ciertamente la tradición de los quince encontró tierra fértil en la cultura consumista de Estados Unidos, donde los negocios tienen mucho que ganar de las elaboraciones costosas de la ceremonia. De hecho, cuando la arquidiócesis de Los Ángeles emitió unas pautas en enero de 1990 para tratar de reducir la comercialización y el gasto creciente de la fiesta de quince años, los que pusieron el grito en el cielo no fueron los feligreses, sino el Grupo Latino Por Nuestras Tradiciones, el cúal, a pesar de su nombre, está compuesto de muchos dueños de pequeños negocios. El presidente del grupo, Luis Yánez, declaró que "para la Iglesia, la fiesta de quince años no tiene importancia, pero para nosotros, es una de las pocas tradiciones que nos queda", y a renglón seguido se quejó de que su negocio, que provee de todo —desde vestidos de fiesta, a tocados para la cabeza, a ramos artificiales, a vasos con monogramas— había sufrido una disminución drástica, de cincuenta fiestas a cinco, desde que se emitieron las pautas.

Y de esta forma, mientras la fiesta de quince años se pregona como un indicador de la etnicidad, de muchas maneras es una etnicidad con una etiqueta de HECHO EN ESTADOS UNIDOS (o, la "versión hecha en Estados Unidos", por decirlo de otra forma).

Aún cuando las generaciones jóvenes se asimilan en todos los demás aspectos a la cultura dominante, se aferran a esta tradición de los países de origen, aunque en realidad, ha sido creada aquí. Es raro, ¿no?

Esta creación de un pasado que nunca existió resulta ser un fenómeno social bastante común. En su libro *The Invention of Tradition* (La invención de la tradición), Eric Hobsbawm acuña el término "tradiciones inventadas" para describir tanto tradiciones que en efecto fueron inventadas desde un principio (*Kwanzaa*, el *Bat Mitzvah*, por mencionar sólo a dos), como tradiciones que "surgieron de una manera menos rastreable dentro de un periodo breve y con fecha, estableciéndose con gran rapidez". Estas tradiciones inventadas suelen darse cuando un dado grupo atraviesa por una transformación, y sirven como una manera de legitimar y galvanizar a sus miembros, al establecer una continuidad con un pasado que en buena parte podría ser ficticio.

Esto no quiere decir que haya que descartarlas como falsas, añade Hobsbawm con premura. Más bien, se trata de una especie de "puntos candentes" interesantes en la evolución de un grupo, donde la adaptación, la autocreación y la legitimación están en curso, y también constituyen testimonios conmovedores que promueven la cohesión, justo cuando los vientos de la dispersión nos avientan de aquí para allá. La antropóloga cultural Karen Mary Dávalos, en un estudio sobre la fiesta de quince años advierte que sus sujetos méxicoamericanos "se aglutinan alrededor de patrias, lugares o comunidades, recordadas o imaginadas, en un mundo que cada vez más parece negar tales anclas territorializadas en la realidad".

De modo que tiene sentido el que el Sr. Ramos quiera que su hija mantenga sus raíces haciendo algo que ha llegado a él de un pasado que nunca existió; por lo menos no fue así para su familia de clase trabajadora antes de 1960. A medida que sus hijas crecen en los Estados Unidos, hablando un español mocho y celebrando sus quince años a los dieciséis, esto es algo que él puede ofrecerles que les recuerde quiénes son. "Una de las pocas tradiciones que nos quedan". Un último vals latino con su hijita porque, ¿quién sabe qué le deparará el destino?

—Solía ser que uno podía darle una boda a su hija. Pero ya no se sabe si se va a casar o si primero se va a ir a vivir con el novio, como se acostumbra aquí, o si se va a divorciar y volver a casarse varias veces —me explicó el Sr. Ramos, una opinión generalizada entre muchos padres de familia.

Así que uno les ofrece una fiesta de quince, una mini boda sin el novio, en la que mamá y papá se llevan a la cuasi novia a casa. Con razón la celebración tiene ese aire de despedida. No sólo se deja atrás la niñez sino también el país de origen, en un espectáculo montado y pagado por papá y mamá, cuyos propios lazos con la patria son cada vez más tenues. (Al momento de la fiesta de quince de Mónica, los Ramos no habían vuelto a la República Dominicana en diez años). Pero estas "tradiciones" inventadas y vigorizadas nos reconectan con nuestra latinidad. Como concluye Maricel Presilla en su artículo sobre la fiesta de quince años en Estados Unidos, "Cuando me acababa de mudar a Miami, yo criticaba el gasto excesivo y el *kitsch* palpable de las fiestas de quince … Luego comencé a darme cuenta de que en realidad se trataba de un símbolo de expresión propia y vitalidad creativa".

En tal caso, ¡que siga la fiesta! Con sólo una advertencia: hay que tener cuidado con aquellos que buscan adueñarse de nuestras tradiciones y de nuestra misma etnicidad y utilizarla para sus propios fines. La fiesta de quince años, en particular, representa una oportunidad ideal para la promoción de productos en la comunidad hispana (imaginen a las muchachas y sus madres, imaginen "ir de compras".). Al igual que *Kern's Nectar*, *Maggi*, una subsidiaria de *Nestlé*, también patrocina sorteos para quinceañeras, pero con otro giro. Las ganadoras de el sorteo *Put-Flavor-In-Your-Quinceañera* (Ponle sabor a tu fiesta de quince años) deben utilizar el dinero del premio para pagar por la cena de la fiesta y deben usar uno de los productos *Maggi* para preparar al menos parte de la cena.

Así que, quinceañeras, ¡mucho ojo! ¡Latinos, mucho cuidado! Podríamos acabar interpretando el papel de nuestra etnicidad en un vestuario fabricado en el mercado dominante. No puedo evitar hacer una mueca de desagrado en reconocimiento ante la descripción de Marling en cuanto a que las fiestas de quince años son con demasiada frecuencia "recepciones organizadas al estilo de un debut, injertado con una obra musical de Broadway, un baile de graduación y la boda ideal". De igual manera que puedo hacer una mueca de desagrado ante un chiste étnico en el cual reconozco de forma exagerada una característica cultural de la cual no me siento muy orgullosa. Y sin embargo, nuestra bulla, tardanza, flojera legendarias son —en proporción— las cualidades envidiables de efusividad, generosidad y alegría de vivir. Tenemos en nuestro poder el manejo de ese equilibrio, por supuesto que sí. Es ese poder el que deseo para mí y para toda nuestra juventud.

Por si acaso

Silvia todavía está a la espera de saber si el fotógrafo encontró a un suplente. La fiesta de quince años de su hermana menor está a punto de comenzar. Más vale que alguien aparezca pronto para poder tomarle fotos cuando llegue.

El aire acondicionado está a todo lo que da en el salón de fies-

tas sin ventanas. Silvia y yo sólo llevamos puestos nuestros vestidos
de fiesta, aunque el mío, de falda larga color granate y blusa negra
de mangas largas con volantes, cubre mucho más que el de ella, un
vestido corto de color salmón con tirantitos y casi sin espalda.

Decido ir a esperar afuera enfrente del *Dance Club*. Quizá pueda avistar al fotógrafo descargando su equipo y pueda correr adentro para decirle a Silvia que deje de preocuparse.

La avenida *Metropolitan* un viernes por la noche es un tramo
concurrido, bullicioso, lleno de compradores de fin de semana y
de gente que come fuera de casa. Detrás de nosotros están situa-
das las calles más tranquilas de *Middle Village*: casas modestas con
sus rejas de hierro forjado y sus adornos de jardín. Pero aquí en la
avenida, hay un tráfico nutrido y las luces de las tiendas se comienzan a encender. Un vistazo alrededor es observar un Estados
Unidos multicultural en un microcosmos: *Panadería Catalano's,
Frutas y Verduras Colombo, Lavandería Amore*: todos ellos tienen
nombres que proclaman su procedencia italiana. Calle abajo,
Carnes Finas Gaspar's es más sutil. Me imagino que el dueño es
alemán. Mientras tanto, *Comida Oriental para Llevar Zheng's* probablemente tiene una conexión "oriental". Pero una marquesina
enigmática reza *NEW CHINA SOFT TACO*. Supongo que esto no
es del todo raro aquí en Estados Unidos, donde una compañía de
trajes de fiesta cuyo dueño es taiwanés, *House of Wu,* tiene una
línea muy exitosa de vestidos para quinceañeras.

Algo que no veo y que no recuerdo haber visto en mi recorrido por la avenida *Metropolitan* es un estudio de fotografía, pero,
para el caso, muchos de los servicios que las familias utilizan para
las fiestas de sus hijas provienen de una red informal de amigos y
familiares. Comercios sin gastos fijos. El Sr. Ramos me dijo en
confianza que mucha gente se escandaliza por lo caro que son las
fiestas de quince años. Pero no lo es tanto, si sabes a quién

contratar. —Uno siempre puede encontrar a alguien que lo dé más barato —explica.

Resulta que un fotógrafo muy famoso está presente, aunque sea en espíritu, en *Middle Village*. Robert Mapplethorpe, cuyos francos y eróticos desnudos masculinos desencadenaron gran controversia sobre el financiamiento público del arte, yace aquí cerca en *St. John's Cemetery*. Mapplethorpe murió joven, a los cuarenta y dos años de edad, de complicaciones provocadas por el SIDA, y sus cenizas están enterradas en la tumba de su madre. "Maxey", reza la lápida, su nombre ausente de la lápida. Me pregunto qué hubiera pensado Mapplethorpe de las quinceañeras, dado que algunas de sus fotografías de flores en blanco y negro sugieren que él tenía un ojo para esa delicada y casi perturbadora belleza pubescente, la de un capullo que se abre. Perturbadora porque sólo por este instante, atrapada en celuloide, será tan perfecta. "Tú, aún inviolada novia de la quietud", como describe John Keats este tipo de belleza en "Oda a una urna griega". Él procede a describir la hermosa urna con sus escenas pintadas de jóvenes retozando:

> Cuando la vejez esta generación derroche
> tú permanecerás, en medio de otra aflicción,
> siendo amiga del hombre, a quien le dirás:
> "La belleza es verdad; la verdad, belleza; eso es todo
> lo que sabes sobre la tierra y todo lo que necesitas
>   saber".

Otra razón para que te tomen fotos cuando eres quinceañera.

Veo el reloj, son casi las ocho. Comienza a llegar la gente. Definitivamente no las multitudes que Mónica me había dado a entender con sus comentarios emocionados antes de la fiesta. Cuando doy media vuelta para entrar, meto la mano en el bolso para estar segura. Mi cámara digital. Por si acaso. Pase lo que pase, Mónica tendrá un recuerdo de su fiesta de quince años.

Quinceañeras de celuloide

He aquí otra alternativa a tener una fiesta de quince pero sin fotos.

Fotos, pero sin fiesta.

Suena como un acertijo, pero no lo es. Sólo en Estados Unidos, un país inventado en parte por las películas, tener un récord en celuloide equivaldría a haber tenido la celebración.

Como lo advertimos anteriormente, en nuestros países de origen un retrato formal siempre conmemoraba esos momentos especiales de la vida que habían tomado lugar o que muy pronto tomarían lugar: el bautizo, la fiesta de quince años, la graduación, la boda. Pero la sesión exhaustiva de fotografía en lugar de una celebración parece ser decididamente una invención estadounidense, aunque sea una inventada por un nuevo tipo de americana extravagante: la americana latina.

En realidad, se trata de un subgrupo aún más específico de latinas que se deja llevar por ese sueño de celuloide: las jóvenes. En eso se parecen al resto de la cultura juvenil estadounidense, que ha crecido con una increíble cobertura de medios fotográficos. Videocámaras, cámaras fotográficas, cámaras digitales, cámaras de teléfono celular: cada momento especial posible ha sido grabado, incluso el instante de su nacimiento y cada cumpleaños a partir de entonces, así como cada primera instancia: los primeros pasos, el primer corte de pelo, la primera vez que usaron el baño solos, el primer día de clases. En pocos años he acumulado más fotos de mis dos nietas de las que existen de todos mis parientes de cuando era niña en la República Dominicana. Casi no existe ninguna foto de mi propio núcleo familiar una vez que llegamos a Estados Unidos. Nuestras fotos de graduación, es casi todo. ¿Quién tenía el tiempo o las cámaras para documentar nuestras luchas, nuestras nostalgias? Las (raras) ocasiones en que fuimos a algún lugar insigne, a un monumento, a un museo, no queríamos llamar la atención, los típicos extranjeros a todas luces, tomándose fotos en un lugar tan público.

En realidad, hay una foto familiar de las cuatro hermanas. Fue tomada un año después de que llegáramos a Estados Unidos, por un fotógrafo que mi mamá había contratado para hacernos un retrato y así participar en un concurso de revista para mujeres. La familia más atractiva ganaría una suscripción de un año y nuestra foto saldría en la revista, y además, ganaríamos cupones y regalos de promoción (ecos de *Kern's* y *Maggi* y sus sorteos para quinceañeras). La foto de las cuatro hermanas, tres de nosotras en fase preadolescente poco agraciada, ensayando nuevas sonrisas para un fotógrafo estadounidense, me atormenta aún. Miradas de preocupación, sonrisas forzadas. Mi hermana menor se muerde el labio.

Pero lo que me asombra es que mami haya pensado que sus hijas tenían la más mínima posibilidad de competir con las fotos de *Dick, Jane* y *Sally* que otros enviaban, las niñas parecidas a Shirley Temple o los niños de *Leave It to Beaver.* Nosotras tenemos un corte étnico, nos vemos raras, tantas y con tan poca diferencia de edades. Una de esas familias católicas sin autocontrol, con demasiados hijos. En 1961, ser católico era considerado una "cuestión problemática". John F. Kennedy tuvo que convencer a la población de que no dejaría que el Papa le dictara qué hacer. Nosotros como hispanos ni siquiera formábamos parte del mapa americano, excepto en el celuloide, como cuando se estrenó *West Side Story* (Amor sin barreras). Todavía no habíamos sido inventados por la Oficina de Administración y Presupuesto y su Política Directiva Núm. 15.

Y sin embargo mi mamá debe haber estado convencida de que sus hijas tenían la posibilidad de ganar o no hubiera gastado el dinero en semejante extravagancia de contratar a un fotógrafo para que viniera a casa. Nos puso en fila como cuarteto vocal, los hombres de frente a la cámara, la mano de una sosteniendo el codo de la de enfrente. Una suscripción anual, nuestra foto en la revista, regalos, mamá nos seguía recordando cuando nos negábamos a sonreír por milésima vez. Como aprendimos a decir varios años después cuando a ella se le ocurría otra de sus grandes ideas, "sigue soñando, mami".

Por supuesto, la mayoría de las sesiones fotográficas y videográficas se filman a medida que se desarrolla el evento, con una sesión previa en la cual se hará un retrato formal de la quinceañera en el estudio y se harán algunas tomas en un parque u otro lugar escogido. Es bastante común ampliar uno de los retratos formales y colocarlo en un caballete a la entrada para que los invitados pongan su firma con algún deseo, como los libros de autógrafo de antaño. Con frecuencia, la presentación formal comienza con un video de la vida de la quinceañera con imágenes de ella a todas las edades. (Así que ésta es la razón por la que mamá y papá han estado tomando todas esas fotos y todos esos videos, documentando cada momento clave de la vida de su hijita). Justo cuando todos empiezan a lagrimear y a ponerse nostálgicos, se abren las cortinas y, hela allí, la estrella en carne y hueso.

Después de los festejos, los videógrafos unen el material que tomaron en la fiesta y en los preparativos del día, a este video de la vida de la muchacha. (¿Cómo es que las adolescentes pueden soportar tener a un equipo de camarógrafos persiguiéndolas todo el día, filmándolas mientras se ponen el maquillaje o les rizan el cabello? Es algo que todavía no me cabe en la cabeza). Al final, la quinceañera tiene un DVD completo y compendioso de sus primeros quince años, que culmina con su fiesta de quince. Algunos de estos videos son bastante profesionales e incluyen una lista de créditos que ruedan como en una película de verdad y una banda sonora con la música popular durante cada año de su vida. De una manera muy real, la señorita se convierte en una estrella de cine.

Pero la tendencia que me parece más curiosa es que te saquen fotos —una sesión fotográfica exhaustiva, incluso tomas de la muchacha en todos sus atuendos festivos— como si hubieras tenido la fiesta que no tuviste. El suntuoso Hotel Biltmore de Coral Gables, en Florida, ofrece tres segmentos de dos horas cada uno entre semana para fotografiar a quinceañeras en su elegante *lobby* bajo la bóveda del techo, entre columnas de mármol, y en los jardines y terrazas, bajando por una de las majestuosas escaleras de piedra o parada junto a la piscina rodeada de estatuas de dioses griegos. A los ojos del mundo tuviste tu fiesta de quince en un lugar ostentoso, cuando en realidad sólo le pagaste al hotel $250 por la sesión, más los honorarios del fotógrafo. Según Rosie Aramayo, dependienta del hotel, tienen la agenda llena todos los meses del año. El hotel se ha visto en la necesidad de restringir el número de personas que puede acompañar a las muchachas a un máximo de cuatro, incluso la quinceañera misma, pero sin contar al fotógrafo.

—Ya sabe como somos —explica Rosie, originaria del Perú—. Si pudiéramos, traeríamos a toda la familia —. Por lo general, se trata de la madre, la abuela, una tía o un hermano o hermana a la zaga. Cuando visité el hotel y me topé con una quinceañera que fotografiaban en un pasillo exterior bajo los arcos, ella traía a un séquito modesto: sólo su mamá y el maquillista peinador, Noel, que aplicaba el rubor, le abrillantaba los labios, le ladeaba la cabeza para aquí y para allá, asegurándose de que luciera perfecta para la foto antes de dar luz verde al fotógrafo. Noel me aseguró que las quinceañeras eran sus clientas favoritas. —Me identifico mucho con ellas —dijo él. Y fue todo lo que dijo.

La verdad es que esta práctica de que te tomen fotos sin tener la fiesta de quince parece ser más que nada una peculiaridad de la comunidad cubanoamericana de la Florida. En *Miami High School,* en un cuarto lleno de latinas jóvenes, pregunté cuántas habían celebrado sus quince. Algunas levantaron la mano de inmediato. Otras muchachas necesitaban más aclaración. Me refería a una fiesta de quince años o a que les tomaran las fotos, lo cual ellas consideraban como un ritual por derecho propio. Admitieron de buena gana que no habían tenido fiesta, de modo que no había ningún deseo siniestro de engañar a nadie. Era por la pura diversión de la fantasía, tal como la corte de mentirillas de Mónica o la fiesta de quinceaños con el tema de la "modelo de portada", en la cual la foto de la jovencita, superimpuesta en las portadas de *Seventeen, Glamour, Vogue* y otras revistas de modas, hacen las veces de centro de mesa. Lo hemos observado en nuestras propias vidas, una broma que nos gastan los amigos para el cumpleaños, una foto tuya con tu nombre en la primera plana de *The New York Times*; o tu cara asomándose del montaje de cartón del "hombre fuerte y la rubia" en el puesto de fotos de la feria. Por un momento al menos, aparecimos en el periódico o somos una rubia de cuerpo perfecto. La fiesta de quince años con su inherente tema de princesa, parece ir muy bien con estos artificios fantasiosos y divertidos.

Pero si éste es un ritual para convertirse en mujer, ¿no debería celebrarse en realidad? ¿Acaso las fotos que documentan la ceremonia pueden reemplazar el ritual en sí? Enrique Muñoz, dueño de un estudio fotográfico en Miami que ofrece un sinnúmero de

opciones, incluso el paquete popular —de alquiler del vestido, sesión fotográfica en el estudio y dos lugares más, y un álbum terminado desade $1,000— dice que muchas niñas y sus familias no
quieren incurrir el gasto o la molestia de celebrar una gran fiesta.
—Pero quieren hacer algo para mantener la tradición. —De una
manera muy americana, debo agregar, como la comida rápida,
unos quince rápidos. De hecho, una sesión fotográfica con el
álbum resultante captura el efecto más perdurable de una fiesta
de quince—. Tienen un recuerdo de cómo se veían cuando tenían
quince —coincide Enrique. Ellas también tuvieron sus quince,
como dice el dicho.

Enrique me dice que sacarse fotos solamente es algo muy popular en el sur de la Florida. Él les toma fotos a diez o doce muchachas por semana que no van a hacer fiesta. Me invita a acompañarlo
un día mientras le toma fotos a dos de estas quinceañeras de
celuloide.

En cuanto a Enrique, él se refiere a sí mismo como "la tercera
generación de fotógrafos", parte de una dinastía que se remonta
a su Cuba natal. Su abuelo comenzó con el estudio Muñoz
en La Habana en 1909, —esa época en que los fotógrafos eran
químicos— agrega Enrique—. Él tenía que mezclar todos los
químicos para revelar sus fotos. Además, si quería tomar fotos de
noche, no había *flash,* tenía que crear una explosión y luego esperar
a que se disipara el humo. —El propio padre de Enrique era uno de
cinco hermanos, todos los cuales se volvieron fotógrafos. (Hay un
sinnúmero de estudios Muñoz por todo el sur de la Florida)—. Mis
hijos y mi sobrino son ahora la cuarta generación —agrega Enrique.
En cuanto a las cinco hermanas de su padre, ellas también traba-
jaban en el negocio familiar, pintando las fotografías en blanco y
negro antes de que existiera la película a color. Enrique ahora
fotografía a la segunda generación de quinceañeras, hijas de antiguas clientas cuando cumplieron quince años—. Si tienes treinta

y nueve años o menos y mi estudio tomó tus fotos, es probable que yo mismo las haya tomado —se jacta.

Tengo mucho más de treinta y nueve años, pero me hubiera encantado que Enrique tomara las fotos de mis quince. Enrique es un hombre alto, corpulento, tiene el aspecto de alguien que siempre está listo para contar un chiste, lo cual hace con frecuencia, bromeando para conseguir la mejor cara de unas adolescentes que están cansadas y sudorosas después de andar todo el día paseándose por los extensos jardines escalonados del Palacio de Vizcaya en vestidos ampones y pesados. —¡No me hagas ese gesto de *St. Brenda's*! —bromea con una de las jovencitas. Cuando le pregunto qué quiere decir eso, me dice que es el gesto pretencioso de niña de colegio privado—. ¡Quiero verte más latina! —le grita a otra muchacha un poco más tarde. La muchacha le arquea una ceja. Enrique le toma la foto—. ¡Eso! —le dice, lo cual no era lo que ella esperaba en absoluto.

—Es esa "S" en el cuerpo —elabora él, imitando la pose, cuando le pregunto a qué se refiere con verse más latina. Las dos muchachas intercambian una mirada de exasperación. Pero las dos mamás y la abuela que las acompañan yo estallamos en risas. Es algo cómico: un tipo alto, barrigón, fingiendo ser una latina despampanante y curvilínea.

Además de las madres y la abuela y yo, Enrique ha traído a su asistente, Teresita, quien llegó a Miami hace dos años de Cuba, donde era médica. Si eso suena como haber dado un paso atrás, vale la pena advertir que las ganancias de Teresita en un día representan más del doble del salario mensual de un médico en Cuba que sólo gana 480 pesos cubanos, o sea, aproximadamente $24. Ella es eficiente y enfocada, monta y desmonta las tomas rápidamente, acarrea un maletín grande con utilería, desde sombrillas a abanicos a rosas de plástico a un gran reflector plegable, el cual, la última persona de nuestro grupo deberá sostener durante la toma. Se trata de un joven vestido de esmoquin, el novio de una de las muchachas. Ella ha insistido en que se le incluya en algunas de las fotos.

—Mala idea —Enrique me dice en confianza, un parecer compartido por todos los organizadores de eventos y fotógrafos que he entrevistado—. Es algo hermoso —Enrique se pone elocuente—, esto de los quince años. Es algo que nadie te puede quitar. Puedes casarte y acabar con un amargo divorcio; de ese modo tu boda se convierte en una experiencia negativa. No quieres ver esas fotos. ¡Pero eso no sucede con tu fiesta de quince! Eso te pertenece sólo a ti.

Estos novios de la secundaria no van a estar ahí para siempre. —Te garantizo que ése no es el muchacho con el que se va a casar —me asegura Enrique—. Pero la madre lo trae para complacerla. No todos los padres ceden en cuanto a eso. Después de pasar por dos horrorosas fiestas de quince de sus dos hijas mayores —una de las cuales cortó con su novio-chambelán una semana antes de la fiesta, la segunda vio su corte desintegrarse cuando una pareja de novios cortaron durante los ensayos y se negaron a estar juntos en el mismo cuarto—, la madre insistió en que para los quince de la hija menor, todos los chambelanes iban a ser los padres de las chicas. —Puede que cortes al novio, pero nunca vas a cortar al padre —explicó esa mamá. Dado lo que he escuchado acerca del apego que le tienen los padres latinos a sus hijas, apuesto a que esos padres estaban contentos.

Una cosa te puedo decir sobre este novio joven, que está haciendo su papel de muy buena gana. No cualquier muchacho de dieciséis años accedería a pasear por los jardines de un museo un día caluroso de junio, vestido de esmoquin o posando arrodillado frente a su novia, pidiéndole la mano, o de pie cargando un enorme reflector aparatoso por cinco o diez minutos a la vez.

Pero las muchachas también están haciendo todo de buena

gana, cuando te pones a pensar en que ya han pasado toda la mañana en el estudio donde les hicieron los retratos. Allí, además de haber hecho una extensa sesión en la que visten su traje de gala de quinceañera alquilado, también hicieron una secuencia con un segundo atuendo: un traje rojo brillante con escote pronunciado para una y para la otra, un vestido largo negro con un paño lateral de color turquesa con un escote ídem. —¿Tengo que sacar el perro para hacerte sonreír? —Eduardo, el cuñado de Enrique, les dice a las niñas—. ¡Guau! ¡guau! ¡guau! —ladraba detrás de la cámara. El gen de las bromas está presente incluso en la familia política. Entre tomas, Eduardo levantó y reacomodó con soltura algunas columnas de poliestireno para crear una especie de jardín de Versalles al fondo. ¡Vaya que parece el dueño del circo! Cuando Eduardo terminó con las tomas de interiores, era el turno de Enrique de llevar a las muchachas a tomar fotos de exteriores.

Algunos sitios populares para estas tomas incluyen el chic Hotel *Biltmore,* con sus segmentos de dos horas, una hora para interiores y la segunda hora en los jardines. Otro lugar muy popular es el Palacio de Vizcaya, la antigua residencia de invierno de James Deering, famoso por su rol en la empresa *International Harvester,* que ahora es un museo y parque. Durante la sesión fotográfica de tres horas en el Vizcaya, conté a otras diez quinceañeras tomándose fotos, así como a dos novias. Un tercer lugar de filmación que goza de gran popularidad es la playa o junto a una piscina (se trata, después de todo, del sur de la Florida), donde las muchachas llevan poca ropa. —Bikinis, tú sabes —parece como si Enrique estuviera a punto de hacer otra broma, pero luego decide que sería mejor no hacerlo. Hay una pausa. —A lo que me refiero es que si yo tuviera una hija, no estoy seguro de que dejaría que mis hijos la fotografiaran —. Enrique me ha dicho que tiene tres hijos varones que a veces se quejan de que a ellos no les toca nada para sus quince años. En cuanto a las tomas de playa, Enrique sólo las hace en invierno. En temporada cálida, no se imagina tratando de sacar a cientos de personas del agua para complacerlo.

Le cuento a Enrique lo que me dijo mi amiga Vitalina que vive en La Habana. La idea de la sesión fotográfica para la quinceañera se ha extendido allá también. Los trajes de las muchachas cubren toda la gama, desde el traje de fiesta, al bikini, hasta el hábito de monja. Enrique ríe. Nadie le ha pedido todavía ningún hábito de monja.

Llegamos al Vizcaya ya tarde por la mañana en una caravana, ya que ambas muchachas están vestidas en sus trajes elaborados y de ninguna manera podríamos haber cabido todos en uno, ni siquiera en dos autos. De hecho, una de las muchachas respinga cuando nos preparamos a salir del estudio. —Siento como si estuviera cargando una bañadera —se queja de la amplia falda con miriñaque que levanta con ambas manos—. No sé cómo se supone que debo entrar y salir de un auto con esta cosa puesta.

—No te preocupes —bromea Enrique—. Tenemos cuerdas para atarte a la parte de arriba.

En el Vizcaya, se repite la misma secuencia que en el estudio: varias sesiones extensas de las muchachas vestidas de blanco y después de un cambio en el baño, otra secuencia con un segundo atuendo. Nos desplazamos en medio del calor del día, haciendo tomas en lugares clave de los jardines elaborados: frente a las fuentes, en los corredores con arcos, junto a una reja de hierro forjado, bajo una estatua de una diosa con flores, dentro de un mirador pequeño que se proyecta sobre la bahía, bajando por una majestuosa escalera exterior, ocultos en una galería techada, mirando hacia el palacio que está más allá de una arboleda.

En algún momento, mientras esperamos a que las muchachas se cambien, Joel Hoffman, director ejecutivo del museo y los jardines, llega de casualidad. Enrique me presenta y se aleja para preparar la siguiente toma. El Sr. Hoffman y yo charlamos por un momento; me dice que ha querido montar una exhibición en el museo sobre la fiesta de quince. Es una tradición tan interesante aquí en el sur de la Florida. Cuando le digo a Enrique más tarde lo que dijo el Sr. Hoffman, Enrique dice sarcásticamente:

—Deberían montar una exhibición. Ganan mucho dinero gracias a nosotros —. Resulta que cada muchacha debe pagar $107 para poder usar el palacio como escenario de sus fotos de quince años; una ganga, comparado con los $250 que cobra el Hotel *Biltmore* por dos horas; y las muchachas pueden pasar aquí todo el día e invitar hasta seis personas. Enrique calcula que él aporta al parque un ingreso de entre $40,000 y $50,000 anuales. Multiplica eso por las otras diez sesiones para quinceañeras que conté ese día. Tengo que coincidir con Enrique, el Vizcaya debería montar una exhibición y dar una gran recepción de inauguración con el tema de los quince años, en la cual todas las muchachas que sólo tuvieron sus quince de celuloide puedan disfrutar de una fiesta de verdad.

He aquí una muestra de las poses que se podrían ver colgadas de las paredes en esa exhibición sobre quinceañeras en el Vizcaya. Las poses ya clásicas: la quinceañera con una rosa en la mano, la quinceañera con una bonita sombrilla de encajes, la quinceañera con un abanico español. También hay poses más elaboradas: la quinceañera que emerge de las olas vestida en uno de esos mini bikinis, un nuevo giro de la Venus que surge del fondo del mar. La cara de la quinceañera que se disuelve entre las olas, que alarmantemente parece como si se estuviera ahogando. La cara de la quinceañera rodeada de pétalos de rosa; según cabe suponer, ella misma es un hermoso capullo en flor. La cara de la quinceañera en el fondo de una copa de vino. Hmm ... en una toma particularmente ingeniosa, la quinceañera aparece sentada sin corona.

Luego está de pie y sostiene la corona como si fuera a coronar a alguien. La última foto que une ambas tomas, muestra a la quinceañera ¡coronándose a sí misma!

Terminamos a media tarde. Las muchachas se van cada una con su madre en su auto. Yo me subo junto a Enrique, Teresita va en el asiento trasero. —¿Tenemos hambre? —Enrique desea saber. Pero antes de que podamos contestarle, tiene a su madre en el celular. La Sra. Muñoz, que trabaja de costurera en el estudio de su hijo, también prepara el almuerzo para la familia todos los días en el estudio. Además de su cuñado, la hermana de Enrique, su sobrino y varios familiares más forman parte del estudio. —Es un verdadero negocio familiar —me dice Enrique. Hoy, la Sra. Muñoz ha hecho arroz con picadillo y calabaza, un plato cubano. —Pero si eso no nos apetece —sugiere Enrique—, también podemos ir a comer pizza o una torta cubana —. Su versatilidad así como su generosidad y sentido del humor sin duda contribuyen al éxito del negocio.

—Así que, ¿te consideras el vivo ejemplo del sueño americano? —le pregunto antes de despedirnos. Enrique ya me ha contado cómo su padre huyó de la Cuba de Castro en 1962, dejando atrás la mayor parte de su equipo y su archivo de fotos. Enrique nació un año y medio después. —El día después del cumpleaños de José Martí —dice.

Enrique se ríe. —Bueno, no sé si seré el vivo ejemplo. Pero supongo que he triunfado en EE.UU. Es decir, fui a la universidad y todo eso —. Algo que no le consta que su padre o su abuelo hayan hecho, aunque algunos de los hermanos mayores de su padre pudieron haberlo hecho—. Pero en realidad, también me considero parte de la tradición hispana de participar en el negocio familiar. Es decir, en tres años vamos a cumplir cien años con el mismo negocio.

—¡Caray! —lo felicito. ¡Cien años de tomarle fotos a quinceañeras! Ya sea que hayan tenido fiesta o no, miles y miles de latinas tienen álbumes llenos de hermosos recuerdos, gracias a la dinastía de los fotógrafos Muñoz. Se podría decir que ellas también han tenido sus quince.

Fotografía de un dolor de cabeza

La limusina ha dejado a Mónica y a su corte a las puertas del club y ahora se desliza entre la noche por la avenida *Metropolitan.* El coche de $250 bien pudo haber sido una calabaza de un dólar, ya que muchos de los invitados no han llegado aún para quedar impresionados ante el vehículo.

La pequeña sala de espera de pronto se llena hasta el tope con la corte y la quinceañera y, *mirabile dictu,* el fotógrafo original que, después de todo, decidió presentarse. La suya es una de esas cámaras antiguas que truena con un *flash* ruidoso. Sigue fotografiando a la quinceañera en poses ridículas que yo creía habían desaparecido con los daguerrotipos, incluso aquella clásica del dedo índice haciendo un hoyuelo en la mejilla.

Mónica es complaciente, muestra su sonrisa incandescente a la cámara. Pero se ve un poco pálida. Resulta que le dio un dolor de cabeza horrible al dar vueltas en la limusina con la música a todo volumen. Además, no ha comido nada el día de hoy. Toda su fiesta, la cual se supone que debe estar disfrutando, se está convirtiendo en un tremendo dolor de cabeza.

Para rematar, el muchacho más buen mozo del personal, el que va a oficiar como maestro de ceremonias esta noche, quiere saber qué se supone que debe decir. Mónica se le queda viendo atontada, como si no pudiera creer que él ni siquiera ha recibido una copia del guión para esta noche. ¿Qué música quiere que toquen? Hay un CD grabado con el vals y otras canciones. Quizá sus padres lo traerán consigo cuando lleguen. A todo esto, ¿dónde están? El fotógrafo sigue sacando fotos como intentando capturar cierto momento clásico de angustia de toda quinceañera.

—Te lo vuelvo a escribir —dice Mónica, su voz delata que está a punto de llorar. Tomando la tablita que sujeta los papeles del maestro de ceremonias, comienza a garabatear lo que recuerda, lanzándoles preguntas a Silvia y a su corte. Es raro verla escribiendo con los guantes puestos, raro ver a una muchacha en traje de princesa y corona agachada sobre una tablita con papeles como una colegiala tratando de salir bien en un examen. La lista es larga. ¿Cómo quiere cada miembro de su corte que lo describa al hacer su entrada? ¿Acaso Mónica debe bajar las escaleras sola o entrar del brazo de su padre, sentarse en el columpio y que su chambelán baje los escalones y busque los tacones y se los dé a su padre?

Mientras tanto el fotógrafo implacable arremete de nuevo. Levanta la falda del vestido de Mónica por detrás y crea una capucha de tul alrededor de su cabeza. ¿Podría poner la barbilla al borde del sillón, las manos así, perfecto, perfecto, un momento. ¡Zas! ¡*Flash*! Parece como si Mónica se estuviera ahogando en el vestido, ya que la falda engulle su cara. ¿De dónde es este fotógrafo? Sin duda alguna es latino, probablemente de primera generación, ya que le da indicaciones y la anima en español. ¿Por qué estuvo a punto de no aparecer? Según Silvia, trabaja para un estudio fotográfico y hace estos trabajos especiales por su cuenta. Probablemente tomó un trabajo de más, en busca del dinero de las horas extra, luchando por ascender en la jerarquía del éxito y convertirse en un profesional en los Estados Unidos.

Me hago el propósito de preguntarle más tarde de dónde es exactamente y por qué casi no vino. Pero cuando finalmente estamos sentados en el área de espera, engullendo la cena servida en platos de cartón mientras los invitados oficiales cenan en el salón abajo, mantenemos una especie de silencio decoroso, el silencio de los sirvientes que no tienen mucho que decirse excepto preguntarse, ¿cuándo terminará esta noche? En algún momento le pregunto si trabaja para muchas fiestas de quince. Tiene la boca llena, así que se limita a asentir con la cabeza. Pero aun después de que ha tragado su comida, no entra en detalles.

Más tarde, durante la ceremonia de prender las velas y cortar el pastel, me doy cuenta de que falta algo: ¡el zas y el *flash* de la cámara del fotógrafo! Me pregunto si ha salido sin ser visto al otro compromiso que hizo que casi faltara a la fiesta de Mónica. ¿Quizá tuvo que ir a fotografiar a otra quinceañera? Pienso en él asintiendo a mi pregunta, con la boca llena de la comida de banquete del *Dance Club*. No se molestó en preguntarme qué hacía yo allí en la sala de espera, qué servicio le estaba ofreciendo a la familia Ramos, cómo hacía para ascender en mi propia jerarquía del éxito en Estados Unidos.

La quinceañera huracán

Pepe Delgado sabe lo que significa ascender dentro de la jerarquía del trabajo duro para alcanzar el éxito en los Estados Unidos. Después de servir en la fuerza aérea durante veintiún años, Pepe trabajó para distintos contratistas, más recientemente para *Boeing,* como "gerente de abastecimiento logístico". Aunque su familia radica en San Antonio, Pepe se traslada desde allí hasta Alabama donde está su empleo, pues no quiere arrastrar a su esposa e hijos donde sea que encuentre trabajo. Los ha instalado en una casa agradable en los suburbios, cerca de donde él creció trabajando en el campo, ordeñando las vacas, recolectando los huevos. Su padre era de México, su madre estadounidense, pero "sólo apenitas"; había nacido del lado estadounidense de la frontera.

Pepe traza una raya en el aire y luego ladea la mano hacia un lado. Así de cerca.

Las paredes de su casa confortable de dos pisos están recubiertas de artesanías y recuerdos que Pepe ha acumulado a lo largo de sus puestos en todo el mundo: alfombras de Turquía, un gigante abanico pintado de las Filipinas, pinturas de arena de Egipto. En uno de sus empleos en Panamá conoció a su esposa actual, Sonia, madre de su cuarto hijo, Juan Carlos o J.C. (Pepe tiene otros tres varones de un matrimonio anterior), y de su única hija, Ashley, a cuya fiesta de quince años he volado a San Antonio para asistir. Firmemente anclado en la clase media, Pepe pone de manifiesto que todo lo que tiene ha sido el fruto de su ardua labor.

Mientras tanto, ha sido una semana cara para la familia Delgado. A su hijita se le van a cumplir todos sus caprichos de quinceañera, incluso que un mariachi le lleve serenata, una limusina *Hummer,* una gran fiesta en la sala de banquetes Cancún del Hotel *Embassy Suites,* un video de su vida además de un equipo de dos personas filmándola todo el día y la noche de la fiesta. Este metraje se añadirá al video de su vida para que la fiesta de quince años sea el final feliz de su historia hasta ahora. Desafortunadamente, y no incluido en el presupuesto, sucede que J.C. chocó su coche la semana pasada, y algunas de las llamadas a las que Pepe responde mientras acompaña a su esposa e hija a citas y hace un sinnúmero de mandados, son con mecánicos que le cotizan el costo de reparación. Pepe vino en avión el jueves para ayudar a organizar, pero el martes debe regresar a Alabama a trabajar. De oírlo hablar, no puedo evitar mirar por la ventana e imaginarme al muchacho que solía trabajar largas horas a unos pasos de esta casa que él mismo compró. —¿Acaso tus hijos se dan cuenta de lo mucho que luchaste para llegar hasta aquí? —Pepe echa una carcajada y niega con la cabeza—. No, no tienen ni idea.

Quizá si no hubiera sido por ese verano que pasé en el consultorio de mi papá, así como otros veranos y vacaciones cuando regresaba a mi empleo en El Centro Médico, yo tampoco tendría noción de la sangre, el sudor y más sudor que cuesta salir adelante junto con tu familia, con poca ayuda, e ingresar en la clase media de Estados Unidos. Quizá esta brecha entre generaciones sobre lo que significa trabajar duro —que forma gran parte de la historia de los inmigrantes en Estados Unidos—, se hizo patente de manera tan clara porque la fiesta de Ashley ocurre mientras el huracán Rita se desata sobre la costa del golfo de México. El recuerdo del huracán Katrina no se ha desvanecido todavía de la imaginación popular. Dos millones y medio de personas del área de Houston han sido evacuadas, aterradas ante la posibilidad de convertirse en la próxima ronda de víctimas de un huracán.

San Antonio, justamente al noroeste de donde Rita tocará tierra, se desborda de refugiados. De hecho, llamo a Pepe el día antes de viajar aquí, para preguntarle si todavía van a celebrar la fiesta. Las cadenas televisivas principales, *CNN,* el canal del tiempo, todos predicen una secuela de Katrina. Sin duda, habrá que posponer la fiesta de Ashley. —De ninguna manera —me asegura Pepe. Llueva, truene o venga un huracán, su hija va a celebrar sus quince como toda una reina latina.

Para cuando me registro en el *Embassy Suites* en Briaridge, el vestíbulo se ha convertido en "el centro de refugio de Rita", como me dice Bill, el joven méxicoamericano de la recepción, entre broma y broma. Se ha instalado un televisor gigantesco en el patio interior a bajo nivel. Apiñados en grupos sobre sillones o sentados alrededor de mesas en sillas traídas de la bodega, las familias miran la pantalla para ver las noticias de lo que está pasando en sus casas al suroeste de aquí. El rostro de la gente muestra el trauma de la tragedia, las manos unidas como en oración. —Sólo tenemos lo que traemos puesto —me dice una mujer afroamericana, señalando a sus dos niños en camisetas de básquetbol con números estampados. Tardaron treinta horas en llegar hasta aquí desde Galveston, haciendo siestas por el camino, comiendo pan y embutidos en el auto. Otra mujer con una bebita en brazos dice que ella y su familia consiguieron los últimos dos cuartos en el hotel. Vinieron en coche desde Matagorda. En una tercera mesa, una familia, cuyos miembros abarcan todas las generaciones, hablan entre sí en español. Cuando alzo la cámara para tomar una foto del vestíbulo antes de subir a mi habitación, un par de hombres de ese grupo se tapan la cara con las manos.

Me siento afortunada de tener toda una habitación para mí sola, habiendo hecho la reservación hace meses para estar en el mismo hotel que la fiesta de Ashley. Pero mi buena fortuna se ve empañada cada vez que desciendo y encuentro a las multitudes que duermen entre siete y ocho en un solo cuarto. Me pregunto cómo se siente la familia Delgado al respecto, de saber que la tragedia se encuentra literalmente afuera de la sala de banquetes Cancún, donde Ashley será coronada princesa en una fiesta cuyo costo probablemente equivale al ingreso anual de la familia de Pepe cuando él tenía quince años. Pero cuando se lo menciono a Pepe, me asegura que estaremos a salvo. —Contraté a un servicio de seguridad —explica, como si esa fuera la intención de mi comentario.

He de admitir que me siento distraída durante la celebración del inicio de la madurez de Ashley. La quinceañera huracán, la apodo, un mote que ella festeja con una risita de cortesía. —Ella tenía tanto miedo de que se le aguara su fiesta de quince años —explicó su abuela durante la cena antes de que comenzara la ceremonia de presentación. Faltan varios invitados, pero, aunque parezca mentira, dadas las circunstancias, la mayoría ha venido a dar la bienvenida a Ashley en su nuevo rol como mujer.

Aun así, la noche entera me provoca una sensación de irrealidad, con una tormenta terrible rugiendo no muy lejos de aquí: la entrada sorpresiva del mariachi adolescente durante la cena, cantando "Las Mañanitas"; el cambio de los zapatos, no de zapatos de piso a tacones, como lo dicta el ritual, sino de tacones a tacones todavía más altos; la coronación que realiza la madre con la peinadora a un lado para reacomodar los rizos de Ashley alrededor de la corona de piedras brillantes. En un momento dado, una invitada que está en la mesa con nosotros, una mujer de Corpus Christi, no escucha bien lo que digo; la música está a todo volumen (*You were always there for me / The tender wind that carried me*, que interpreta Celine Dion). En lugar de Vermont, la invitada cree que vine de Beaumont, Texas, que está siendo azotado por Rita.

—Cuánto lo siento —dice, y me tiende la mano.

Los camarógrafos van de mesa en mesa, pidiendo a cada invitado que le ofrezca unas palabras a Ashley para que se vuelvan parte de su video de quinceañera. Trato de explicar al joven y a su ayudante que en realidad no conozco a Ashley. Hasta hace veinticuatro horas sólo habíamos hablado por teléfono. Pero ellos insisten.

—Felicidades, Ashley —canturreo ante la cámara—. Gracias por incluirme en tu celebración especial. Que seas muy feliz en la vida —y le enjareto el micrófono a la señora de Corpus Christi, quien más o menos hace eco a mis sentimientos, y así alrededor de la mesa. No cabe duda de que ésta será la parte del video de su vida que Ashley avanzará rápidamente hasta llegar a las secuencias divertidas de ella y sus amigos, descalzos, agitando los brazos y cantando la letra de un numerito *hip-hop*.

En un momento dado durante la fiesta, decido salir y chequear el tiempo. Me abro paso por el vestíbulo con el televisor a todo volumen, los huéspedes durmiendo en los sillones, más allá de la recepción, saludo con la mano a Bill y a su colega Margarita.

—¿Qué tal la fiesta de quince? —Bill desea saber. Le hago un gesto de aprobación y le pregunto qué tiempo hace.

—Aquí no vamos a tener ningún problema —me asegura Bill. Anteriormente le había preguntado acerca de los pájaros apiñados en los árboles que rodean el estacionamiento, un alboroto de sonidos. —¿Qué son? —le pregunté. Bill estaba preparado para un sinfín de preguntas: ¿dónde hay un cajero automático cercano, dónde se puede conseguir gasolina a media noche, queda alguna cuna extra en la bodega? Pero ante mi pregunta, no supo realmente qué contestar—. Son, pues..., pájaros —declaró finalmente, sonriendo.

En cuanto al tiempo, Bill tiene razón. Afuera, el cielo está cubierto de nubes y un viento enérgico bate una bandera en su mástil, pero no cae lluvia, no hay ninguna indicación de que al suroeste de aquí haya hogares y vidas que pudieran perderse antes del amanecer. En una banca a un costado de la entrada, un fumador disfruta de un cigarrillo en la quietud. Los pájaros, sean lo que sean, deben estar dormidos, no hacen ni pío. Camino más allá del olor cargado de humo de cigarrillos, al estacionamiento y observo una escena surrealista. Cuesta abajo del *Embassy Suites* hay un pequeño castillo, completo con sus torreones y torrecillas almenadas, saturado de luces del estacionamiento desértico. CASTILLO MALIBÚ, reza el letrero, un parque familiar con salones de maquinitas de videojuego, un golfito en miniatura, carreras de autos y diversión para todas las edades. Lo he visto varias veces al entrar y salir del estacionamiento, pero eso fue a la luz del día.

Ahora, dramáticamente iluminado, parece un producto de mi imaginación, el resultado de asistir a demasiadas fiestas de quince años. El martes, Pepe estará de nuevo en su trabajo, Ashley habrá tenido la fiesta de su vida, y la mayor parte de las familias de refugiados, cuyos autos llenan ahora el estacionamiento, se dirigirán de vuelta a Houston y a Corpus Christi y a Matagorda y a Galveston. Comenzarán a desenterrarse de entre los escombros, y empezarán el largo y difícil ascenso por esa jerarquía en donde el éxito se mide siempre a partir de lo negativo: no pasar hambre, no carecer de un techo y no estar seriamente endeudado. Vidas sacudidas por la tormenta, ciertamente, pero gracias a que tenemos unos padres tan trabajadores, Ashley y yo nos hemos salvado hasta ahora.

El que inventó esto fue muy inteligente

La persona más anciana que conozco en esta tierra es mi tía abuela de 102 años, Amantina Grullón, a quien llamamos Titi de cariño. Hasta que una caída reciente la postró en cama y pasó de ser una pillina alegre, con brillo en los ojos, recorriendo su pueblo natal de Santiago en zapatos tenis, a una viejita taciturna en un lecho de enferma, Titi era una fuente de historias e información. Una señora sensata que crió a tres varones, a ella nunca le llamó la atención el aspecto femenino de la cultura dominicana de la muchacha glamorosa, preocupada por el cabello y las uñas. En realidad, ella descartaba la celebración de los quince como una bobería, un malgasto de dinero. ¿Por qué no ir a Europa o a Nueva York, o incluso un pasadía en la playa con las amigas?

Pero entonces una sobrina bisnieta adinerada tuvo una fiesta de quince años extravagante. El *country club* se convirtió en un salón de baile a la antigua, completo con paneles de caoba. A la entrada se montó una exhibición como si fuera un museo: ampliaciones de fotografías de la señorita en cada uno de sus catorce previos cumpleaños y junto a cada foto, el mismísimo vestido que había llevado ese día. Su madre aparentemente los había guardado todos menos el de su onceavo cumpleaños, el cual había desaparecido, pero una costurera lo recreó de una fotografía. Dentro del salón abundaron espléndidos arreglos florales. Era todo un *show*.

Yo esperaba que Titi pusiera mala cara mientras la señora que la cuidaba y acompañaba siempre, Pali, describía el gasto exorbitante de la fiesta, pero en vez de eso, mi tía anciana sonreía. Esta fiesta la había hecho partidaria de los quince, advirtió Pali.

—¡Titi, no lo puedo creer!

Mi tía reía con esa vieja risa pícara, obviamente disfrutando de mi conmoción. Por supuesto que sí, y le hacía la segunda a Pali. Se había convertido en una partidaria de las fiestas de quince años, pero no por las razones que me pudiera imaginar.

Lo que sucedió fue que se enteró de que una amiga de la familia había hecho las decoraciones; y habían contratado a una docena de carpinteros para recrear un salón de baile al estilo vienés del siglo XIX en la sala de banquetes del *country club*; la nieta de una prima que acababa de abrir una floristería había hecho su propio gran debut con los arreglos. Todo el mundo trabajaba y ganaba dinero. Estaban felices. Eso fue lo que la hizo cambiar de parecer sobre las fiestas de quince años. —Es bueno para la economía —concluyó.

Me tuve que reír (¿o era una mueca?) al recordar una cita que leí en el libro de Marling en la que una debutante ficticia en una parodia de 1932 sobre los beneficios sociales de presentarse en sociedad dice: "Ayudábamos a emplear gente durante la Gran Depresión". En parte debido a presiones sociales, las presentaciones en sociedad de las jovencitas en Estados Unidos después de la guerra, cambiaron de ser un baile individual a presentaciones en grupo, organizadas en beneficio de uno u otro fin caritativo. "La alta sociedad parece haber desarrollado inhibiciones aristocráticas en cuanto a hacer alarde de su propia riqueza con una ostentación excesiva", advierte Marling sobre la moderación en estas fiestas para debutantes. Este tipo de inhibición aún no ha afectado a algunos de los latinos más rimbombantes. Una amiga cubano-americana me contó de la idea de su madre ¡de iluminar la Torre Eiffel en honor a sus quince! No hay que esconder la luz debajo de un matorral, ¡no señora!

De modo que, a pesar de los esfuerzos de sor Ángela e Isabella Martínez Wall y Priscilla Mora, la fiesta de quince años en los Estados Unidos continúa creciendo de forma extravagante y sin un fin noble. A diferencia de las presentaciones en sociedad de afro-americanos "en las cuales se celebran los logros académicos y culturales de la joven", Marling hace la observación de que la fiesta de quince años parece más un concurso de belleza: "la puesta en escena de un espectáculo, fiestas con un tema y rutinas de baile semi-profesionales, coronas [...] zapatos de tacón, peinados de salón y un vestido blanco centelleante". Y a diferencia del *Bat Mitzvah*, el cual evolucionó hasta convertirse en un rito de igualdad, debido en parte al movimiento de liberación femenina, la fiesta de quince años realmente no ha cambiado mucho debido al feminismo. "La fiesta de quince años tiene como objetivo legitimar y controlar la sexualidad de la muchacha pubescente. Está lista para convertirse en esposa, en un ser sexual, como lo comunica el atuendo nupcial [...] Es la Cenicienta camino al baile". Y sin embargo, aunque su crítica puede parecer dura, Marling reconoce que tampoco hay que echar todo por la borda:

> Sean cuales fueren las importaciones del mundo del cine y de los concursos de belleza, la fiesta de quince años está relacionada con ser de ascendencia latino-americana. Hasta la estudiante de secundaria más asimilada, en este rito de iniciación, reconoce su etnicidad [...] La fiesta de quince años plasma de manera acertada las expectativas del país de origen

aun cuando éstas están sujetas a cada vez mayor presión por parte de la cultura contemporánea en general. Los quince son una manera de conservar el
respeto a las viejas costumbres, incluso si algunas
veces se rinde tributo de formas sorprendentemente
nuevas.

¡Vaya que si son formas nuevas! Uno de los giros más populares es el crucero para quinceañeras. Una semana a bordo del crucero *Royal Caribbean* ideado sobre el tema de la iniciación. Una de
las noches incluye un verdadero baile de presentación completo
con el vals con los padres y un banquete en uno de los salones
principales del barco. Durante los meses de verano, las agencias
de viaje programan entre diez y doce grupos, de mínimo quince
muchachas y máximo setenta y cinco. A esto hay que agregar a
los padres, los hermanos y hermanas, los parientes y amigos y, a
un costo de mil dólares por invitado, estamos hablando de mucho
dinero. El grupo compuesto de quinceañeras no necesariamente
se conoce entre sí, de modo que "la comunidad" que celebra este
ritual de iniciación de sus jovencitas es improvisada y momentánea. Quizá por esa razón Óscar Suárez, dueño de *Córdoba Travel
Cruises & Tours* en Miami, el cual se anuncia como "La sede original de los cruceros para quinceañeras", le da un toque hogareño
a sus grupos de quince: "Permita que nuestra familia atienda a su
familia". El apuesto abuelo de Óscar, que parece galán de cine, su
esposa y por lo menos una de sus hijas adultas siempre acompañan los cruceros. "Todos nuestros viajes cuentan con el mismo
cariño familiar que ha caracterizado a nuestros grupos de quinceañeras desde 1983".

Maurice Mompoint, de veinticinco años de edad, también con
sede en Miami, representa a una generación más joven de empre-
sarios que tienen negocios para quinceañeras. Su página de Inter-

net, *yourquinces.com,* está asociada con la agencia de viajes de su madre, *Happy Holidays Travel Agency,* la cual administra un gran volumen del negocio de los cruceros. Pero, al igual que con los cruceros para quinceañeras de don Óscar, Maurice está presente en todos los cruceros que organiza su madre para asegurarse de que todo salga bien. ¿Por qué cree que estos cruceros gozan de tanta popularidad? —Cuando uno se pone a pensar, en realidad no sólo obtiene una fiesta de quince años, sino vacaciones durante una semana y una reunión familiar ¡por sólo mil dólares por persona! Es una ganga. A veces hay parientes a quienes no has visto en años reunidos en el barco, tres o cuatro generaciones que pasan una semana juntos. Es algo realmente especial.

Maurice, que es soltero (¡menos mal!), estuvo ocupadísimo con los cruceros el verano anterior. Realizó trece viajes distintos entre el 5 de junio y el 7 de agosto. —Fue un viaje tras otro. Tenía dos maletas, una con ropa sucia que bajaba del barco, otra con ropa limpia que subía abordo. —Hubo una equivocación durante uno de los transbordos y en lugar de recibir la maleta indicada, recibió la maleta con la ropa sucia—. Pasé gran parte de ese crucero lavando ropa.

Hago la observación de que este trabajo debe ser algo ideal para un joven soltero, con tantas muchachas bonitas abordo, pero Maurice no está de acuerdo. Las muchachas de quince son demasiado jóvenes. Además, Maurice está súper ocupado tratando de complacer a todo el mundo. —Le doy diez años —dice enigmáticamente, y por un instante creo que está hablando de cuánto cree que pueda durar en su trabajo. Pero se refiere a que en diez años, las fiestas de quince años serán una cosa del pasado—. Para la siguiente generación, los padres habrán nacido y crecido acá. Muchos de ellos ni siquiera hablarán bien el español. Ya no habrá esa abuela o ese padre de su tierra haciendo presión para que se haga la fiesta de quince años. ¿Acaso le preocupa? —En realidad, no, —dice—. En diez años, muchas de estas quinceañeras estarán casándose. He estado desarrollando mi base de datos y, con un par de cambios, puedo convertir *yourquinces.com* en una página de Internet para bodas.

Me puse a reflexionar sobre el pronóstico de Maurice. ¿Acaso la fiesta de quince está en una lista de especies culturales en vías de extinción? Higinio Muñoz, que forma parte de la dinastía Muñoz de fotógrafos que durante tres generaciones ha estado fotografiando fiestas de quince en Cuba y ahora en el sur de la Florida, discrepa por completo. —Durante los últimos cuarenta años de este negocio, uno pensaría, ah, la tradición se va a acabar con la siguiente generación, pero ahora tengo a quinceañeras de segunda y tercera generación, y la tradición no ha decaído. De hecho, está creciendo. Tengo a quinceañeras haitianas, afroamericanas y americanas que quieren festejarse como quinceañeras —. Y tiene razón. En *quinceañera.us.com*, donde uno puede registrar su fiesta de quince, hay madres que están registrando a niñas que cumplirán quince años ¡en el 2015!

Pero la historia parecería respaldar a Maurice. Después de todo, generaciones de inmigrantes han pisado el mismo camino de la asimilación en los Estados Unidos, despojándose de la mayor parte de su pasado étnico, con quizá sólo un desfile para conmemorar esas raíces, un suéter verde para el Día de San Patricio, una noche de polca en el club polacoamericano. Las preferencias culinarias probablemente perduran durante más tiempo, aunque realmente lo único que queda de las raíces culinarias alemanas de mi esposo es su ensalada de papas, cuyos ingredientes han sido alterados tanto, por cuestiones de salud del corazón y una esposa vegetariana, que sus bisabuelos que desembarcaron en *Ellis Island* a fines del siglo XIX, no podrían reconocer su versión cremosa, con mucha tocineta, como algo relacionado con nuestra ensalada de papas simple con unas gotas de aceite de oliva, sal y pimienta, y una pizca de tomillo.

Por otro lado, Estados Unidos es ahora testigo de un nuevo tipo de inmigrante, cuyos lazos con la patria nunca se rompen por completo. En el apasionado y enardecedor libro *Living in Spanglish: The Search for Latino Identity in America* (Vivir en spanglish: la búsqueda de la identidad latina en Estados Unidos), Ed Morales explica que el antiguo concepto de la "americanización" tenía que ver con la pérdida de contacto con la gente del país de origen. "Pero la continua migración de los latinos al norte tiene el efecto de reforzar la cultura latina que de otra forma hubiéramos perdido".

Y el viaje no sólo es al norte sino de acá para allá. En realidad, todo el concepto de la nación estado con fronteras definidas que uno cruza y deja atrás ya no es la manera en que funciona el mundo en realidad, según Michael Dear, director de la facultad de geografía de la Universidad del Sur de California. En *Postborder Cities/Postborder World?* (Ciudades posfronteras/¿Un mundo posfronteras?), Dear advierte cómo la gente, el dinero, las comunicaciones y la cultura se están desplazando en corrientes y en combinaciones nuevas. La globalización ha creado una nueva ciudadanía mundial ambulante y mutante. Quizá a sor Ángela, a Isabella Martínez Wall y a Priscilla Mora se les concederá su deseo exponencialmente, y todas las niñas y niños del mundo festejarán su fiesta de quince.

¡Hasta Las Vegas se ha sumado al festín! Un sinfín de capillas incluyen en los paquetes que ofrecen la celebración de los quince años junto a las bodas. Por $500, la capilla *Un Recuerdo Especial* te ofrece un ramo, fotógrafos, música y un lindo servicio en la capilla con un ministro "que puede hacer toda la cosa en español". Por $200 adicionales, puedes conseguir que suelten mariposas monarca como parte de tu ceremonia; las palomas son un poco más baratas, $150 por soltar diez palomas. Pienso en las mariposas brasileñas de Mary Astor: en realidad no hay nada nuevo bajo el sol en los Estados Unidos.

Paquetes en Disneylandia; sesiones fotográficas extensas; sorteos para quinceañeras; tres programas de telerealidad nuevos sobre quinceañeras en la televisión en español; pasteles tan grandes como un pastel de bodas: existe toda una maquinaria de producción lista para transportar a nuestros jóvenes y convertirlos en adultos. Con o sin mariposas, con o sin sacerdote que entone la bendición en español.

Hablando de pasteles, la creación colosal para Mónica fue hecha por una mujer, en algún lugar de Queens, a quien todo el mundo se refiere simplemente como Miguelina. La llamo, pues tengo curiosidad de saber qué opina de esta tradición con la cual se gana la vida. Espero escuchar alabanzas para la fiesta de quince, a la manera del Grupo Latino Por Nuestras Tradiciones. "Es una de las pocas tradiciones que nos quedan". Pero Miguelina me sigue pidiendo que la llame de vuelta porque tiene un bizcocho en el horno o tiene un bizcocho que entregar o uno que está decorando. Más que nada abriga sospechas de alguien que tiene tiempo para escribir un libro, y además, para entrevistarla a ella. No me da su nombre completo ni un lugar exacto donde pueda enviarle un ejemplar de uno de mis libros. Sospecho que es una indocumentada que tiene un negocio por debajo del agua. Sean cuales fueren sus razones de tanto misterio y demora, después de la tercera vez que vuelvo a programar la cita, comienzo a sentirme como si estuviera tratando de comprar drogas, pero ¡sólo quiero entrevistarla acerca de sus pasteles!

Cuando Miguelina finalmente accede a hablar conmigo, me dice que básicamente hace un tipo de bizcocho, el "dominicano", pero el precio depende de qué tan complicado lo quieras, cuántas capas, por ejemplo, de tres pisos con un adorno simple arriba (una muñeca que dice "15" ó "16") o un bizcocho más complejo de varias capas con escaleras que las conectan y las catorce parejas acomodadas en los escalones ... Hay bizcochos de uno, dos o tres pisos, a $150, $200 y $250; y el que tiene múltiples bizcochos unidos por escaleras, comienza a $500 y puede llegar a $600, $800 y hasta $1,000.

Miguelina dice que ha estado haciendo sus bizcochos cerca de diecinueve años. Los hace en casa; tomó cinco clases de una señora, y el resto lo aprendió sola. Recientemente, ha habido una disminución en la demanda. Solía ser que en un verano, en un mes, hacía diez de los bizcochos grandes. Ahora, con suerte consigue una orden de un bizcocho grande al año. ¿Por qué? —La gente va al supermercado y encarga un bizcocho en el *delicatessen*. Sí, los *delis* ahora están haciendo bizcochos para fiestas de quince.

Eso es lo que sucede cuando nuestras tradiciones son retomadas por el mercado estadounidense, la compadezco. Pienso en las cadenas de librerías que sustituyen a las librerías independientes, en los centros comerciales descomunales comparados con las tiendas del centro. —Apuesto a que cuando usted tuvo su fiesta de quince años, todo lo hizo su mamá y su familia y los amigos —comento, animándola a que me cuente un poco más de su propio pasado.

—¿Qué fiesta de quince años? —se mofa Miguelina—. No vengo de gente que podían andar celebrando.

Resulta que Miguelina creció pobre, pobre (repite la palabra como para redoblar la tenacidad de su pobreza), en un campo en la República Dominicana; hasta allí está dispuesta a contarme. Nunca había oído hablar de esa tradición de los quince. Quizá la gente de la ciudad las tenía. —O tal vez es algo que fue llevado de vuelta a nuestros países.

Pero, ¿entonces por qué sigo escuchando que ésta es una

tradición antigua que trajimos a este país y que tenemos que honrar?

Hay una pausa, como si ella no pudiera creer que yo sea tan ignorante como parezco, sobre todo si soy una persona que dice estar escribiendo un libro. Finalmente, me dice: —Yo lo único que sé es que el que inventó esto fue muy inteligente.

—¿Qué quiere decir? —indago, preguntándome si finalmente me he topado con el niño que me dice que el emperador no lleva ropa.

Otro largo silencio y luego añade: —Eso mismo quiero decir.

Así que intento elaborar por ella. ¿Se refiere a que quienquiera que haya inventado esta celebración de los quince sabía que era una manera de sacar ganancia? Dice que no lo dijo de esa manera, pero que piense en todas las cosas que alguien que va a celebrar sus quince años tiene que comprar. Entre esas cosas, bizcochos, sus bizcochos.

En todo caso, ella se tiene que ir, tiene que llenar otro pedido (porque por más que Miguelina se queja de que el negocio no anda bien, parece estar ocupada horneando bizcochos cada vez que la llamo). Además, ella no es la persona más indicada para responder a preguntas acerca de estas celebraciones. Me aconseja ir a la biblioteca, probablemente haya un libro que me pueda dar una mejor respuesta en cuanto a la procedencia de esta supuesta tradición.

Tengo que sonreír ante esta sugerencia anticuada para reunir información. Miguelina no debe saber nada acerca de *Google,* ni de las ciudades posfronterizas en un mundo posfronterizo, ni de las comunidades virtuales y los salones de charla virtual. Ella es una figura cultural casi extinta dirigida al anonimato que mantiene con tanta ferocidad. El mecanismo está en marcha y yo formo parte de éste —una escritora con un pie adentro y otro fuera de la comunidad panhispánica que Estados Unidos está forjando en base a nuestra diversidad—, informando sobre una curiosa tradición que supuestamente nos une.

La verdad acerca de los quince años de la clase alta

Enrique Fernández, quien firma sus artículos en el periódico *Miami Herald* como crítico general, es una fuente de información y opiniones. Al intentar ponerme en contacto con quinceañeras en todas las áreas del país y de todas las clases sociales, le envío un mensaje electrónico sobre la posibilidad de contactar a las criaturas más escurridizas de todas, las quinceañeras de clase alta en los Estados Unidos.

En parte, mi conversación con Miguelina me ha despertado la curiosidad. ¿Qué papel juega la clase social en la evolución de esta tradición en los Estados Unidos? En su país de origen, Miguelina no provenía de gente que pudiera darse el lujo de celebrar. Eso era para los ricos. Pero aquí en los EE.UU., es difícil encontrar fiestas de quince de clase alta. Lo cual hace que me pregunte si se habrá dado un completo revés: los latinos de clase trabajadora han adoptado lo que solamente la clase alta podía costear en sus países de origen; y, por otro lado, los latinos de clase alta menosprecian la tradición como algo que se practica sólo entre la gente que hubieran sido sus empleadas domésticas o sus choferes en su tierra.

Es un tema delicado, aun entre nosotros. Después de todo, venir a los Estados Unidos significa liberarse de ese viejo sistema jerárquico de la oligarquía. La clase social supuestamente se disuelve dentro de la etnicidad. Como grupo panhispánico siempre seremos el "otro" aquí. "Para los gringos, todos somos *spics,* unos negros blancos", como dice uno de los personajes de la película cubana *Memorias del subdesarrollo*, menospreciando el éxodo de 1961 hacia los Estados Unidos. Quizá sea cierto, pero a un *spic* negriblanco con recursos le va mucho mejor que a su equivalente de piel más oscura sin ellos.

Razono que si en algún lugar habrá fiestas de quince de lujo, será en Miami, donde tanta gente de la clase alta cubana se instaló a principios de los años sesenta, huyendo del régimen de Castro. Y así, antes de volar a la ciudad que ha adquirido el mote —si bien es cierto que otorgado por los organizadores de eventos con sede en Miami— de "la capital de la fiesta de quince años", le envío un mensaje electrónico a Enrique Fernández.

Pero según Enrique, lo que yo busco no existe. Los cubanos de clase alta no tienen el tipo de celebraciones ritualizadas, según han evolucionado en los Estados Unidos. —Básicamente, se consideran como algo de mal gusto —me responde Enrique—. En lugar de eso, lo más probable es que tengan una presentación en sociedad con un baile, igual que en Estados Unidos, a cuyas clases altas, las de Cuba siempre han estado estrechamente ligadas, enviando a sus hijos a *Harvard* y a *Yale.*

Tiendo a creerle a Enrique. Las únicas fiestas de quince años de la clase alta a las que he asistido han sido en la República Dominicana, donde la red familiar me consiguió fácilmente invitaciones a estas fiestas exclusivas. Y allí, puedo informar, las fiestas de quince años están sanas y salvas, a través de todas las clases sociales, como mencionó Isabella, las ricas y las pobres.

Es cierto, la fiesta de quince años modesta, a la antigua —donde la quinceañera en su traje de fiesta baila un vals con su papá en el *country club*— está desapareciendo. En lugar de eso, la globalización ha introducido una versión más novedosa, más grande, tamaño gigante de la fiesta de quince.

En los quince años de Tanya en la *Discoteca Loft*, un centro nocturno muy *chic* de Santo Domingo, se proyectaban unos videos continuamente sobre cuatro paredes. Estábamos rodeados de Tanyas descomunales, vestidas en todo tipo de ropa imaginable, algunas de ellas con muy poca ropa, otras completamente raras (Tanya en un mini vestido de camuflaje tipo safari con un rifle al hombro visitando el zoológico nacional). Mientras tanto, varios músicos de actualidad se aparecieron en el curso de la noche para cantarle feliz cumpleaños y tocar una, dos o tres tandas de canciones. No hubo una entrada formal, ni un baile con su padre vestida con falda amplia tipo pastel de bodas. Tanya se veía *sexy*, vestida en un traje color turquesa que la hacía ver como una modelo. Un camarógrafo filmó nuestro abrazo y saludos y, cuando me volví, vi que una de las cuatro paredes mostraba a la Tanya del momento, saludando a sus invitados, bailando, supongo que convirtiéndose en mujer ante nuestros propios ojos. Mientras tanto las abuelitas, las tías y otros familiares de mayor edad se habían refugiado en un rincón de la pulsante discoteca, donde estaba instalado el banquete y donde apenas podían escucharse a sí mismos gritar: "¡Cómo han cambiado las fiestas de quince!"

Este tipo de fiestas de quince años definitivamente están de moda entre las muchachas dominicanas de clase alta. Han pescado la fiebre de las quinceañeras de ver las fiestas extravagantes por cable, en programas como *My Super Sweet 16* de MTV; o de viajar a Miami —un segundo hogar para algunas de las familias adineradas—; y de enterarse de los quinces de los cubanos, los verdaderos progenitores de las fiestas extravagantes en este país.

Otra influencia propagadora de la fiebre de los quince en nuestros países de origen es la telenovela mexicana de inmensa popularidad que se transmitió por toda América Latina y que ganó el premio a la Mejor Telenovela del Año en 1988, *Quinceañera* (esta telenovela se sigue transmitiendo en algunos países). La telenovela tiene como protagonistas a dos quinceañeras que son amigas íntimas, Beatriz, de una familia rica y Maricruz, de una familia pobre; ambas pasan por todas las tribulaciones de convertirse en mujeres adultas y mucho más (después de todo, es una telenovela). La mayor amenaza para ambas muchachas es, por supuesto, la amenaza a su virginidad. Uno de los aspectos escandalosos de la serie, que fue condenada por la jerarquía de la Iglesia Católica en varios países, es que ambas muchachas se enredan con muchachos y una de ellas queda embarazada, y no es la pobre.

Ese fue el primer programa televisivo o película en romper la burbuja fantástica de color rosa, y en concentrarse en los temas verdaderos de la iniciación a la adultez, que hasta ahora habían estado desterrados del reino ilusorio de las quinceañeras: las drogas, la sexualidad, el embarazo, las pandillas, la presión para comportarse como los demás. (Una película anterior, de 1975, que luego se adaptó a telenovela, titulada también *Quinceañera,* mostraba problemas familiares y económicos: la pobreza, las presiones de clase y unos padres a punto de divorciarse, cuyo matrimonio se salva gracias a que su romance renace durante la fiesta de quince años de su hija. Pero no había rugidos hormonales *dentro* de las muchachas mismas). La telenovela posterior popularizó la tradición de las fiestas de quince años, haciéndola una celebración atractiva para muchachas buena onda, *sexis,* tanto ricas como pobres. Las escenas de fiesta del programa —que pasan al principio de cada episodio— y el tema musical acompañante, que ahora se toca con frecuencia en las fiestas de quince, entraron en el subconsciente de toda una generación de muchachas latinoamericanas cuyas hijas están cumpliendo los quince en nuestros países de origen.

¿Pero acaso la tradición persiste en los círculos de clase alta aquí? Una tradición, por supuesto, sólo puede celebrase dentro del contexto de una comunidad, y aunque los latinoamericanos, caribeños y mexicanos de clase trabajadora puedan emigrar por montones y crear barrios y comunidades en este país, seamos realistas: en su mayoría los ricos y poderosos no tienen razón alguna para abandonar sus países de origen y construir enclaves en *Hialeah* o en *Washington Heights* o el Este de Los Ángeles.

Excepto, por supuesto, la clase alta cubana, que fue precisamente el grupo que emigró primero a principios de los años sesenta; y éstas son las personas que según Enrique no celebran estos quinces chabacanos a lo grande. En lugar de eso, durante mi estancia en Miami, Enrique me lleva a una fiesta de quince indudablemente de clase media en un salón de Hialeah. Las columnas de poliestireno, el baile mal coreografiado, una corte que intercambia rosas en patrones elaborados, el pastel colosal con una fuente que deja caer un hilito de agua bajo el arco repujado al centro, el locutor gritando con una voz melodramática que me hubiera dado una vergüenza horrible a esa edad; todo esto parece constatar lo que afirma Enrique. Hay un exceso intrínseco en el ritual que no cuadra con la compostura de la clase alta y su horror al "rascuachismo", una especie de *kitsch* latino que se deleita en lo vulgar, en lo autóctono, en las cosas tradicionales de mal gusto, como las pinturas de terciopelo, las decoraciones en el césped, los adornos del auto y, sí, las fiestas de quince años.

Pero cuando comparto esta teoría con Tony Pouparina, dueño de *High Performance Designs,* una compañía que organiza eventos en Miami y sus alrededores, entre ellos fiestas de quince años, casi le da un ataque. Está totalmente en desacuerdo y enfadado.

—Ven acá —me invita (eso es varias semanas después, ya que estoy de vuelta en Vermont)— y te enseñaré unas fiestas de quince a todo lujo, nada de tomaduras de pelo, me refiero a la flor y nata de la sociedad. —Menciona a ciertas personas ricas, de primer orden, cuyos nombres no reconozco, que van a gastar mucha plata en los quinces de sus hijas. (Por mucha plata se re-

fiere de $80,000 para arriba; la cantidad promedio que Tony co-
tiza para unos "quince baratos" es de $15,000 a $20,000)—. A
nosotros los cubanos, no nos importa qué tan ricos o pobres seamos, nos encanta celebrar todos los días. Lo llevamos en la sangre
—asevera Tony.

Para su propia hija Natasha, Tony dio una fiesta de quince
años con el tema del Fantasma de la ópera en el *James Knight Cen-
ter*. —La producción más grande en la historia de las fiestas de
quince en el sur de la Florida —según Tony. No ha sumado todas
las facturas —eso duele— y se ríe, pero calcula que le costó alrededor de $125,000. Le hubiera costado un cuarto de millón de
dólares si lo hubiera tenido que pagar al por menor.

Me doy cuenta de que Tony está cometiendo el mismo error:
confunde el dinero con la clase social. Los ricos no son necesariamente la gente de clase alta de la que Enrique habla (las cuestiones de clase son asuntos peliagudos). Pero no me deja decir ni
pío; Tony, a diferencia de Miguelina, habla hasta por los codos.

—Lo siento mucho, pero esa persona que te dijo que la gente
de clase alta no le da a sus hijas fiestas de quince años, no conoce
la realidad con la que trabajo todos los días. Te digo la verdad, la
pura verdad —concluye Tony. Y luego, como si reconsiderara esa
grandiosa afirmación, ríe—. Mi versión de la verdad, de acuerdo,
pero sé de lo que te estoy hablando. Los cubanos más ricos gastan
en sus hijas. Los quinces son una celebración muy especial para
nosotros. Verás, los padres cubanos les tienen mucho apego a sus
hijas. El día más triste para un padre cubano es el día en que su
hija se casa. Uno se alegra por ella, pero le duele en el alma
perderla.

—Así que los quinces son la solución perfecta —sugiero—. Le
das una mini boda a tu hija, pero cuando termina la fiesta te la llevas a casa.

—¡Es verdad! —ríe Tony, aunque esta vez la verdad salga de la boca de alguien más.

Las reinas de las fiestas bonitas

Durante treinta y dos años (hicimos las cuentas por teléfono), Esthersita de *Pretty Party* ha estado planificando, coordinando, ejecutando y fungiendo como maestra de ceremonias para fiestas de quince años. Cualquier verbo de acción constructiva que uno quiera usar antes del objeto directo "fiesta de quince", Esthersita lo ha hecho y, además, ha incorporado a toda su familia: a su esposo, Aurelio, y a sus hijas, Raquel y Romy, a quien ella llama "mi versión en inglés".

—Es un trabajo que requiere de los siete días de la semana —explica Esthersita—, así que es bueno contar con la participación de toda la familia.

Esthersita en realidad comenzó lo que se convertiría en la labor de su vida cuando era una muchacha de catorce años en Cuba. Una de seis hijas de una familia pobre, ella no tuvo fiesta de quince, pero ayudó a varias de sus amigas a organizar la suya. Se dio cuenta de que tenía cierta habilidad y pasión por estas cosas, y pronto estuvo muy solicitada. Sus habilidades resultaron ser transportables cuando aterrizó en los Estados Unidos a la edad de dieciséis años y durante las últimas tres décadas y más, ha construido un negocio de éxito, el cual ella describe como "planificación de fiestas".

La planificación de fiestas no abarca todo lo que Esthersita hace. Si Tony Pouparina representa al promotor de eventos tipo Broadway a la americana, Esthersita se remonta a nuestros países de origen, a las tías y madrinas que sabían todo lo que había que saber como criatura femenina acerca de toda ocasión social, qué debía ponerse uno y en algunos casos, cómo fungir de anfitriona. Hay por lo menos una en cada familia y, cuando ésta fallece, un trozo enorme de la tradición desaparece. Ella es la fuente de sabiduría a la que Will Cain se refería cuando decía que muchas familias latinas en este país ya no pueden recurrir a la abuelita.

Las Esthersitas con las que yo crecí en la República Dominicana siempre sabían qué era lo que uno debía hacer y cómo hacerlo correctamente. Siempre te aconsejaban qué ponerte para cada evento social, coordinado con la hora del día, la estación y la época de tu vida. Te podían dar instrucciones de cómo guardar luto, cuándo podías comenzar a vestirte de gris o ponerte algo de joyería, cuándo podías recibir visitas de nuevo. (Las fiestas de quince años se suelen cancelan debido a la muerte reciente de un pariente). Eran capaces de desglosar el parentesco para que supieras exactamente cómo estabas relacionada a fulano o a sutano, incluso las anomalías, como la ilegitimidad, la viudez y esa categoría más contemporánea, el divorcio. El protocolo, los buenos modales, la alta costura, lo que tú quieras: ellas eran las depositarias de toda esta información en las culturas donde no había un libro de urbanidad de Emily Post junto a un recetario de *Good Housekeeping* para la consulta. Siempre andaban bien vestidas, incluso si tocabas a su puerta a las diez de la noche o las ocho de la mañana (puede que les tomara un poco más de tiempo hacer su aparición), aparecían perfumadas, bien peinadas y empolvadas. En realidad, cuando Will Cain se refirió a esta figura tradicional como a una abuelita, el término no cuajó del todo con mi experiencia de tales mujeres entre mis parientes, ya que estas damas no tenían apariencia de abuela. Por lo general eran coquetas hasta ya entradas en años, exquisitamente arregladas, hasta el punto de parecer un poquitín vanidosas. La palabra en español —y vaya que nunca he encontrado una traducción satisfactoria para ésta en inglés— es "presumida", una persona que, pues, se sabe arreglar. Pero tan adeptas eran estas Esthersitas que justo cuando parecía que iban a caer en la arrogancia o la caricatura, inclinaban la balanza a su favor y se convertían en modelos ejemplares de urbanidad.

En su libro *The Tipping Point* (El punto clave), Malcolm Gladwell analiza cómo se originan las "epidemias" sociales. ¿En qué forma una práctica única, poco conocida, de pronto alcanza el punto clave, se pone de moda y se convierte en un fenómeno social? Dicho de forma simple, Gladwell identifica a tres tipos de personas necesarias para que comiencen estas epidemias: los expertos (que lo saben todo), los conectores (que conocen a todo el mundo) y los vendedores (que pueden vender casi cualquier cosa a quien sea). Si te pudieras imaginar esa trinidad unida en una sola persona en el mundo de las habilidades sociales, esa persona sería Esthersita. Afortunadamente, para aquellos de nosotros que dejamos a nuestras Esthersitas en nuestro país de origen, hay una Esthersita a quien puedes contratar si vives en Miami o cerca de allí y quieres dar una fiesta bonita.

Decido viajar a Miami, en gran parte para entrevistar a Esthersita, cuyos clientes la han apodado "la reina de las fiestas bonitas". Por teléfono, Esthersita habla únicamente en español, usando expresiones refinadas, lo cual me resulta imponente e intimidante, ya que no tengo muchas oportunidades de practicar el español en esta parte de Vermont donde escasean los latinos. Esthersita me advierte que sería mejor que no la visitara durante el fin de semana. Los lunes tampoco son convenientes, ya que ella y sus varios proveedores se están recuperando del fin de semana repleto de fiestas de quince años, bodas, *baby showers* y otras fiestas. Los jueves, ella empieza a acelera su ritmo y los viernes, no me podría dedicar ni un minuto. Así que nos ponemos de acuerdo en vernos un martes a media mañana. Desde ahora me doy cuenta de que ésta no va a ser la entrevista apresurada de veinte minutos que a menudo es todo lo que puedo conseguir de las homólogas americanizadas de Esthersita, muchas de las cuales pierden el interés cuando resulta aparente que no tengo ni una hija ni una nieta para cuya boda o fiesta de quince las quiera contratar. Esthersita, de hecho, se refiere a nuestra reunión con un término a la antigua, "atenderme". Quiere estar libre para darme toda su atención durante mi visita.

Y en verdad me atiende, dedicándome todo un día, escoltándome por todas partes para visitar a sus distintos proveedores: fotógrafos, costureras en las trastiendas de los estudios, una sala de banquetes, un *disc-jockey*, una maquillista, una agencia de viajes que organiza muchos cruceros para quinceañeras. Esthersita es una mujer robusta que sin embargo tiene un aspecto delicado, quizá porque siempre parece estar en calma, posando como si alguien fuera a tomarle una foto. En algún momento, cuando le pregunto que si le puedo tomar una foto, Esthersita se anima, ladea la cabeza, arquea un poco más la espalda, refresca su sonrisa. —No salió el *flash* —me dice—. Vuélvela a tomar—. Y vuelve a posar. Está vestida impecablemente con un traje pantalón de lino negro y unos pendientes grandes de perlas y un collar. Su cabello está fijo en su lugar con laca, percibo el aroma del perfume que antes usaba mi madre. Aunque me lleva pocos años de edad (yo misma hice la cuenta, ya que nunca le preguntaría su edad a una persona como Esthersita: llegó a este país en 1960 a los dieciséis años de edad), siento como si estuviera conversando con alguien de la generación de mi madre.

Esthersita es el eje de una amplia red de proveedores y de gente capaz de responder adecuadamente a cualquier pregunta relacionada con el mundo de las fiestas y, más específicamente, las fiestas de quince años. De hecho, el manual que es a la vez un libro de etiqueta de Esthersita, *Sólo para quinceañeras,* es el libro sobre fiestas de quince más completo que he encontrado en español o en inglés. ¿Dónde más podrías encontrar una lista de veinticinco cosas que uno "debe" y "no debe hacer" en una fiesta de quince años? He de admitir que algunas de las amonestaciones parecen elementales (no te lleves más de un recuerdo de la mesa; si quieres ofrecer unas palabras o hacer un brindis, asegúrate de pedir permiso primero a tus anfitriones, y de no extenderte demasiado; no te atravieses frente a un fotógrafo o un videógrafo y arruines una toma clave), pero te sorprendería la cantidad de gente que se equivoca con más de la mitad de ellas. Esthersita aconseja que todos deberíamos revisar periódicamente esta lista si queremos ser el tipo de persona educada que recibe invitaciones a fiestas de quince años y otras fiestas bonitas. El libro también tiene un capítulo sobre la astrología, la quinceañera Aries comparada con la quinceañera Acuario, así como poemas que puede recitar el hermano, el padre o la misma quinceañera. Un poema particularmente conmovedor de Luis Mario se dirige a la "quinceañera del destierro", la cual florece tan lejos del jardín natal que ha quedado abandonado, donde su belleza tiene su razón de ser.

> Este cielo hermoso y libre
> no es tu cielo:
> no te olvides de tu Patria nunca ... Nunca
> ¡quinceañera del Destierro!

Sin embargo, a pesar de sus modales que recuerdan al viejo mundo, Esthersita está notablemente en sintonía con la generación joven y con los problemas que surgen cuando una adolescente que nació y se crió aquí con *Walt Disney* y *MTV* como parte de su cultura, se enfrenta con la idea que tiene su madre acerca de las fiestas de quince. A menudo, Esthersita tiene que aconsejar a madre e hija para limar asperezas, lo cual ella considera como gran parte de su labor.

¿Qué hace ella exactamente?

—Ir por la parte bonita —para dar una fiesta que sea algo especial para todos. Habla con cada una: le recuerda a la madre que estos son los quince años de su hija, que la jovencita debe poder "flotar sobre la nube de sus sueños"; convence a la hija de que ceda con este o aquel detalle que su madre desea, ya que estos son los quince que su madre nunca tuvo. Ah, sí, en el caso de muchas de las madres de estas muchachas, sus familias no podían costear una fiesta de quince años en Cuba ni aun recién llegadas aquí: algo que he escuchado decir una y otra vez en muchas comunidades de todo el país. Ahora hay más dinero para gastar en cosas extra. Pero el tiempo ha pasado, el mundo ha cambiado y estas muchachas criadas en Estados Unidos no necesariamente quieren lo que sus madres nunca tuvieron y ahora les quieren dar.

Además de tender puentes y de dar consejos, Esthersita ayuda a las familias a planificar, a fijar un presupuesto, a prepararse y a ejecutar todo tipo de fiestas ideales, y entre sus fiestas favoritas se encuentran las fiestas de quince años. —Las novias son más complicadas —dice reflexionando sobre el tema cuando le pregunto por qué le gustan más los quinces que las bodas—. Las novias exigen más porque son mayores. Tienes que lidiar con más de una familia —. Esthersita asiste a todas y cada una de sus fiestas, de principio a fin, para "evitar errores y horrores", hace las veces de maestra de ceremonias, está al tanto del registro de invitados y atiende la mesa de los regalos. A menudo se le pide que escriba el discurso y las dedicatorias de padres y muchachas que no están seguros de cómo hablar en público. Por supuesto, sólo trabaja en español. ¿Por qué abandonar el idioma en el que ha aprendido a decir tantas cosas bonitas? (Cuando se requiere del inglés, Romy toma las riendas y se convierte en Esthersita en inglés.)

Esthersita cobra por hora, aunque admite que por cada hora que cobra, probablemente ha trabajado dos o tres. De vez en cuando, sus servicios son gratis. Se entera de una muchacha necesitada y moviliza a todos sus proveedores para que donen sus servicios. Recolecta periódicamente los trajes de fiesta, las coronas y los abanicos usados y los envía a su Cuba natal para que las niñas que llegan a esa edad en el comunismo puedan tener un toque de consumismo. Hace algunos años, se enteró de unas niñas recién llegadas que habían pasado sus quince años en Guantánamo. Y ella decidió hacerles una fiesta en grupo, quince muchachas —¡casualmente eran quince!— bailaron el vals con vestidos y coronas donados, gozaron de un festín con pasteles y un banquete donado por la comunidad. En un testimonio que se incluye en el libro de Esthersita, una de esas quinceañeras, Saimary Rivero, describe a Esthersita, no sólo como "el hada madrina de mis quince años, sino que después de esa noche, ella ha estado al tanto de mis estudios, preocupándose por mi educación y aconsejándome. Ella es lo mejor que me ha sucedido en este hermoso pero difícil país".

Éste es el tipo de servicio que nunca vas a conseguir de las compañías promotoras de eventos, las cuales efectivamente proveerán todo el bombo y platillo necesarios para esa noche especial. Pero al sonar las doce campanadas (o cuando se termine la fiesta), como en el cuento de la Cenicienta tan preciado por las quinceañeras, desmontarán el decorado, recogerán sus manteles y ¡se esfumarán! En cambio, los organizadores de fiestas que forman parte de la comunidad permanecen a tu lado, continúan en su papel de consejeros y de fuentes de información. Priscilla Mora, quien podría ser considerada como la Esthersita de San Antonio, hace las veces de consejera y guía. —Estas chicas saben que pueden contar conmigo, tenemos un lazo, no sé cómo explicarlo. Las mamás de mis quinceañeras dicen, "A ti sí te hacen caso, pero a mí no, ¿por qué será?" —Su colega Bisli de *Bisli Events Services* coincide en que la fiesta de los quince años sólo es el principio, no el final, del proceso de acompañar a la niña a la edad adulta. —Uno observa toda la energía, el tiempo, el dinero, los recursos de la familia y de la comunidad que se movilizan alrededor de una joven para su fiesta. No debería tratarse sólo de una noche, sino de la muchacha y lo que pasa después en su vida.

Bisli, que proviene de un pequeño pueblo en Panamá, primero se dedicó a coordinar eventos en la costa este de EE.UU., pero hace cuatro años trasladó su negocio a San Antonio. Reconoce que éste es el aspecto de su negocio que resulta más difícil de transportar a través de la distancia: los lazos estrechos que tiene con la comunidad a la cual sirve. Lleva tiempo fomentarla. Requiere de confianza. Pero eso es algo que ella está segura no debería perderse a medida que crece un negocio o un grupo étnico. Esta sensación de estar entre familia nutre el alma de quiénes somos, como comunidad y como individuos. Es por esa razón que, a medida que otros organizadores de eventos se suben a bordo de la limusina *Hummer* extra grande de las fiestas de quince, nosotros debemos seguir al volante y no permitir que se pierdan las cosas que tienen valor.

Las fiestas bonitas no son superficiales y los mejores organizadores de fiestas cultivan el suelo fértil de una comunidad para proveer no sólo un servicio, sino la transmisión vigorosa de una tradición. Es un arte en vías de extinción, razón por la cual el encanto de personas como Esthersita tiene un dejo de nostalgia. Estas figuras que se remontan a otros tiempos nos recuerdan los países de origen, donde los jardines abandonados hace tiempo se han restablecido y florecido con brotes nuevos. Mientras tanto, las llamadas "quinceañeras del destierro", que nacieron y se criaron aquí, sienten que éste es su país. Somos nosotros, las generaciones puente, los que tenemos esa doble visión y sabemos que estas Esthersitas muy pronto desaparecerán.

Algunas de ellas evolucionarán con el mercado y la manera nueva de hacer negocios. Bisli, por ejemplo, ahora tiene una página altamente interactiva en Internet y Priscilla Mora está abandonando la parte de su negocio de organizar fiestas para dedicar más tiempo a planificar y proveer fiestas de quince años por medio del ciberespacio. ("Es que no puedo con todo. Ay, todavía voy a encargarme de algunas fiestas de quince locales, porque las adoro, de verdad que sí. Pero Dios tiene otros planes para mí"). En su nueva página de Internet, *sweet15party.com*, Priscilla conecta a proveedores con clientes de todo el país. Pero aun en el ciberespacio, no puede evitarlo, y agrega ese toque personal en secciones del sitio como, "Pregunta a Priscilla", donde responde a preguntas individuales de las muchachas, y un "Rincón para los padres," donde los padres que desean dar a sus hijas un ritual de iniciación que tenga sentido, exponen sus preocupaciones.

Mientras tanto Esthersita, en Miami, todavía trabaja al estilo antiguo de atender a cada cliente personalmente, de visitar a sus proveedores, de ir a las escuelas, a las ferias y a las bibliotecas con sus enormes álbumes de fotos y de notas de agradecimiento escritas a mano por quinceañeras y novias, instruyéndonos a todos acerca de esta tradición, velando por aquellas personas que pudieran quedarse rezagadas por el camino a medida que la comunidad avanza, y canalizando algunas de las coronas, trajes de fiesta y últimas muñecas en su dirección.

Estas Esthersitas en comunidades a través de todo EE.UU. muy pronto podrían ser algo del pasado pero, por ahora, ¡qué vivan estas reinas!

Demasiados mundos a la vez

El salón se está llenando. El suave rumor de la conversación se ha convertido en un gran bullicio. Los invitados que llegaron temprano ya van en su segundo o tercer trago. Las Esthersitas y otros animadores de fiestas deben desarrollar un oído muy fino para saber cuándo deben pasar a la siguiente fase de la celebración y de esa forma lograr que el festejo vaya en aumento. Demasiado rápido y la fiesta es un fracaso. Demasiado tarde y todo el mundo está demasiado cansado para emocionarse y llegar a ese frenesí que luego se convierte en jugosas propinas o buenas recomendaciones para la siguiente familia que ande buscando un lugar o un proveedor.

En el "salón verde", donde Mónica y su corte aguardan antes de hacer su entrada, las muchachas practican la coreografía mientras los muchachos las observan. El muchacho que aparenta ser el mayor —todos ellos se ven como tres años más jóvenes que las muchachas— se acerca demasiado a ese aquelarre entusiasmado y queda reclutado a permanecer de pie mientras Raquel demuestra cómo deben dar la vuelta alrededor de sus chambelanes. Esta escena me recuerda la observación de Marling de que los muchachos a un lado de sus jóvenes parejas-divas en las fotos del baile de graduación son un mero objeto de utilería, "el equivalente humano de una palma en una maceta".

El maestro de ceremonias sube los escalones para ver si todos están listos para la presentación. Pero lo que nadie había notado en medio del alboroto de las llegadas y los ensayos de los pasos de baile es que Mónica está tirada en el sofá, un brazo sobre la frente, con un aspecto muy similar al de una heroína del siglo XIX en apuros. Ya no se trata solamente de un dolor de cabeza; Mónica se siente demasiado mareada para ponerse de pie. ¿Cómo vuela la información como un rayo en una reunión? Tan pronto como Mónica lamenta su condición, un batallón de matronas bien vestidas marcha escalones arriba para rescatarla, incluso la madre y la madrina. "Denle un plato de comida. Un vaso de agua. ¿Alguien trae un calmante? Quizá haya una farmacia abierta. Que se acueste. No, no, que se siente con la cabeza entre las piernas..." Se ofrecen todo tipo de remedios a medida que más y más invitadas femeninas se apiñan alrededor del sofá, de la misma manera en que la gente se aglomera en los accidentes, queriendo comprobar por sí mismos la tragedía que ha sucedido.

¡Pobre Mónica!, ¡sufrir un colapso justo cuando está a punto de hacer su entrada triunfal como mujer! Escucho fragmentos de explicaciones: "Nervios, pobrecita. No ha comido en todo el día, ¡imagínate!" Mientras tanto, al fondo del salón, la intensa alharaca social ha disminuido, y la gente ahora mira las bandejas de aluminio calentándose en sus estantes como si fueran a precipitarse sobre el banquete si no les dan de comer pronto. Pero se supone que la presentación de la quinceañera y el baile coreografiado deben tomar lugar primero. Se les manda avisar a los meseros que apaguen las velas bajo las bandejas para que no se eche a perder la comida, ya de por sí sobrecalentada.

He dado una vuelta por el salón, para no estorbar en la sala de espera que ahora se ha convertido en una enfermería. Cuando me dirijo de vuelta a mi puesto en lo alto de la escalera, no veo a Mónica por ningún lado, sino a media docena de mujeres apiñadas en el estrecho pasillo que conduce a un baño pequeño. Por un instante, la multitud se abre, y alcanzo a ver a Mónica arrodillada en el piso en su vestido largo, vomitando dentro del inodoro mientras su mamá y Claire la sostienen a cada lado. La multitud se vuelve a arremolinar y ella desaparece, pero es un momento digno de ser recordado, la imagen del corazón herido al centro de tantas de nuestras ceremonias femeninas donde somos testigos del costo real de ser siempre hermosa o maleablemente femenina, la niña buena que intenta salir adelante en demasiados mundos a la vez.

El miedo al "malinchismo"

En el curso de mis propias reacciones aturdidoras frente a las fiestas de quince años que estudiaba, a veces me entraba un tremendo miedo al pensar en qué sucedería si no acataba la postura establecida y alababa esta tradición tan importante de nuestra cultura. El miedo relacionado con la Malinche de traicionar a mi propia gente ante la cultura conquistadora me pesa en el alma; la Malinche era la mujer indígena mexicana que supuestamente traicionó a su gente frente a Hernán Cortés. (Los dominicanos tenemos nuestra propia versión de este padecer, el complejo de Guacanagarix, el cacique taíno que según se dice cooperó con los conquistadores).

Otra gran preocupación era la de decepcionar a "mis muchachitas", esas jovencitas encantadoras a cuyas fiestas de quince yo había asistido y quienes —a pesar de mis explicaciones— veían en mí una especie de boleto a la fama. Cuando en un momento dado le expliqué a Mónica que no usaría su nombre verdadero sino que, en realidad, disfrazaría su identidad para proteger su privacidad, ella salió con que quería que usara su nombre de verdad en mi libro. —Es una oportunidad para ella —me aseguró el padre de Mónica. No pude evitar pensar en cómo Mónica me había presentado al sacerdote como "mi escritora".

En un principio me sorprendió este anhelo de ser famosa, hasta que lo escuché una y otra vez de boca de las jóvenes que entrevistaba, así como por el material que leía. Por supuesto, este deseo es parte de la gasolina que impulsa toda esta producción de las fiestas de quince con sus limusinas y sesiones fotográficas y maquillistas y videos de la vida de la jovencita. "Creo que muchas jovencitas quieren ser famosas", admite una muchacha en *Girl Culture* (La cultura de las chicas) de Lauren Greenfield, un libro de entrevistas y fotografías de jovencitas. "Muchas veces los chicos, cuyas vidas distan de ser perfectas, y que viven en la pobreza o tienen a padres chiflados, ven este mundo a través de la televisión, las películas y las revistas, y todo se ve tan hermoso desde lejos, que quieren formar parte de ello [...] Quieren [...] mostrarle a este mundo, que no cree en ellos ni los respeta, que son hermosos y especiales".

Pero no sólo los desposeídos anhelan tener sus quince minutos de fama, a la Andy Warhol. Michael Word, vicepresidente de *Teenage Research Unlimited*, advierte que "hay una obsesión universal con la celebridad, y los adolescentes buscan una oportunidad de ser el centro de atención". ¿Pero qué pasa si se les concede su deseo a los quince años? ¿Acaso no saben que eso sería terrible? Imaginen a Tom Buchanan, el protagonista de *El gran Gatsby*, la novela de F. Scott Fitzgerald, que en la novela había sido una estrella de fútbol americano en la universidad de *Yale* y resultó ser "uno de esos hombres que a los veintiún años alcanzan la más alta cúspide de una excelencia limitada, y después de eso, todo les resulta anticlimático". Además, ¿qué puedes haber logrado a los quince años que amerite toda una película acerca de tu vida, una producción escenificada, tu nombre en la marquesina? Recuerdo hacer la típica pregunta al hijo de doce años de una amiga que corresponde al papel de "persona fastidiosa" en la vida de los jóvenes. —¿Qué quieres ser cuando seas grande? —A lo cual el muchacho respondió: —Quiero ser famoso.

—¿Pero famoso por qué? —repliqué.

—¿Qué quiere decir? —suspiró él, exasperado.

No quise hartar al niño por completo, dándole un pequeño sermón. "Esto se está poniendo pesado". Así que, me entusiasmé hablando de lo bello que es encontrar una vocación que pueda convertirse en su propia recompensa y, muy pronto, él estaba negando con la cabeza.

—Lo único que sé es que me deprimiría mucho si yo estuviera haciendo algo y nadie se enterara —. ("Nadie" se refería a la mayor parte de los estadounidenses, si no es que el mundo entero). Entonces mi joven amigo me devolvió la pelota—. ¿No se siente mal —ya sé que ha publicado libros y todo eso—, al no ser tan famosa como J.K. Rowling?

—¿Quién es J.K. Rowling? —dije. Era una broma. Por supuesto que conocía el nombre de la autora de la serie de libros legendarios de *Harry Potter*. Pero no podía seguirle el juego al hijo de mi amiga, ni convencerlo de que entre los muchos escritores cuyo talento envidiaba, J.K. Rowling —sin ánimo de ofender— no estaba entre ellos. George Eliot o Emily Dickinson o Walt Whitman o Pablo Neruda, sí; y lo que les envidiaba era su talento, no su fama. —Cuando yo era joven —le dije a mi joven amigo—, la fama llegaba como a los cien años, después de que uno se moría.

Por supuesto, estaba exagerando para probar mi punto de vista. La ambición siempre será una gran parte de ser joven, es lo que alimenta el deseo de encontrar nuestro camino en el mundo. En realidad, cuando tenía apenas unos años más que este muchacho, en la Academia Abbot, quería triunfar como escritora. Pero sentía mucha confusión y un gran conflicto interno sobre cómo realizar ese sueño. Era todavía una niña latina buena, lo suficiente como para creer que no era correcto que las mujeres tuvieran una voz pública y hasta creía que eso arruinaría mis oportunidades de triunfar en el sentido romántico y dramático del cuento de hadas al cual nos adherimos las quinceañeras y el que mi familia y mi cultura me habían enseñado a desear.

Ese conflicto pasó a primer plano durante el otoño de mi segundo año en la Academia Abbot. Ya no contaba con una Srta. Stevenson que me sirviera de norte: ella se había ido para realizar estudios de posgrado; se había cambiado de escuela; la habían despedido; abundaban los rumores acerca de su partida. Mi confusión comenzó a manifestarse con un comportamiento inexplicable: abandonar los exámenes. Llegaba a los exámenes finales con una de las notas más altas del curso o, en el caso de la prueba estandarizada *SAT* y las pruebas de rendimiento, con buenas probabilidades de salir bien, luego me daba terror, comenzaba a escuchar una voz en la cabeza que me distraía. "¡No puedes hacerlo! ¡Te vas a equivocar! ¿Por qué no te sales? ¿Por qué mejor no te vas ahora?" Trataba de ignorar esa voz, me forzaba a concentrarme, pero el pánico se apoderaba de mí, me quedaba sin aliento y la cabeza me empezaba a dar vueltas. Tan grande era mi malestar que finalmente salía disparada del salón de clases, dejando atrás a mis maestras atónitas y a unas compañeras de clase indignadas. Después de varios incidentes, la directora de la escuela me recomendó que fuera a ver a "alguien" que pudiera ayudarme a superar este problema.

Recuerdo haber visitado a tres psiquiatras en el curso de los años que me aquejaba este terror. Uno de ellos era un freudiano demasiado afectado —con corbata de moño y las manos entrelazadas al otro lado de un escritorio enorme— para poder ayudarme. Lo fui a ver dos veces y luego protesté con vehemencia ante mis padres diciendo que me sentía bien. Pero, por supuesto, el comportamiento continuó. El segundo psiquiatra al que me enviaron intentó un enfoque de modificación de comportamiento: en cada visita, me hacía repasar los días antes de un examen, las horas, los minutos, tratando de averiguar cuándo era que me entraba el pánico y con qué estaba relacionado. —Tengo miedo todo el tiempo —traté de decirle. Quise decir todo el tiempo comenzando por el momento en que una maestra anunciaba que iba a haber un examen. El último psiquiatra, un "tío" dominicano, amigo de la familia, más que nada era coqueto y no tenía mucho interés en mi ansiedad, pero estuvo presto a darme una receta médica. Durante años, sin que mi familia lo supiera, me volví adicta a las anfetaminas, adquiridas legalmente por medio de una llamada de larga distancia a "mi tío", quien por razones que todavía no desentraño me recetó anfetas para el terror. (Intenté ponerme en contacto con él mientras escribía este libro, sólo para enterarme de que murió hace más de una década).

Las anfetaminas sólo empeoraban las cosas. En un momento dado parecía que iba a tener que abandonar la escuela porque era incapaz de controlar estos ataques de pánico. Pero las maestras en la Academia Abbot persistieron y, verdaderamente, si no hubiera sido por su indulgencia nunca habría terminado el bachillerato. Me permitían escribir ensayos o llevarme preguntas a casa como examen final. De alguna manera, mi radar fóbico no detectaba eso, aunque no por completo. No salía disparada del aula pero tampoco me iba bien. Acababa el curso con *A* antes del examen final y terminaba con *B* o, dependiendo de qué tan bien las anfetas me mantuvieran un paso delante de las furias, con *B+* o *A–*.

La explicación que recuerdo haber escuchado y creído era que estaba demasiado aterrada ante la posibilidad del fracaso para salir bien en los exámenes. Había mucha presión sobre mi hermana mayor y yo para que saliéramos bien en la Academia Abbot, donde nos habían brindado una oportunidad increíble. Tenía que ver con el orgullo familiar. Teníamos que probarles a estos americanos que nosotras valíamos. Pero es sólo ahora, a los cincuenta y tantos años de edad y después de meses de reflexionar sobre las quinceañeras, que puedo ver otro aspecto de ese episodio desconcertante de mi vida como una joven adulta. Estaba no sólo aterrada de fracasar sino de triunfar.

Porque, ¿qué sucedería si continuara por ese camino de ser una mujer con opiniones y vida propias? Quizá estaba bien que las muchachas americanas tuvieran una carrera, aunque a juzgar por las películas de Bette Davis donde la mujer ambiciosa con carrera acababa triunfando, pero se quedaba sola, sin nadie que la quisiera; pero sospechaba que demasiada ambición no era buena para las americanas tampoco. Pero sin duda alguna, la ambición femenina en el ámbito público no era algo que mi familia latina fomentara. Una cosa era llenar de orgullo a mi familia y mi cultura, pero demasiado progreso en la jerarquía —intuía—, y el cordón se rompería, y yo quedaría flotando en el espacio exterior de la cultura estadounidense sin poder regresar al lugar que alguna vez me había pertenecido.

Las muchachas en vísperas de sus fiestas de quince años hablaban a menudo de sentir presiones adicionales que ellas asociaban más con volverse adultas. —Tengo mucho más en qué pensar —admitió Anita en Chicago cuando le pregunté qué había cambiado en su opinión después de tener su fiesta de quince, si es que algo había cambiado—. Me refiero a que voy a ir a la universidad y todo eso —. Gabby Castro admitió que hasta que participó en un programa de grupo para quinceañeras en Idaho, no tenía planes de ir a la universidad. —Yo era la típica muchacha hispana —explicó—. Al terminar el bachillerato, se suponía que tenía que trabajar para ayudar a la familia —. Un comentario que me dolió en el alma.

Es un parecer que encuentra eco en la película de gran popularidad *Real Women Have Curves* (*Las verdaderas mujeres tienen curvas*). Cuando Ana García, la joven protagonista latina, recibe una beca para estudiar en una universidad del este de EE.UU., su padre, que es inmigrante, le explica a la maestra de Ana por qué no puede dejarla ir. —No vine hasta acá para ver que mi familia se desbarate —dice. Cuando se le recuerda que él también trajo a su familia a los EE.UU. para obtener una vida mejor, el padre de Ana alaba los estudios, pero hasta cierto punto. —Claro que sí, queremos que Ana reciba una educación, pero por ahora necesitamos que trabaje. Después podrá ir a la universidad —. Pero todos sabemos lo fácil que es que ese mañana se transforme en nunca cuando se trata del futuro de una joven latina. En cuanto a la madre de Ana, no ve la necesidad de que su hija asista a la universidad, ni ahora ni después: "Yo le puedo enseñar. Yo le puedo enseñar a coser. Le puedo enseñar a criar a sus hijos … y a cuidar de su esposo. Esas son cosas que no le enseñarán en la universidad".

Bajo este tipo de presiones, no es de sorprender que muchas latinas se den por vencidas. Un artículo reciente en *CBSNews.com*, titulado "Tough Road to College for Latinas" ("El arduo camino a la universidad para las latinas"), advierte que "para las mujeres hispanas, el camino que va del barrio al campus universitario puede ser un campo minado, plagado tanto de obstáculos culturales y económicos, como de estereotipos étnicos y sexuales".

Y el viaje por ese camino minado comienza con el indicador de la edad adulta: la fiesta de quince años.

—Es la época en que la joven se enfrenta a opciones que pueden estar arrastrándola en direcciones distintas — comentó Jill Denner, co-editora y co-autora con Bianca Guzmán de *Latina Girls: Voices of Adolescent Strength in the U.S.* (Chicas latinas: voces de fortaleza adolescente en los EE.UU), cuando hablamos por teléfono sobre la tradición de los quince—. La jovencita está dando un paso de la adolescencia a la edad adulta, ¿en cuál de las culturas? ¿La aleja más de su cultura de origen o la acerca más a su cultura de origen, o acaso el ritual es una negociación entre las dos culturas?

Es una pregunta interesante. Por fuera, a la joven se le da la bienvenida como miembro hecho y derecho de su familia y su comunidad en un momento, el de la adolescencia, cuando ella puede estar rebelándose y separándose de ellos. Ahora se espera que ella adopte su papel tradicional femenino, en línea con su madre y su abuelita. Sin embargo, mientras la joven y su madre organizan la fiesta, toman decisiones, pasan tiempo juntas, discuten sobre los detalles, hay una serie de negociaciones que está tomando lugar y, de manera leve pero significativa, el terreno de la condición de la mujer latina se está alterando para dar cabida a la siguiente generación.

Pero en la Academia Abbot no había un terreno en común donde pudieran unirse mis dos mundos. Agreguemos a esta separación el hecho de que yo estaba en un internado, de modo que no existía la yuxtaposición diaria de ambos mundos para forzar algunos de los temas clave en la arena de las negociaciones. Yo llegaba a casa y ¡zas! Estábamos en la República Dominicana del siglo XIX: teníamos prohibido hacer vida social con varones que no fueran de la familia; no podíamos salir con nadie, ni con mujeres ni con hombres, sin chaperón; no debíamos contradecir a nuestros padres ni hacerles notar los innumerables errores en los que parecen sobresalir cuando uno es adolescente. Mientras tanto, en la escuela, me estimulaban intelectualmente, y con el ejemplo de mis maestras, a asumir el rol de avanzar a la par de las mujeres estadounidenses. Era lo suficientemente lista como para darme cuenta de cuál era el camino del éxito en mi país nuevo, pero como me lo recordaban Bigi y las enfermeras, llevaba sangre dominicana en las venas. Anhelaba pertenecer y ser amada por mi propia familia tanto aquí como en la isla, lugar que yo insistía en seguir llamando "mi país".

Fue así que comenzó una división, a la que hace alusión Ed Morales en su libro *Living in Spanglish* (Vivir en spanglish), "el momento clásico en la vida de toda persona *spanglish* sucede cuando uno se da cuenta de que al adaptarse o asimilarse a la cultura dominante, hay una sensación de satisfacción y a la vez, una profunda incapacidad de regresar al lugar de donde salió". Uno experimenta "la náusea de la transmigración, el inicio del vértigo de sentirse arrastrado de aquí para allá a través de la frontera, impulsado por el deseo de acoger un dinamismo norteamericano a la vez que uno lucha por retener el profundo sentimentalismo espiritual del sur".

Uno puede darse cuenta de cómo la celebración de los quince años, el momento ritual en el cual una joven comienza su vida propia, puede provocar el desenlace de estas presiones divisivas y desatar esas fuerzas que luchan por controlar quién va a ser ella, no cuando crezca, sino ahora que se le reconoce como joven adulta. Como concluye Marco Villatoro, un maestro de la escuela secundaria a quien entrevistaron para el artículo de *CBSNews .com,* sobre sus jóvenes estudiantes latinas que luchan con sus familias y con los estereotipos para continuar su educación: "Hay mucha tensión en su interior. Si no las destroza, las hará más fuertes".

No es de extrañarse que la pobre Mónica acabara arrodillada, vomitando en el inodoro. O que las muchachas acaben embarazadas, abandonando los exámenes o abandonando la escuela del todo.

Algunos de nosotros primero tenemos que sentirnos destrozados antes de hacernos más fuertes.

Quinceañera, la película

El embarazo en adolescentes, la homosexualidad, el uso de drogas, la violencia; tales temas parecerían habitar un mundo opuesto al del reino del cuento de hadas de las quinceañeras. Pero una película nueva y revitalizadora, *Quinceañera,* demuestra que no tiene por qué ser así. Es interesante ver que, como su antecesora, la telenovela mexicana del mismo nombre, esta película estadounidense seguramente provocará controversia en la comunidad latina sobre los conflictos y los retos a los que se enfrenta la juventud, a menudo sin mucha ayuda de nuestra parte.

Magdalena, de catorce años de edad, es una muchacha méxicoamericana a punto de celebrar sus quince años. Quiere el vestido fantástico, la limusina *Hummer,* la fiesta elegante como la que su prima rica tuvo para sus quince. Abundan las cuestiones de clase en la película; no sólo dentro de la comunidad latina, sino en el barrio donde viven Magdalena y su familia, en *Echo Park* en Los Ángeles, el cual atraviesa por un proceso de rápido aburguesamiento. Anglosajones de más recursos, muchos de ellos parejas *gay,* se están mudando al barrio y desplazando a los residentes de clase trabajadora. Ese contexto más amplio da a la película una dimensión que de otra forma faltaría. El desposeimiento ocurre a todos los niveles.

Sobre todo cuando Magdalena queda embarazada. Su papá, Ernesto, un ministro evangélico, de pronto la ve como a una Eva que ha caído en el pecado y debe ser expulsada del paraíso. Magdalena ya no es su hija virginal, ejemplificando el ideal del viejo mundo acerca de la femineidad. Pero Magdalena embarazada declara que todavía es virgen, ¡una aseveración que resulta ser (técnicamente) cierta! La película está tan bien hecha que uno acaba creyendo que la inmaculada concepción pudo haberle pasado a ella.

Por supuesto, su papá no le cree, la echa de casa y cancela la fiesta de quince años. Magdalena acaba refugiándose en casa de su tío Tomás, un hombre cariñoso y tolerante, quien está a punto de ser expulsado de su propio paraíso por una pareja *gay* anglosajona, dueña de la casita del cuidador que él alquila detrás de la casa recién renovada de ellos. El tío Tomás también le ha dado asilo a Carlos, cuyos padres lo han echado de casa porque es *gay.*

Todo esto es una caja de Pandora en cuanto a temas que la película trata con un toque ligero y a la vez, de corazón. Porque aunque la fiesta de quince años acaba tomando lugar, Magdalena en un vestido al que le han sacado unas pulgadas para amoldarlo a su situación, sujetando el ramo recatadamente sobre su vientre, y Carlos en un esmoquin que lo hace ver como el típico Romeo heterosexual; hay una sensación de que los temas problemáticos han llegado a un equilibrio momentáneo, no a una solución. ¿Qué pasaría si la quinceañera queda embarazada por haber tenido relaciones sexuales y haberlas disfrutado? ¿Qué pasará cuando Carlos se mude a la casa de su novio y asuma abiertamente ser *gay*?

Cuando entrevisté a Wash Westmoreland y a Richard Glatzer, ambos escritores, directores y productores de la película, les dije en son de broma que al principio, cuando supe de la película, me incomodaba pensar en dos tipos anglosajones sueltos en el reino de las quinceañeras. Pero luego, no sólo resultó ser una grata sorpresa, sino que me pareció completamente convincente. Tenía curiosidad, no obstante, en saber qué reacciones había tenido la comunidad latina ante las cuestiones problemáticas que su película expone en primer plano. Porque esa fue otra cosa que se me ocurrió cuando me enteré de la película: mejor que lo hagan ellos y no yo. No se puede acusar a dos hombres blancos de ser malinchistas; quizá a favor de Cortés, pero no se les puede acusar de traicionar a su propia cultura.

—Curiosamente, la protesta en contra de la película no ha tenido nada que ver con el embarazo de Magdalena, sino con la historia *gay* —advirtió Richard—. Algunos periodistas conservadores de la prensa latina discrepan con lo que ven como la seducción de Carlos, con el argumento de que él ha sido utilizado y ultrajado por la comunidad *gay*.

de uñas, los dedos demasiados callosos para usar anillos. Parece no existir ninguna vergüenza de lucir un cuerpo que ha ganado sus propias condecoraciones como lo evidencian las libras de más y las estrías. Han tenido hijos, esposos buenos para nada, demasiados trabajos con turnos malos, pero esta noche se van a echar una canita al aire. Bailan la una con la otra, con sus hijas jóvenes (lo cual me da tanta ternura) y, de ser necesario, solas. Si el banquete ha sido hecho en casa, despachan la comida, la cual probablemente ayudaron a hacer, y si hay una muchacha enferma en el cuarto de atrás, verán qué hace falta —una tisana, un calmante o tan sólo un plato de comida— y la pondrán de pie en un santiamén.

De una manera u otra, nos darán a luz y se asegurarán de que celebremos la primera comunión y la fiesta de quince años y, después, la boda. Aparecerán cuando nuestra vida se desplome, nos ayudarán a dar a luz, nos cuidarán cuando estemos enfermas y, benditas sean, creo que también estarán ahí en espíritu para ayudarnos a morir, cerrándonos los ojos aun si las hemos hecho enojar hasta rabiar y nos hemos casado con un sinvergüenza o hemos publicado la novela autobiográfica en contra de su voluntad o de sus buenos consejos.

De alguna manera, al otro extremo del cuento de la Cenicienta que tantas latinas jóvenes interpretan públicamente por primera vez en su fiesta de quince, surge esa mujer fuerte, ese fénix que renace de las cenizas del paradigma sexista. Éste les ha fallado: el príncipe azul a largo plazo, el romance de ser felices para siempre, la vida de cuento de hadas como princesa consentida. ¿Por qué, entonces, se empeñan estas mujeres en transmitir esta fantasía imperfecta a sus hijas?

Es una pregunta desconcertante. Pero una cosa me queda clara: la fiesta de quince años tiene tanto que ver con las madres como con las hijas. "El sueño de los quince pertenece a las

madres", concluye Liz Balmaseda, quien durante años ha estado
haciendo reportajes sobre los quinces para el *Miami Herald*. Si a
papá le toca dar a su hija una celebración semejante a una boda al
final de la cual se la lleva a casa, a mamá le toca hacer alarde de la
obra de toda su vida, la niña que crió para ser todo lo que ella hubiera anhelado ser pero que no llegó a ser.

¡He ahí el problema! La vehemencia de esta insistencia materna en que su hija tenga una fiesta de quince años está empa-
pada de una nostalgia por la vida del cuento de hadas que las
mismas madres nunca tuvieron. Lamentablemente, estas mujeres
se culpan a sí mismas por su falta de oportunidades educativas y
laborales, por el fracaso de sus idilios y matrimonios, en lugar de
culpar el *statu quo* o la fantasía en sí, de modo que les transmiten
a sus hijas una visión del mundo y un rol que hará que ellas vayan
a parar al mismo lugar paticojo que sus madres. "La educación
consiste en inculcar a nuestros hijos el afán de anhelar las cosas
apropiadas". Pero primero tenemos que aprender esa lección
nosotras mismas, lo cual puede involucrar desaprender algunas
de las lecciones que llevamos a cuestas, aunque nos resulte
difícil.

Lo cual no quiere decir que nuestro país adoptado esté libre de
tales paradigmas. ¡Ay, he ahí otro problema! La desventaja de género sigue vigente en los EE.UU. En el 2005, el promedio de las mujeres estadounidenses ganaba 0.70 centavos por cada dólar que
los hombres llevaban a casa; en el 2001, las mujeres sin un diploma
de la escuela secundaria tenían el 50 por ciento más de probabilidades de caer por debajo del índice de la pobreza que los hombres
con el mismo nivel educativo. En una escala mundial, la mayoría
de los 1,500 millones de personas en el mundo que viven con el
equivalente a un dólar al día o menos son mujeres: una brecha
que va en aumento y a la que en círculos de asistencia internacional se refieren comúnmente como "la feminización de la po-

breza". Estamos sumidas en una mentalidad que absorbemos incluso de los más iluminados padres de familia, maestros y comunidades. No es de extrañarse que la mayoría de las mujeres interpretará alguna versión de esta historia en algún punto de su vida.

Estas torcidas relaciones de género dominantes se complican aún más por lo que han sido los roles tradicionales como hombres y mujeres latinos. Mucho se ha escrito sobre el machismo, ese culto a la hipervirilidad en la cual el hombre es el gallito, celebrado por sus conquistas sexuales, su brío y su agresividad masculina. Menos se ha hablado sobre la otra cara de la moneda en cuanto al género, la contraparte femenina, el marianismo. La mujer latina se modela a sí misma bajo el ideal femenino de María, la madre de Dios. De hecho, las fiestas de quince años tradicionales comienzan con un servicio en la iglesia, donde la joven pone flores a los pies de la Virgen, consagrando su vida a la Madre Virgen. El marianismo dicta que la mujer latina es virginal, incluso después del matrimonio. El sexo con el esposo es un deber. "Haciéndole el servicio", solían decir mis tías. Ella es sumisa, sacrificada, sufrida, aguanta las infidelidades del esposo, está consagrada a su familia y, de manera muy especial, a sus hijos.

Pero si la mujer latina sigue en este rol preestablecido en función de su género, ¿con quién ejercerá el hombre sus prerrogativas extramaritales de macho? Queridos lectores: ésta es una excelente pregunta, una pregunta sobre la cual muchas latinas, sobre todo durante la adolescencia, comienzan a reflexionar.

¿Recuerdan a la amante indígena de Cortés, la Malinche? Si María es el ideal virginal femenino, Malinche es la mujer violada que permite que el conquistador se salga con la suya y en última instancia acaba por traicionar a su patria al ayudar al enemigo. No es preciso tener quince años para saber cuál de los dos ejemplos debe seguir una muchacha decente.

Entonces, ¿qué conseguimos las latinas al cumplir con el marianismo en lugar de ser Malinches? Quizá estén pensando en esa calcomanía que aparecía en algunos autos: LAS CHICAS MALAS SE DIVIERTEN MÁS. Puede que eso sea verdad en los EE.UU., donde las chicas malas viven por su cuenta, en apartamentos lejos de casa, pero no es así en países que hasta hace poco estaban inmersos en el catolicismo. Una chica mala podía ser desheredada por su familia, lo cual en una cultura tribal que sigue siendo el *modus operandi* de muchos de nuestros países natales, equivale a una especie de muerte social.

Lo que nosotras como mujeres obtenemos del marianismo es el plano éticamente superior, la autoridad moral, la superioridad espiritual. Nos toca jugar el papel de "las buenas", que saben que los hombres son como niños a quienes hay que perdonar sus infidelidades y pecadillos porque ellos no saben lo que hacen. Además, ejercemos un poder enorme desde nuestro pedestal, sobre todo en dos de los puntos cúspide de nuestra vida femenina: cuando somos más virginales y deseables (razón por la cual las fiestas de quince son importantes) y cuando nos convertimos en madre, sobre todo madres de hijos que nos adoran. Bueno, casi siempre. Una amiga dominicana ilustró una vez el marianismo eterno con esta historia:

Una madre piadosa tenía un hijo que se había enredado con una querida malvada y posesiva. (Atinaste. La chica mala, la Malinche). La querida estaba muy celosa de la devoción que el amante le tenía a su madre. Le exigió que le probara su amor arrancándole el corazón a su madre y llevándoselo. El hijo se dejó llevar por la pasión. (Por cierto, los crímenes pasionales se tratan con mayor indulgencia en nuestras culturas latinas: un hombre que mata a su esposa adúltera puede llegar a salir impune. Lo cual no ocurre si éste mata a su madre, uno de los peores crímenes que se puede cometer. De hecho, durante su dictadura de treinta y un años en la República Dominicana, Trujillo solía torturar a sus enemigos matando a los hijos varones y violando a las hijas y esposas de éstos. Pero no hay ni una sola instancia en que él levantara una mano torturadora en contra de la madre de nadie. En realidad, este dictador asesino visitaba a su madre sin falta todas las tardes, aun cuando este rasgo predecible fuera el que ayudó a la oposición clandestina a tenderle una emboscada).

El hijo apasionado del cuento de mi amiga no pudo evitarlo y, llorando y disculpándose, sacó un cuchillo y le arrancó el corazón a su madre. Mientras corría frenéticamente a casa de la querida, tropezó y se cayó, y el corazón se deslizó de entre sus manos. Una voz preocupada salió del corazón: "Hijo, ¿te hiciste daño?"

Resulta bastante fácil rechazar esta versión extrema del marianismo. Pero como señala Evelyn Stevens en su excelente artículo *"Marianismo: The Other Face of Machismo"* ("Marianismo: La otra cara del machismo"), hay ventajas y protecciones inherentes en este sistema que operan por debajo del radar de los prejuicios culturales de alguien que lo ve desde afuera. Por ejemplo, ella cita el dilema que enfrentan las mujeres estadounidenses que trabajan cuando se enferma un hijo. Es un dilema que sus contrapartes latinoamericanas rara vez tienen que enfrentar. "El otorgar una licencia por enfermedad a la madre de un hijo enfermo no es tanto una cuestión de los derechos de la mujer como una cuestión del deber del jefe o jefa de respetar el carácter sagrado de la maternidad que una determinada mujer comparte con la Virgen María. Intenta decirle eso a tu jefe estadounidense la próxima vez que estés programada para dar una presentación importante y tu hijito tiene una fiebre alta, y ni la abuelita ni tu madre pueden darte una mano para cuidarlo. Lo que podemos afirmar, sin embargo, es que es posible que el modelo del marianismo nos haya beneficiado en nuestros países de origen, pero definitivamente no nos beneficia en este país, no sin antes ponerlo al día".

El batallón "con cuerpo" de Mónica está nuevamente en sus asientos. Se corre la voz: "Todo bien, todo bien". Ellas tienen ese resplandor triunfal de mujeres que han vuelto a enderezar el mundo. ¡Qué poder no reconocido poseen! Con razón el Consejo de Obispos Católicos de los Estados Unidos promulgó una declaración apoyando las fiestas de quince años, aun si se trata de un rito exclusivo para muchachas. "En la comunidad hispana, tradicionalmente han sido las mujeres las que transmiten la fe. Las mujeres hispanas son las evangelizadoras y las que enseñan los valores, sin embargo su liderazgo con frecuencia no ha sido reconocido. La bendición de los Quince Años reconoce públicamente ese rol histórico". ¡Aleluya! ¡Si tan sólo la Iglesia Católica diera el siguiente paso y permitiera que mujeres se ordenaran como sacerdotes para guiar a esa feligresía, en su mayoría femenina!

Mónica en realidad ha revivido, está sentada en el sofá comiendo un pedazo de pan, los guantes puestos otra vez. Nuevamente tiene rubor en las mejillas, la sonrisa sólo apenas disminuida por el suplicio de una velada que se ha ido deshilvanando a cada instante. Pero las tribulaciones han acabado. "Todo bien, todo bien". ¡Qué comience la fiesta!

No hay ningún redoble de tambores. Ninguna entonación sensiblera de versos en español por parte del maestro de ceremonias. Ningún mariachi cantando "Las mañanitas" a $500 la sesión. Después de todo, ésta es una fiesta de quince años de clase trabajadora. El maestro de ceremonias lee la hoja de papel que Mónica le escribiera antes: presenta a cada pareja. Cada pareja se detiene por un momento en lo alto de la escalera, luego desciende, atraviesa la pista de baile hasta el otro extremo del salón y se coloca donde aguarda el columpio.

Primero, el Sr. y la Sra. Ramos: ella, radiante en un traje de baile amarillo pálido con tirantes finos; él, elegante y fresco en su esmoquin, no el hombre corpulento, sudoroso y en camiseta que conocí esa tarde.

Después, el hermano y la hermana, Joselito y Silvia. El maestro de ceremonias menciona que Joselito está en la fuerza aérea, que vino a la fiesta de su hermana y luego tiene que regresar para reparar los aviones para la guerra en Irak. Aplausos. Silvia, en rosa fosforescente con tacones de aguja que la hacen parecer tan alta como su hermano mayor que es de baja estatura, no recibe otra presentación más que la mención de su nombre. Conciente de lo bien que se ha desempeñado toda la tarde tratando de evitar que la fiesta se desbarate, aplaudo. Unos que otros aplauden también.

Sigue la corte y, como me han presentado a todas las muchachas, sé que el maestro de ceremonias se está equivocando. Presenta a Raquel como Alicia, "interpretando el papel de Bella en La bella y la bestia". ¡Pero se supone que Raquel iba a ser Jazmín! No conozco a los muchachos de nombre, pero después, ellos también se quejarán de que los nombres de las parejas estaban todos al revés. Cindy está particularmente ofendida. No sólo tuvo que ponerse un vestido que no le gustaba porque era Blanca Nieves pero, encima de eso, ¡la presentan como Aurora! Sé que no le servirá de ningún consuelo si le digo que no importó en lo más mínimo, ya que la corte no hizo más que bajar las escaleras, luego, abajo, se volvieron para mirarse de frente, el muchacho hizo una venia, la muchacha una reverencia. Tan pronto como termina la actuación coreografiada, Cindy sale disparada al baño de atrás y emerge en un vestidito negro que la transforma de una muchacha que finge ser un personaje de fantasía a una muchacha *sexy* que pudo no haber tenido su propia fiesta, pero que se la va a pasar divinamente en la fiesta de quince de su mejor amiga.

Se presenta ahora al miembro final de la corte: Franz, el chambelán de Mónica, baja las escaleras en su esmoquin blanco. He de reconocer los méritos de este joven que permaneció fiel a Mónica a través de todos los embrollos de esta noche, una presencia tranquila, chequeando y volviendo a chequear su teléfono celular. Este último parece ser el accesorio de rigor para la mayoría de los jóvenes aquí reunidos. Nunca vi a Franz realmente hacer una llamada o hablar con alguien, pero sigue consultando su celular de la misma forma en que los hombres de una generación previa pudieron haber consultado sus relojes de bolsillo. Más tarde, veo a una de las invitadas jóvenes caminando por la pista de baile, no con la carterita de fiesta con lentejuelas que recuerdo de ese tipo de fiestas cuando yo era joven, sino con su celular en mano. Me pregunto si entre las instrucciones indescifrables que Mónica le anotó al maestro de ceremonias, hizo la aclaración de que se apagarán los teléfonos celulares durante la presentación. Pero no suena ningún teléfono, no suena ninguna melodía vagamente familiar anunciando una llamada. Finalmente, las cosas están mejorando.

Franz encuentra los zapatos de tacón que alguien ha colocado en medio de la pista de baile. Los levanta y los estudia y, luego, lentamente, de modo que todos puedan asimilar el efecto dramático, se da una vuelta de 360 grados —¡caramba! este muchacho hace muy bien su papel— buscando a la dueña de las deslumbrantes "zapatillas" plateadas de tacón alto.

A medida que él da la vuelta completa, ella aparece en lo alto de la escalera, la princesa de la velada, ¡Mónica Altagracia Ramos! Franz retrocede asombrado, luego avanza y se coloca a un lado, aguardando su descenso, un hombre que ve una aparición. ¡Todos vemos una aparición! Mónica se ve radiante y hermosa mientras desciende las escaleras, disfrutando el momento en que todas las miradas se posan en ella y su precioso vestido. El maestro de ceremonias no tiene que pedir un aplauso para la señorita, todos estamos de pie, aplaudiendo frenéticamente para darle la bienvenida a esa recién llegada que hoy se vuelve mujer. Y de nuevo, aunque he visto entre bastidores las cuerdas y poleas que sostienen este momento en su lugar, a menudo deshilachadas o a punto de romperse o quizá porque las he visto, se me llenan los ojos de lágrimas y lloro por Mónica, por su belleza y su inteligencia y su espíritu tenaz. ¡Ojalá que prospere! ¡Ojalá que sea la reina de su propia vida!

Adormecidas por los viejos cuentos

Yo misma seguía fracasando en mi intento de ser la princesa del cuento de hadas con el final de "y vivieron felices para siempre" que se me había inculcado. Pero al igual que las hermanastras, estaba decidida a hacer que me quedara el zapato. Probar que en efecto yo era la verdadera Cenicienta, digna del amor de un apuesto príncipe.

En realidad, después de varios años en la Academia Abbot, yo le había dado otro nombre al cuento. Quería ser una heroína romántica, salida de una novela de George Eliot o de Jane Austen, pero de todas formas era el mismo relato. Una historia de amor en la que un hombre se hacía cargo de mí, un hombre que sanaría las divisiones, que me haría sentir completa y feliz.

No obstante mi preparación estelar en la Academia Abbot y los ejemplos de maestras como la Srta. Stevenson, esta historia seguía siendo el sistema operativo en mi mente y, más importante aún, en mi corazón. En realidad, esa confusión había llegado a un punto crítico en la misma cultura estadounidense. Mi dosis era simplemente más fuerte en virtud de que era reforzada por una cultura familiar que ni siquiera permitía que hubiera ambiciones académicas más allá de cierto punto. Como lo advierte el sociólogo Lisandro Pérez, de Miami, la fiesta de quince años marcaba tradicionalmente el final de la preparación académica de una muchacha. "Se pensaba en enviar a un hijo varón a la universidad, pero esto es lo que uno hacía por ella ... una manera de anunciar su ingreso ... en el galanteo".

De modo que mi preparación escolar en la Academia Abbot no sólo me puso en conflicto con mis padres y mi cultura, sino que me puso en conflicto conmigo misma. No sabía cómo integrar las distintas personas que competían dentro de mí. ¿Qué modelos de mujeres tenía en mi familia que hubieran hecho esto? ¿Qué modelos había de mujeres hispanas que lo estuvieran haciendo? (Estábamos a mediados de los años sesenta; el movimiento en pos de los derechos civiles apenas comenzaba. Chiquita Banana y Ricky Ricardo eran los únicos dos hispanos que veía en la televisión y ambos me hacían sentir avergonzada). Mis maestras en *Abbot* eran mujeres anglosajonas que enfrentaban sus propios retos, es verdad, pero no compartían ninguno de ellos ni con mis compañeras ni conmigo. La única manera en que pude haber detectado la presencia de esas presiones en sus vidas era por la vehemencia adicional que ponían en las discusiones sobre por qué en *Orgullo y prejuicio* las hermanas Bennet debían encontrar maridos idóneos o por qué Tess en *Tess, la de los Ubervilles* queda arruinada una vez que permite que Alec la seduzca.

Los libros que leíamos —textos canónicos escritos en su mayoría por autores masculinos blancos, británicos y estadounidenses— tampoco fueron de gran ayuda. La literatura escrita por autores de otras culturas, en un currículo multicultural, que me hubiera presentado otras opciones o me hubiera dado el vocabulario y el marco de referencia por medio del cual por lo menos nombrar el problema, estaba a unos veinte años en el futuro. La ayuda que recibí fue: "Regresemos ahora al momento preciso en que se anuncia ese examen final..." o la renovación de una receta médica para conseguir anfetaminas con las que pudiera dejar atrás a las furias.

El estar en la escuela me había funcionado como si fuera un avión que aguarda dando círculos en el aire hasta recibir la señal de aterrizar. Pero *Abbot* estaba a punto de terminar. Se suponía que la universidad era el siguiente paso, pero yo seguía desmoronándome bajo la presión. La directora de la academia les sugirió a mis padres que me dieran un año libre. Después de todo, yo era menor que la mayoria de mis compañeras de último curso, ya que acababa de cumplir los diecisiete años a fines de marzo. Por otra parte, ninguna de las universidades a las que había enviado mi solicitud de ingreso me había aceptado. Sin duda mis maestras en *Abbot* se habían visto obligadas a mencionar mi comportamiento desconcertante en cuanto a tomar exámenes, aun cuando presentaban circunstancias atenuantes o mencionaban una mejoría, al momento de escribir sus cartas de recomendación. Y, por supuesto, ya que había abandonado los exámenes *SAT* y otras pruebas de rendimiento, tenía un promedio de notas malísimo. El *Connecticut College for Women* —como entonces se llamaba la universidad sólo para señoritas— me puso en lista de espera. Eso tuvo mucho que ver con el hecho de que mi hermana mayor había completado allí su primer año de universidad, gozaba de popularidad y había salido bastante bien en los exámenes.

Me encontraba en un dilema en cuanto a qué hacer, sobre todo cuando cambió mi estatus de estar en la lista de espera a ser aceptada en *Connecticut College*. Tenía unas cuantas semanas para decidir si aceptaba o si me tomaba un año libre para darme un respiro. Como solía suceder en estas coyunturas cuando tenía que tomar una decisión, mis múltiples yos internos clamaban dentro de mí, me exhortaban en direcciones divergentes. Me sentía atormentada por la indecisión. Fue entonces cuando llegó una invitación de la ciudad natal de mis padres, Santiago. ¿Podían mandar a mi hermana mayor en representación de la familia al

baile de presentación de señoritas en sociedad? Mi hermana
mayor, que entonces entraba al segundo año de universidad, se
negó rotundamente. Mi padre me rogó que fuera yo. El que una
de sus hijas fuera presentada en sociedad en el baile anual era
una forma de mostrar lo bien que le había ido en Estados Unidos.
Incluso ofreció pagarme lo que habría ganado si me hubiera quedado a trabajar en el Centro Médico. Mientras tanto, mi madre,
persuadida por los consejos de la directora del internado, sugirió
que fuera a pasar el verano y que viera si me gustaría quedarme
ahí por un año o más.

Santiago en 1967 era una ciudad pequeña y aletargada con un
ambiente de pueblecito. Sentí como si hubiera entrado en una
novela de Jane Austen, un mundo del siglo XIX, pero sin el sentido liberador de ironía que tenía Austen. La Academia Abbot
había sido estricta, ¡pero esto era el colmo! Había que salir con
chaperón, los jóvenes nos llevaban serenata y ni siquiera podíamos mostrar el rostro por la ventana, había tardeadas que tomaban lugar en casa de las matronas locales donde se suponía que
debíamos refinar los modales. Recuerdo una visita a la casa de un
poeta de la localidad para que nos escribiera un poema a cada una
de las jóvenes para ser declamado la noche de la presentación en
sociedad mientras hacíamos nuestra entrada. He aquí la segunda
estrofa del poema que escribió para mí:

> Va llegando. Reluce su cabellera.
> Su pie madrigaliza en la alfombra al pisar.
> ¡La arrullan viejos cuentos de hadas y quimeras
> y se inclinan las rosas al sentirla pasar!

Puedo asegurarte, querido lector, que no se trataba de una americanita de cara redonda que hacía zarpar mil barcos. Cada señorita
recibió dos estrofas igualmente hiperbólicas, las cuales podríamos

haber intercambiado entre nosotras. En realidad, no sé por qué el poeta tenía necesidad de vernos. Quizá para evitar cometer el error de describir un par de ojos castaños como el cielo azul o a una muchacha morena como si tuviera la piel blanca como la nieve que él nunca había visto.

Había veintisiete señoritas en total, de diecisiete y dieciocho años, muchas de las cuales también habían tenido una fiesta de quince años. Pero sólo Dilita y yo no vivíamos en Santiago. Como tal, fuimos objeto de mucha atención adicional por parte de los jóvenes del pueblo que habían crecido con todas las demás muchachas de nuestro grupo y que, indudablemente, estaban listos para ver caras nuevas. No sólo eso, pero en virtud de haber llegado de allá, se suponía que fuéramos más alocadas, menos provincianas, más divertidas.

Era una interpretación errónea que Dilita y yo explotábamos, poniéndonos pantalones *jeans* y blusitas breves, el pelo suelto y largo. Originalmente, se suponía que me iba a quedar con un tío en el campo, pero muy pronto pedí quedarme con Dilita en casa de sus tíos en la ciudad. La galería de la casa de Mamacán y Papá Rafael sobre la avenida principal se convirtió en el punto de reunión para nuestro grupo de presentación en sociedad y los compañeros, hermanos, primos y amigos varones.

Por supuesto, Mamacán siempre estaba allí haciendo de chaperona. Ella y Papá Rafael eran indulgentes pero no laxos cuando se trataba de las reglas y de nuestra reputación. Pobre Mamacán, nos daba consejos sobre cómo comportarnos, lo que se esperaba de nosotras, como no meter la pata para que no nos botaran del baile de presentación. Quizá si su sobrina Dilita hubiera estado sola, lo cual era el plan original, Mamacán hubiera tenido éxito. Pero juntas, las dos éramos mucho más atrevidas de lo que hubiéramos sido de haberse tratado de solamente una de nosotras.

Este debut anual en el Centro Español era un evento para las hijas de las mejores familias, lo cual en una ciudad pequeña quería decir principalmente muchachas de clase media cuyos padres tenían una profesión: médicos, abogados, hombres de negocios. Aunque yo me sentía como alguien de fuera, junto con Dilita, parte de mí anhelaba lo que me parecía como una vida más simple, sin las complicaciones y divisiones que conllevaba la emigración. Era tentador: la atención, el coqueteo, el alboroto que se armaba en torno a nuestro grupo. En ocasiones llegaban postres de casa de la madre de alguno de los jóvenes, señal de que nos consideraban un buen partido para sus hijos. En una época en que me sentía absolutamente carente de poder, despertaba con un nuevo tipo de poder, el poder sexual, el cual por varias razones, entre ellas una educación segregada por género, yo nunca antes había experimentado. Saber que yo era capaz de atraer miradas y conquistar corazones era una sensación embriagadora. Durante varias semanas, al menos, se me subió a la cabeza, haciéndome creer que quizá esto bastaba para ser feliz.

Dilita muy pronto tuvo un novio, Eladio, alto, de pelo negro azabache, el muchacho más guapo de la ciudad. ¡Qué suerte la de Dilita! A mí me tocó el Sancho Panza comparado con su Don Quijote, su amigo Manuel Gustavo, bajo y fornido, a quien apodé de broma, Mangú, como el plato de plátano machacado que se sirve con cebollitas fritas y pedazos de queso. Al principio este muchacho no me atraía en lo más mínimo, pero después de varias serenatas, ramos de flores, postres de su mamá, me empecé a autoconvencer de que estaba enamorada. Locamente enamorada de la idea de ser una heroína romántica.

Ignoré pequeñas advertencias que deberían haber sido señales de alerta. Su posesividad, el que le disgustara que yo hablara con alguien más del sexo masculino a menos que fuera mi pariente o que tuviera menos de doce años o más de cuarenta, su insistencia

de que lo llamara antes de salir de casa explicándole adónde iba.
Por supuesto, desobedecí, disfrutando de las escenas dramáti-
cas resultantes, más que nada porque me sentía cada vez más
aburrida.

Había llegado a mediados de junio y el baile de presentación
en sociedad no se llevaría a cabo hasta fines de julio. No había
mucho qué hacer además de visitar a la familia y asistir a la serie
de fiestas donde los muchachos principalmente se emborracha-
ban y las muchachas chismeaban. Nadie parecía leer libros. Nadie
parecía querer discutir el significado de la vida o de un poema de
e.e. cummings. Quizá se debiera a que yo ya no hablaba bien el
español. Después de siete años fuera no podía formular mis pensamientos y sentimientos en ese idioma que pertenecía a la niñez.
Realmente no podía comunicarme con Mangú o con mis familiares o las demás muchachas. Pero aun con Dilita, con quien
hablaba esa mezcla de inglés y español que más tarde se
denominaría "spanglish", de todo lo que hablábamos era de Eladio y de Manuel Gustavo, y de las otras muchachas y sus novios y
de lo que se traían entre manos, así como de todos y cada uno de
los detalles del arreglo personal: qué nos pondríamos para una
fiesta, cómo se nos veía el cabello, de qué color pintarnos
las uñas.

Sentía un vacío perturbador. Mi formación en la Academia
Abbot había poblado toda una mansión en mi mente; ahora las
habitaciones estaban desocupadas, embrujadas con heroínas que
añoraban que yo volviera y abriera las ventanas, dejara entrar
la luz y el aire, abriera la tapa del piano, hablara acerca de
e.e.cummings, del significado de la vida. Pero parecería que yo
era incapaz de regresar, no podía contemplar ni una sola idea; la
lectura era superior a mis fuerzas. El esfuerzo de tener una vida
interior en medio de una familia y una cultura donde ese tipo de

pasatiempo solitario no era visto con buenos ojos, era superior a mis fuerzas. Sentía como si me estuviera volviendo loca, dejando atrás mi yo americano.

Desde Queens llegaron llamadas telefónicas de mis padres, quienes se habían enterado de que yo estaba saliendo con Manuel Gustavo, cuya familia era vieja amiga de la nuestra. Sentí que las aguas se cernían a mi alrededor. —¡Me dijeron que la estás pasando de maravilla! —me tanteó mamí.

Sí, me la estaba pasando como nunca, le dije. —Cuéntale a Maury —. (La rivalidad con mi hermana mayor todavía era profunda).

—¿Quizá deberías quedarte, tomar un curso secretarial? —sugirió mi madre—. Digo, como te gusta tanto estar allá.

—No quiero ser secretaria —contesté con brusquedad. No comprendía mi propia rabia. Era cierto que la estaba pasando bien. Pero al instante en que mi madre mencionó que podía quedarme, sentí una punzada de pánico, no muy distinto de lo que sentía cuando tenía que tomar un examen. "¿Por qué no te sales? ¿Por qué mejor no te vas ahora?"

—Bueno, todavía tienes unas semanas para decidirte.

Las cosas llegaron a un punto crítico una tarde cuando Dilita, Eladio, Mangú y yo nos escapamos a la playa. No me imagino cómo fue que evitamos los ojos vigilantes de Mamacán, pero lo logramos. Algún ensayo al que habíamos ido con nuestro grupo, el cual abandonamos montándonos en el auto que Mangú le había pedido prestado a un amigo, y nos dirigimos a la playa de Sosúa. La idea era que regresaríamos a casa antes del anochecer y que nos dejarían a la vuelta de la esquina para volver a casa a pie, fingiendo haber regresado apenas del ensayo.

Se notaba que Dilita y yo habíamos estado viviendo anónimamente allá, en Estados Unidos, y pensábamos que podríamos salirnos con la nuestra en esta aventura secreta. Santiago era un pueblecito. Forzosamente alguien nos vería e iría con el chisme a la familia. Pero Eladio y Manuel Gustavo deberían haber sido más juiciosos. Pero la verdad es que ellos eran hombres. "Los hombres son de la calle; las mujeres de la casa", nos recordaba a menudo Mamacán. ¡Ja! Pues, ¡se equivocaba! Nos reíamos de nuestro atrevimiento, los muchachos tomaban Presidente a pico de botella, nos ofrecían tragos, todos nos sentíamos de mucho mundo, maravillosamente. Por lo menos durante la primera media hora; luego, yo al menos, comencé a tener mis dudas.

Eladio y Dilita entraron en una conversación entre susurros en el asiento trasero, interrumpida por silencios prolongados de besuqueos. No queriendo quedarse atrás, Mangú alargó el brazo y me jaló a su lado. Recuerdo el olor perfumado de su colonia, la banda ancha de su reloj de oro sobre el brazo moreno, la sensación de que él era fuerte y podía subyugarme si lo deseara. A ese punto de mi vida sólo me habían besado castamente un par de muchachos en las fiestas mixtas de *Abbot,* pero eso era todo. A pesar de hacer alarde de mis costumbres americanizadas alocadas, yo era realmente una "puritana".

Una vez en la playa, Dilita y Eladio desaparecieron quién sabe dónde. Mangú, que ahora tenía las dos manos libres, me acorraló en sus brazos, sus ojos fijos en mis labios mientras yo seguía con el güiri güiri: una estrategia a la Scheherezada que me había ingeniado, seguir hablando para salvarse la vida.

Él quería que fuéramos a nadar, pero me rehusé. No había llevado traje de baño y no iba a quitarme "nada" frente a este muchacho cachondo. Finalmente se dio por vencido, se quitó los pantalones y la camisa y corrió a la playa en ropa interior, zambulléndose en una ola que rompía. Me senté en el capó del coche con su ropa y el reloj de oro que había dejado conmigo, tratando de imaginarme cómo sería estar casada con este muchacho. Y supe con una certeza que no siempre me acompaña, que no sería feliz si me quedara aquí y tratara de retomar la vida que había dejado siete años atrás cuando emigramos.

Para cuando regresamos a Santiago ya había oscurecido, y Mamacán y Papá Rafael estaban fuera de sí de la preocupación de que nos hubiera pasado algo. Varias personas los llamaron para decirles que nos habían visto pasar en un auto acompañadas de unos hombres, hacia las afueras de la ciudad. Nuestra escapada se convirtió en todo un escándalo, culminando en que tanto Dilita como yo tuvimos que ir a confesarnos y asistir a misa la mañana siguiente para reestablecer nuestra reputación mancillada. Hubo la amenaza, no sé qué tan real, de que se nos eliminaría del grupo de la presentación en sociedad. Ese día, más tarde, cuando llamaron mis padres, estaba segura de que ya les había llegado el chisme hasta Queens acerca del comportamiento deplorable de su hija. Pero no, era mi mamá, recordándome que el plazo de inscripción se vencía la semana próxima. ¿Quería que ella enviara el depósito a *Connecticut College*?

Me sentí como una persona a punto de ahogarse cuando escucha el ¡plaf! reconfortante de un salvavidas que aterriza a su lado. Por supuesto que lo tomé.

Tocar y volver a tocar la misma cinta

Al reflexionar sobre mi vida cuando era jovencita, he llegado a preguntarme si era psicológicamente torpe. ¿Por qué tuve que aprender la misma lección una y otra vez? Y otra vez. Estoy convencida de que nuestra estructura básica se forma en los primeros años de vida, y que requiere de mucho tocar y rebobinar la cinta antes de progresar lentamente más allá de esas fallas imprevistas que hacen que nos atoremos cada vez. En cada nueva etapa de la vida, todo lo que aprendimos cuando éramos tontos tiene que transferirse a esta nueva etapa, y en la transferencia, resulta tan fácil sufrir una regresión a esas divisiones antiguas, cometer el mismo error una vez más todavía.

Después de tres años y medio en la universidad, a medida que la graduación se aproximaba de nuevo, me encontré sumida en el mismo embrollo. ¿Quién sería yo ahora que ya era adulta? Y de nuevo, no era solamente la sensación de estar dividida entre mi cultura latina *and my American culture.* La mayoría de las alumnas del último año, si no es que todas, experimentábamos una confusión parecida. Éramos la generación al frente del movimiento feminista. Nuestras madres, en su mayoría, eran amas de casa tradicionales y su ejemplo no nos era de mucha utilidad. Nuestra formación académica supuestamente nos había preparado para el mundo profesional. Pero dadas las oportunidades existentes en el mundo que nos rodeaba, sin mencionar el techo de cristal y la disparidad salarial, en realidad parecía más como una versión glorificada "del curso secretarial dominicano", disfrazado de una licenciatura en filosofía y letras. Las perspectivas de trabajo eran tales que no podríamos costearnos la vida a la que estábamos acostumbradas, la cual hasta ahora había sido pagada con el trabajo de nuestros padres. Era notable que durante ese último semestre de la universidad, muchas de mis compañeras de clase estuvieran formalizando relaciones con sus novios, comprometiéndose, como si todas supiéramos que más allá de esta burbuja académica, el mundo no era un lugar hospitalario para una mujer sin hombre.

La idea de que el romance es la solución rápida está, por supuesto, inserta en los aspectos de Cenicienta de la fiesta de quince años. El peligro reside en que las latinas jóvenes intenten representar ese cuento en la realidad de sus vidas después de la fiesta de quince años. Ángela Fajardo, quien se crió en el este de Los Ángeles y ahora es profesora en esa ciudad, me dijo en confianza que muchas jovencitas acaban embarazadas y abandonan los estudios poco después de sus fiestas de quince. Ella se pregunta si la tradición, la cual originalmente señalaba que una muchacha estaba en edad de casarse, les da a las latinas jóvenes un mensaje contradictorio: ahora puedes comenzar a ser sexualmente activa, ya eres adulta y puedes hacer lo que te plazca. Nicolás Menjivar, ministro de la iglesia El Buen Pastor, un templo 100 por ciento de habla hispana en Durham, Carolina del Norte, coincide en que muchas veces las jóvenes consideran su fiesta de quince años como una especie de boda, como un permiso para arrejuntarse con el chambelán de honor. Es una manera de volverse adultos o, al menos, eso creen. Recuerdo cómo, de las siete muchachas a quienes el coreógrafo Jaider Sánchez instruyó en Denver, cuatro de ellas lo invitaron a sus *baby showers* a sólo un año de sus fiestas de quince.

Pero yo ya había aprendido mi lección con Manuel Gustavo en la República Dominicana. Enamorarme y casarme, como muchas de las muchachas de mi grupo de presentación en sociedad habían hecho o estaban haciendo, no iba a resolver mis divisiones internas ni a hacerme feliz. Quizá aprender esa lección una vez hubiera sido suficiente si no me hubiera sentido tan atrapada y arrinconada a medida que se acercaba mi graduación universitaria. —¿Quién iba a ser ahora? —me preguntaba.

Algunas de mis amigas hablaban de mudarse a Boston o a Nueva York, conseguir empleo, compartir un apartamento. Parecía haber un poco más de flexibilidad de opciones para las muchachas de cultura americana. Pero esa flexibilidad de opciones no existía dentro de mi familia. Había los dos estados de la condición femenina latina, la madre-virgen del marianismo o la Malinche-puta. De hecho, mis padres permitían un tercer estado, la intelectual, lo cual los hacía más progresistas que otras familias latinas. Dado que todos esos estados del ser femenino lo eran en referencia al control masculino, las niñas decentes permanecían bajo el techo paterno hasta el matrimonio. En otras palabras, nada de apartamento con tus amigas si quieres seguir formando parte de esta familia. Punto final.

Debido a que me llevaba un año, mi hermana mayor a veces le hacía frente a las adversidades que nos presentaba la vida y, por tanto, me abría camino. En esta ocasión no me sirvió de mucho, ya que ella había optado por prolongar su libertad al hacer un posgrado, algo que yo no deseaba hacer (¡más presión, más exámenes!). Por otra parte, ni hablar de regresar a la casa paterna en Queens. Después de vivir en residencias de estudiantes por casi ocho años, estaba acostumbrada a cierto grado de autodeterminación e independencia. Las reglas anticuadas de mis padres, aunadas a la necesidad que sentía mi mamá de controlar por completo a sus hijas, me hubieran hecho imposible vivir en esa casa.

Entra en escena mi primer marido, a fines del semestre de otoño de mi último año en la universidad. Un músico joven, él y su hermano mayor vinieron a tocar en la universidad. ¡Qué hombre tan bello! Y Dios mío, ¡cómo cantaba! Quedé perdidamente enamorada de él y supongo que él se sintió halagado de que una muchacha universitaria le hiciera caso. Fue así como sucedió. Comenzamos a salir. Lo invite a venir durante unas vacaciones del Día de Acción de Gracias para que conociera a mi familia. Mis padres pusieron el grito en el cielo. ¿Acaso estaba loca? ¿Loca de remate? Yo era una muchacha inteligente con una educación universitaria. Él había abandonado la escuela secundaria. Él era judío. Yo era católica. (No practicante en lo absoluto, al igual que mis padres, pero no obstante, los latinos de la generación de mis padres tendían a ser culturalmente religiosos mucho después de que hubieran dejado de escuchar al Papa o de asistir a misa). Él era pobre. ¿Con qué demonios creía yo que íbamos a vivir?

Tenían razón, aunque no necesariamente por las razones que

me dieron. Pero aun si me hubieran presentado los mejores argumentos, dudo mucho que hubieran conseguido algo. Como el poeta William Butler Yeats advierte en su poema "Una mujer joven y vieja", se trata un problema antiquísimo, las muchachas que se enamoran en contra de las advertencias de sus padres de un hombre que sin duda les romperá el corazón:

> Ella me escucha golpear la mesa y decirle
> Que tiene prohibido lo mismo
> Que todos los hombres y mujeres decentes,
> Ser mencionada con un hombre
> Que tiene la peor de las famas;
> A lo que ella responde
> Que él tiene el cabello hermoso,
> Frío como el viento de marzo sus ojos.

Mis padres intentaron absolutamente todo. Amenazaron con enviarme de vuelta a la República Dominicana en el acto. ¿A la fuerza? ¡No podían hacer eso! Yo llamaría a la policía. ¿Con que me había convertido en el tipo de muchacha que echaría la policía a sus padres? ¡Ay, Dios santo! ¡Qué monstruo habían criado! Finalmente, me dieron un ultimátum. O dejaba de ver a ese tipo o no pagarían la colegiatura de mi último semestre y tendría que abandonar mis estudios. Además, me quedaría sola. No tenía que molestarme en regresar a casa nunca más.

Así que hice lo que hacen las niñas buenas que no tienen suficiente carácter para resistir la desaprobación: pasé a la clandestinidad. Me iba a escondidas con mi novio los fines de semana a casa de su hermano mayor. En uno de esos fines de semana, mis padres, que seguro sospechaban que yo había cedido con demasiada facilidad, llamaron a la residencia de estudiantes. A la cuarta o quinta llamada, quienquiera que operaba el conmutador se fastidió y les dijo que no tenía objeto seguir llamando, que me había ido de fin de semana con mi novio. El domingo cuando regresé había varios mensajes urgentes de que llamara a casa de inmediato. Ya era tarde cuando me comuniqué con una de mis hermanas que ya había regresado a casa para las vacaciones de Navidad. Me dijo que yo estaba metida en un gran lío. De hecho, papá estaba dispuesto a llegar a la mañana siguiente y matar al fulano.

¿Qué hacer? ¿Cómo rectificar el haberme ido a pasar la noche con mi novio? Por supuesto, ya conocía mis opciones: o virgen o madre o intelectual. Acababa de destruir la última y la primera opción con mi desobediencia. Hice mis maletas y fuimos en carro a casa de los padres de él. Sus padres estuvieron de acuerdo en firmar un permiso legal para que su hijo menor de edad, de diecisiete años, se casara conmigo, una muchacha de veinte años muy inmadura (aún no comprendo el que ellos accedieran a hacer semejante cosa). Tan pronto como terminó la "ceremonia" decepcionante —en la cocina del juez de la localidad, su perro encadenado ladrando afuera—, llamé a casa con las buenas noticias. ¡Ya era una mujer casada! No sé por qué pensé que una licencia rectificaría el haberme casado con la persona equivocada.

Al principio mis padres cumplieron con su amenaza: cortaron todo tipo de comunicación y de fondos de manutención. Pero luego, al darse cuenta de que ahora más que nunca, casada con un músico, quien para colmo había abandonado los estudios de la secundaria, yo necesitaría un título, estuvieron de acuerdo en pagarme el último semestre en la universidad. Únicamente la colegiatura. Me las tendría que arreglar para pagar mis propios gastos.

Lo cual me pareció justo. Rentamos un apartamento diminuto a corta distancia de la universidad. Mis amigos venían a casa y pasábamos horas en uno de los dos cuartos discutiendo nuestros poemas y cuentos. Mi esposo se quedaba sentado sin hacer nada, silencioso y malhumorado, sintiéndose fuera de una conversación que rebasaba su entendimiento. Cuando se iban mis amigos, estallaba la pelea, mi esposo los criticaba por ser unos esnobs, yo los defendía. Los pleitos nos dejaban agitados, lastimados, confundidos. No estaba funcionando, ¡pero yo tenía que hacerlo funcionar! Después de todo, había cerrado todas las puertas al único mundo que conocía aparte de la escuela, mi familia.

Después de la graduación, a principios del verano, tratamos de renovar el alquiler, pero el casero se negó. Una vecina dijo que no soportaba nuestros pleitos constantes. Así que seguimos mudándonos, viviendo en moteles que ofrecían tarifas semanales, subsistiendo apenas. Yo conseguía trabajo de mesera siempre y dondequiera que mi esposo y su hermano conseguían tocar. Cuando no nos alcanzaba con lo de la música y mis propinas como mesera, yo tomaba otro empleo en un hogar para personas con retraso mental pronunciado. El segundo turno, trabajando de las dos de la tarde a las once de la noche. Daba de comer a pacientes en su mayoría postrados en cama, les cambiaba pañales, limpiaba su suciedad. Los cheques al final de la semana no alcanzaban para cubrir los gastos. Así que conseguíamos un alojamiento más barato, pasábamos privaciones, recibíamos cupones de alimento de parte del gobierno. Sus padres eran demasiado pobres para ayudarnos. Mis padres me habían desheredado. Y lo peor para mí de toda esa situación era la falta de imaginación que representaba. No había una historia de amor redentora que aliviara esa sensación creciente de que había cometido un grave error y ahora tendría que pagar las consecuencias.

Pero tuve suerte, pues se me presentó una oportunidad para salir de este aprieto. Mi papá llamó de su consultorio y me preguntó si acaso podría ir yo sola a casa para el Día de Acción de Gracias para dar a la familia una oportunidad de reconciliación. Decidí ir, a pesar de las amenazas de mi esposo de que si iba donde él no había sido invitado, que ni me molestara en volver.

Y sin embargo, llegada la hora, él me llevó a la parada de auto-buses *Greyhound* a varios pueblos de distancia, me besó al des-pedirnos como si, al igual que mis padres, no cumpliría con su amenaza. Miré por la ventana mientras el autobús se alejaba. To-davía era tan hermoso que dolía verlo, sus ojos fríos como el viento de marzo. Sentí la misma mezcla de sentimientos como cuando abandonaba los exámenes y veía a mis compañeras de clase inclinadas sobre sus cuadernos azules, respondiendo. Arre-pentimiento y vergüenza de no ser como ellas que alcanzaban el éxito; un alivio inmenso de salir de allí.

Esa Navidad regresé al mismo pueblecito aletargado de San-tiago, donde un abogado me ayudó a conseguir un divorcio *exprés*. El gobierno acababa de aprobar una nueva ley para estimular el tu-rismo. Se le conocía como el "divorcio al vapor". Uno podía ir por un fin de semana, verse liberado de sus votos matrimoniales justo a tiempo para irse a la playa, asolearse y conocer a un hombre nuevo. Pero no salí a ningún lado, no llamé a Manuel Gustavo ni a ninguna de las muchachas del grupo. Tenía veintiún años, era una mujer perdida, sin la posibilidad de volver a "casa" excepto dentro de un rol muy limitado. Así que regresé a Estados Unidos, y por un rato viví con mis padres y trabajé en la ciudad de Nueva York, tratando de subsanar mi relación con ellos. Yo había arruinado todas mis posibilidades, mi mamá seguía reprochándome. Nunca se me ocurrió preguntarle, ¿qué posibilidades? O preguntarme si acaso esas eran las posibilidades que yo quería a estas alturas.

Los tropezones te hacen levantar los pies

¿Por qué vuelvo a revivir esos momentos? Supongo que me gustaría llegar a comprender aquellas instancias que me hi-cieron tropezar cuando era una mujer latina joven, con la espe-

ranza de ahorrarle el disgusto a alguien más. No que alguien más
pueda aprender de mis errores. Nadie aprende en cabeza ajena,
como reza el dicho. Pero a través del tiempo, creo que cierta sabiduría se filtra entre las generaciones. Tratar de ver tan claramente
como sea posible lo que pueda suceder, nos enseña a mantenernos
alerta. Que podamos sentirnos menos solos y más animados en el
esfuerzo de armar ese rompecabezas con versiones más amplias
de nosotros mismos. Aun cuando vayamos a contracorriente de lo
que la familia, nuestra cultura y la cultura dominante nos digan.

Después de medio año de vivir con mis padres, seguí el ejemplo de mi hermana mayor e hice una solicitud para el posgrado.
El mundo académico se estaba convirtiendo en un refugio y
nuestro hogar en este país. Y lo bueno de una maestría en creación literaria: ¡uno podía llevarse los exámenes a casa! Me fue de
maravilla en *Syracuse University,* me enamoré pero sin perder el
enfoque y, por tanto, perdía a mis amantes. Con el paso del tiempo
me di cuenta de que si yo era fiel a lo que me encantaba hacer, la
mayoría de los hombres se alejaba por cuenta propia. Dadas sus
preferencias personales, los hombres —al menos los de mi generación— parecían querer a una mujer cuya preocupación fueran
ellos, no sus propios poemas y novelas.

Después de la graduación, conseguí un empleo en Kentucky
como poeta en las escuelas públicas, un puesto que mantuve por
dos años en que viajaba por todo el estado dando talleres de escritura en escuelas, prisiones y asilos de ancianos. No pagaba
mucho, pero tampoco necesitaba de mucho. Era feliz, escribía,
me sentía libre. Parecía que mi vida iba por buen camino. Lamentablemente, tuve buena y mala suerte. Conocí al príncipe ideal,
excepto que no era el que me convenía.

Mi nuevo galán era un inglés, que fiel a la tradición británica
del segundo hijo, había venido a las colonias y había conseguido
un empleo administrativo en una compañía de cables telefónicos.

Con su acento británico, su formación en internados, sus buenos modales, el rol de príncipe le venía como anillo al dedo. Yo estaba asombrada de que tuviera interés en mí, una mujer divorciada, una especie de bohemia, una poeta que vagaba por el estado en su *Volkswagen* amarillo. De nuevo, tuve esa sensación vertiginosa de poder sexual.

De modo que llevé a mi príncipe a casa para que lo conociera mi familia. Necesitaba demostrarle a mi mamá que no era una mujer perdida, que un hombre decente aún podía amarme.

Después de mi divorcio, mi mamá y yo —que habíamos tenido una relación difícil desde la adolescencia— estábamos en pie de guerra. Todo lo que yo hacía ella me lo criticaba. Todo lo que ella hacía me enfurecía. Pero a diferencia de mis amigas americanas en situaciones similares que simplemente cortaban todo vínculo con sus padres, yo parecía ser incapaz de hacer lo mismo. Como mencioné anteriormente, yo tenía a la familia instalada en el disco duro desde siempre. Mi sistema operativo no funcionaba con la categoría "individua sola". Y también estaba mi papi, que bajo el manto del patriarcado, siempre salía en mi auxilio con llamadas telefónicas, apoyo moral, cheques de emergencia de los que mi mamá no debía enterarse. Y mis hermanas, varadas en la línea del frente en el choque entre dos mundos, quienes necesitaban de mi protección y mis consejos. Y finalmente se encontraba mi mamá, a quien yo me quería ganar. Aquella mami bella que nos contaba cuentos y me acariciaba cuando era niña. Cómo anhelaba escucharla canturrear, como la madre azteca, "Mi palomita, mi chiquita, mi niña, mi hija".

Como era de esperarse, mi mamá quedó encantada con mi nuevo pretendiente. En sus ojos había esa mirada amorosa que no había visto en siglos. —Se ve que has aprendido de tus errores. Los tropezones hacen levantar los pies —me elogiaba—. Este es el tipo de hombre que necesitas. Yo sé lo que te digo. Él te hará feliz.

Con el tiempo, comencé a creer que yo también estaba enamorada de él. Su madre fue la única que comprendió los motivos de nuestro romance, ya que incluso mi novio y yo nos habíamos dejado llevar por la corriente. Ocurrió durante un viaje que hicimos a Inglaterra para conocer a sus padres. En algún momento de nuestra visita, mi novio le preguntó a su madre qué opinaba de mí. Es muy linda, me contó que le había dicho. Es divertida, es inteligente, pero no está enamorada de ti. Eso me dolió. Ella se equivocaba, protesté. No le caía bien y ésa era su manera de echarme la culpa. Ah, pero, los años probaron que la madre tenía razón. Yo no estaba enamorada de su hijo, sino enamorada de la posibilidad de completar aquel cuento que una vez me había salido tan mal.

Además, mi mamá y él se llevaban divinamente. Comenzaron a tramar un negocio en la República Dominicana. Resultó que mami siempre había querido montar una compañía de importación farmacéutica que ofreciera medicinas a precios económicos a la gente de nuestra tierra. ¿Cómo era posible que yo ni siquiera lo supiera? ¿Cómo era posible que nadie en casa hubiera oído de esos planes? Ella había conservado archivos con la información de los representantes farmacéuticos de cuando había trabajando en el consultorio de mi papá. Mientras tanto, mi novio ya se había hartado de su trabajo en Kentucky. Aquí se le presentaba una oportunidad de explorar otra ex colonia. Muy pronto mi mamá y él hacían cuentas con una calculadora sentados a la mesa de la cocina.

Papi y yo estábamos sentados a un lado. Periódicamente se cruzaban nuestras miradas y él me guiñaba un ojo. La guerra había terminado, pensábamos ambos. En realidad, lo que mi papá no sabía era que sus problemas estaban a punto de comenzar. Mami comenzaba a desplegar sus alas y aquí estaba un hombre de negocios joven y exitoso que la instigaba y la secundaba. Después de enviar a sus hijas a internados, mi mamá había pasado años administrando el consultorio de papá, encargándose de todo el papeleo, de contratar y capacitar al personal de habla hispana. Ella tenía una energía inagotable. Su propia vida se había visto restringida por su familia y su cultura. Ahora, habiendo aprendido dos o tres cosas de sus hijas testarudas, ella tenía deseos de más.

Qué extraño que le tocara a mi novio sacar a relucir un aspecto de mi mamá que mi papá, que mis hermanas y yo habíamos ignorado. Si él podía liberar a mi mamá y lograr que hiciéramos las paces entre nosotras, seguramente haría lo mismo por mí o más aún.

A él le habría encantado que yo me hubiera sumado a él y a mi mamá para montar un negocio. Pero a mí me aburrían por completo estas sesiones de planeación. Desaparecía por allí para leer o trabajar en un poema. ¿Por qué me aguantaba él a mí? En la euforia inicial del romance y el sexo quizá yo le había parecido exótica con mis amigos medio bohemios, mi familia isleña, mis poemas y mis cuentos. ¿Por qué lo aguantaba yo a él? Al contrario de lo que uno pudiera suponer, él me era totalmente familiar. Si mi primer esposo le resultó atrayente a mi lado *hippy* americano, el segundo era un retroceso a mis tíos y primos dominicanos, hombres que dirigían cosas, hombres que mandaban. Mi mamá tenía razón: mi novio era una pareja excelente para la mujer en la que pude haberme convertido si mi familia se hubiera quedado en la República Dominicana.

Hacia finales del año, vivíamos juntos; no abiertamente, aunque seguramente la astucia de mi mamá pudo haberlo deducido, ya que mi novio siempre estaba "de visita" cuando ella llamaba. Una tarde, él anunció que había aceptado un empleo al otro lado del país en California. Me quedé estupefacta. ¿Ninguna discusión al respecto? ¿Ninguna consideración con que yo también tenía un empleo? Su teoría, repetida a menudo mientras estuvimos juntos, era que él, que ganaba el salario más alto, tenía la última palabra. "Quien paga, manda". Si lo amaba, iría con él.

Yo estaba furiosa. No, no iría. Nos separamos. Quizá todo hubiera acabado allí si me hubiera mantenido firme. Si mami tampoco hubiera comenzado con su letanía: "Estás cometiendo un grave error". Comencé a cuestionar mi decisión *a posteriori*. A sentir que estaba siendo egoísta al no seguir al hombre que supuestamente amaba a California. Además, mi contrato de dos años terminaría muy pronto. Como escritora, el que mi esposo tuviera un salario fijo no era mala idea. Una especie de mecenas (mi novio, de hecho, seguía diciéndome que viniera; que podría escribir a tiempo completo; que él me mantendría). Yo calculaba todo eso con la mente, no con el corazón. Pero eso es lo que puede suceder cuando el paradigma cultural no encaja. Uno se autoconvence.

La noche antes de la boda, estábamos en casa de mi tío en la República Dominicana, mirando un televisor que habían llevado a la sala. Había vuelto a "casa" a casarme bien en esta ocasión, en una iglesia católica con la sanción de la familia. El día siguiente era el día de las elecciones, y los expertos sopesaban opiniones sobre lo que ocurriría. El país sólo recientemente se había librado del dictador, pero un ejército poderoso permanecía al mando. Dependiendo de si el candidato del ejército ganaba, podría haber lío al día siguiente. Varios de mis tíos se habían preguntado si era prudente planear una boda para el día de las elecciones. Era como si incluso los sucesos de actualidad me estuvieran transmitiendo un letrero enorme que decía: ¿POR QUÉ NO TE ZAFAS? ¿POR QUÉ MEJOR NO TE VAS AHORA?

Salí sin ser vista a la terraza y caminé por una vereda al jardín oscuro. La luna debe haber estado alumbrando porque el agua de la piscina resplandecía. Había helechos altos rodeando ambos lados de la piscina. Más allá de los muros altos de piedra yacía una ciudad extraña e inquietantemente silenciosa, salpicada de vez en cuando de una ráfaga de fuegos artificiales previos a la elección o lo que pudieron haber sido disparos. Yo quería escalar esos muros y ¡huir! Pero, ¿cómo huir de la revolución que se gestaba en mi interior?

Mi mamá y mi hermana mayor salieron a ver qué me pasaba. Comencé a llorar. No podía dar el paso adelante. Simplemente no era justo para con mi novio casarme con él cuando me sentía tan insegura.

Mientras hablábamos, recuerdo haber arrancado los helechos, queriendo destruir ese supuesto paraíso tropical que la gente de la televisión predecía que iba a estallar al día siguiente. "Si crees que estás cometiendo un error, entonces debemos cancelarlo", dijo mami. Pude escuchar la desilusión en su voz. Ya conocía su teoría. Que sólo me había entrado miedo, lo cual era comprensible después del fracaso de mi primer matrimonio. Mi hermana mayor, que estudiaba el doctorado en psicología y había pasado largas sesiones hablando conmigo, intentó ayudarme de nuevo.

—¿Qué te dice el corazón?

La verdad es que el corazón me decía sí, no, sí, no. ¿Por qué pensamos que el corazón, las tripas, la psiquis, de alguna manera permanecen ajenos al intranquilizante entrenamiento y condicionamiento que recibimos de la sociedad? Durante meses me había sentido desgarrada por la indecisión; ahora estaba agotada, exhausta. Tratar de decidir cualquier cosa era como hundirse más y más profundamente en el agujero de mis propias tripas. Así que escogí lo que sabía que la gente importante en mi vida, mis padres y mi familia, creían que debía hacer. Me casé con mi novio la mañana siguiente en medio de un golpe de estado militar.

Sobrevivimos la boda; mi tío encontró a un amigo, general del ejército, que vino en su tanque para casarnos. (Bajo la ley marcial, sólo un general podía hacerlo. Tanto aspaviento por tener una boda católica con un sacerdote en una iglesia con toda la familia para nada). Lo que me asombra ahora es cómo aún a pesar de todos esos obstáculos reales, seguí adelante. Tuvimos una luna de miel horrible en el interior de una casa prestada, mi nuevo esposo preocupado de si íbamos a poder salir del país para el final de la semana. Cuando regresamos a la capital, el golpe había terminado; se había acordado una tregua provisional.

Pero nuestra situación fue de mal en peor. Aunque ambos teníamos buenas intenciones, no coincidíamos lo suficiente como para construir una vida juntos. Nuestras inclinaciones, nuestros amigos, nuestros sueños nos llevaban en direcciones distintas. Yo quería un alma gemela que amara la literatura y que me diera el grado justo de apoyo y autonomía. Mi esposo quería lo que la mayoría de los hombres querían en ese entonces, una esposa abnegada, no sin sus intereses propios y sus empleos-pasatiempos, los cuales se sobreentendía que ella muy pronto haría a un lado para comenzar una familia. ¿Quién podría culparlo? La cultura y la familia del viejo mundo también me habían enseñado a mí a desear eso.

Pero mi formación académica me había inspirado posibilidades nuevas. De modo que yo quería y no quería ser lo que suponía que debía ser. Como dijo mi esposo el día en que nos separamos: conmigo él nunca sabía con quién se iba a topar, si con la defensora de los derechos de la mujer o con la Santa Inquisición española.

A los diez meses de casada, mis amigos *hippys* de Berkeley me contaron sobre una nueva obra de teatro fabulosa que estaban dando en la ciudad que había que ver: *for colored girls who have considered suicide when the rainbow is enuf* (para las muchachas de

color que han pensado en suicidarse cuando con el arco iris basta).
Me sorprendió que mi esposo accediera a acompañarme. Nunca
antes ni a partir de entonces he asistido a un espectáculo que se
convierta en un ritual, pero eso fue lo que sucedió. Seis mujeres,
cada una vestida de un color distinto, contaban su historia: contaban del enamoramiento y de haber escogido mal y de pasarla mal
y de quedar deshechas y de no saber adónde iban, a quién debían
amar o quién debían ser o en quién se debían convertir. Bailaban
y cantaban en círculo:

> me faltaba algo
> algo importante
> algo prometido
> una imposición de manos...
> para sentirme entera...
> me faltaba algo
> una imposición de manos
> no un hombre
> encima
> no mi mamá/abrazándome/diciéndome que
> yo siempre sería su niña...
> una imposición de manos
> mi propia santidad liberada...

Al final del espectáculo, las muchachas de color bajaron del escenario, cantando y bailando, haciendo señas al público, en su
mayoría femenino, para que las acompañaran. Así lo hicimos,
meciéndonos y llorando y cantando: "hallé a la diosa dentro de
mí misma/y la amé/la amé con ferocidad".

Mi esposo no sabía qué hacer: rodeado de mujeres, muchas de
las cuales atravesaban por una experiencia catártica. Me invadió un
sentimiento de ternura y tristeza al ver cómo lo había engañado sin

ser consciente de ello. Pero al mismo tiempo, yo misma había quedado atrapada dentro de un cuento tan encantador que no podía
desprenderme de él. Hasta ese momento, cuando entendí a nivel
visceral lo que significaba encontrar a dios dentro de mí misma.
¿Acaso no es eso lo que un ritual puede lograr, conectarnos con ese
poder dentro de nosotros mismos y al hacerlo, también brindar
una sensación de poder a nuestras familias y comunidades?

Ése es el potencial inherente en la tradición de la fiesta de
quince años, lo que gente como Isabella Martínez Wall, Priscilla
Mora y sor Ángela ven en la tradición, razón por la cual desean
que esta práctica se vuelva más universal.

Quizá sea por eso que tantas quinceañeras pronuncian los
mismos lugares comunes como si fuera un mantra: "Voy a pasar
de ser niña a mujer". ¿Por qué eran tan genéricos los versos del
poeta, tan hiperbólicamente poco específicos? No se trataba de
mí ni de Dilita ni de las otras veinticinco muchachas. Apenas nos
sumábamos al río del tiempo, conectándonos a esa parte eterna
que corre por nuestra comunidad, la familia y el ser a través
de generaciones. Esa antigua danza cuyos pasos aprendemos de
nuestros antepasados y los cuales tenemos que adaptar a nuestro
espacio y tiempo particulares, para después transmitirlos a la
siguiente generación.

"Ese viejo fandango", como decía mamá, en el que me seguía
tropezando, aprendiendo y volviendo a aprender cómo levantar
los pies.

Discurso con velas

En la pista de baile, se baila una de esas danzas en fila. Los
jóvenes gozan a más no poder. La mezcla de música es ideal.
De vez en cuando, tocan una canción antigua para la gente mayor,

un bolero lento y romántico; luego, un merengue o una bachata, algo que todos puedan bailar; finalmente, para los jóvenes, unos cuantos números contemporáneos, de *rock* y *rap* y filas de conga.

Todos hemos comido: una larga fila para el bufé, platos de cartón, la comida sobrecocinada por haberse calentado durante demasiado tiempo, conchas de pasta rellenas de una salsa cremosa de queso, berenjenas gratinadas, pollo a la *cacciatore*, ensalada y panecillos. Esta comida no es nada dominicana; el servicio de banquetes del *Dance Club* proviene de *Stallone's*, un restaurante italiano del lugar. Pero aparentemente esto eleva el calibre de la cena a un nivel más sofisticado. El hombre delante de mí en la fila llena su plato de comida. "Comida de novelas", dice, sin duda alguna, un cumplido.

He asumido mi puesto en los escalones, mirando el baile desde arriba, la camaradería íntima y agradable de las distintas mesas, sintiendo en el corazón la punzada consabida del niño con la nariz pegada a la vitrina de la tienda de caramelos. De vez en cuando, el señor o la señora Ramos me invitan a bajar, pero no se me ocurre cómo insertarme dentro de los bulliciosos grupos de invitados contentos. Hay aquí una rica historia que unas cuantas entrevistas por teléfono y una tarde con su noche siguiendo a Mónica no pueden comenzar a asimilar. Recuerdo una de las razones principales que dan los padres de familia sobre por qué decidieron darle a su hija una fiesta de quince años: es una oportunidad para reunir a la familia y a los amigos en torno a un acontecimiento feliz que marca un momento importante de su vida. Sin duda, la siguiente gran reunión tomará lugar en el entierro del abuelo o abuela o quizá, si la muchacha se porta bien, como se espera que la fiesta la anime a hacerlo, se casará con un hombre serio y se reunirán de nuevo para celebrar su boda. Pero entonces no será lo mismo: la mitad de las personas serán extraños, la familia y los amigos del novio.

Justo cuando creo que el aspecto ceremonial de la noche ha concluido, cesa la música. El maestro de ceremonias lleva un micrófono portátil con el que se desplaza por la pista de baile, anunciando que una parte muy especial de la noche está a punto de comenzar. Dos integrantes de su equipo sacan un candelabro con diecisiete velas dispuestas en círculo. Le gustaría presentar a la señorita de la noche, quien ahora encenderá cada una de las velas con una dedicatoria. Mónica se presenta desdoblando varias hojas de papel. ¡Casi lo había olvidado! El discurso que Mónica había dicho era una de las razones principales por las que decidió tener una fiesta de quince años, la culminación de su noche especial.

Mónica toma el micrófono del maestro de ceremonias y agradece a todos el haber venido. —¡Todos ustedes son tan, tan especiales para mí! ¡Quisiera agradecer tanto a todos y a cada uno de ustedes en este salón por haber venido! —Se hace un silencio absoluto en el salón, sobrecogido por esa muestra de agradecimiento. Es increíble cómo se dan esos cambios de tonalidad en este tipo de reuniones. Toda la bulla y el griterío que sonaba por encima de la música ha cesado. Incluso Tavito se sienta al lado de su madre y se recuesta en ella. Yo también bajo los escalones y observo mientras el salón entero escucha.

Se menciona a las personas consabidas: los padres de Mónica; su hermana, su hermano; su madrina, Claire; los tíos y tías y los amigos de la familia. Mónica les da las gracias, describiendo el rol que cada uno ha jugado en su vida. A cada uno le corresponde una vela que él o ella enciende y coloca en el candelabro. Es una mirada íntima a la gente que es importante para ella, aunque puedo adivinar quiénes son sus favoritos por la manera en que Mónica se dirige a ellos, prolongando su "es taaan esto o aquello" y salpicando su discurso con una ración extra de adverbios.

La decimosexta vela se reserva para el novio, o eso es lo que he oído en secreto de boca de la corte. Parece haber cierto misterio sobre el hecho de que Franz y Mónica ya no son solamente amigos. Ha nacido un romance entre ellos, lo cual no es de sorprender. Durante meses han estado ensayando ser un príncipe y una princesa, la actuación de esta noche parecería dar el visto bueno a su idilio. Recuerdo cómo la actriz Geena Davis, al hablar de un proyecto que ella inició llamado *See Jane* (Mira a Jane), para incrementar el porcentaje de personajes femeninos de carácter fuerte que los niños ven en los medios de comunicación, admitió que no hay manera de proteger por completo a las niñas pequeñas. "Eso de las princesas se cuela como la niebla por debajo de la puerta: es imposible detenerla". Mientras Franz sube al estrado para recibir su vela de manos de Mónica, noto el bulto en el bolsillo interior de su saco y espero que haya apagado su teléfono celular. La mano de Mónica tiembla ligeramente mientras ella inclina su vela para encender la que le ha dado a él. La pareja sonríe por lo bajo mirando las llamas, sin duda temerosos de alzar la vista y delatar los sentimientos del uno por el otro.

La última vela (para alguien ausente) se le dedica a Dios. Dado que no hubo un sacerdote presente para bendecir la mesa antes de que comiéramos o para darle la bendición a la jovencita antes de su primer vals, esto sirve como una especie de oración. Mónica quiere agradecer a Dios todo lo que ha hecho por ella, al traer a todas estas personas maravillosas a su vida. Espera que Dios la acompañe por el resto de su vida. Pero ella nunca jamás olvidará a toda la gente que la ha ayudado.

Mientras está de pie allí, flanqueada a ambos lados por la familia y los amigos que la quieren, estoy convencida de que Mónica alzará el vuelo, alcanzará sus sueños, nos llenará de orgullo. Se atenúan las luces y por unos momentos silenciosos miramos las largas velas arder; nadie se mueve ni sale de allí.

Debería haber habido más luz

Una de las páginas de Internet que encontré durante mis investigaciones, *miss-quince.com,* presenta a una quinceañera virtual. Verónica Muñoz ha puesto en la red los detalles íntegros de su experiencia como quinceañera en 2003, permitiendo al espectador vivir cada etapa de su celebración, desde ir a comprar el vestido, ensayar con su corte, asistir a la misa, hasta divertirse en la fiesta. En la página de bienvenida resuena el tema musical de "El Danubio Azul", el cual casi inmediatamente se transforma en un número de *rap* latino pulsante, "La quinceañera, la quinceañera, cómo la baila, cómo la goza, u-u-u-uu..." En el salón de charla virtual adyacente, donde los visitantes pueden agregar sus comentarios, hay una entrada solitaria anotada por Maira el jueves 4 de agosto de 2005: *there should of bine more light* [debería haver havido más luz (sic)].

Al principio creí que Maira quería decir que las fotos de Verónica estaban muy oscuras. Así que pulsé el botón de regreso para ver el álbum de Verónica, y las fotos eran bastante claras y luminosas. *¿A qué se habría referido Maira?* me pregunté. Debajo de su comentario, incluía su dirección electrónica, de modo que le escribí pidiéndole que me explicara su comentario, pero nunca me respondió.

Debería haber habido más luz.

Después de pasar un año leyendo, investigando y entrevistando a muchachas y a sus familias, así como reflexionando sobre mi propia juventud como mujer, ninguna frase sintetiza la confusión general de sentimientos sobre esta tradición y esta época de la vida mejor que la de Maira. Como mujeres y como latinas, hemos heredado una mezcolanza de roles y prácticas culturales. Muchas de nosotras crecimos sin conocimiento de las contradicciones y los problemas que este legado representaba para nosotras. Basta con considerar dos de los regalos emblemáticos que la señorita recibe en la ceremonia tradicional entre los méxicoamericanos: una corona y una esclava, la pulsera con el nombre grabado. ¿Reina y esclava?

¿La Santa Inquisición y la defensora de los derechos de la mujer?

Con razón mi esposo se sentía confundido, al igual que mi mamá, mis hermanas y muchas de las jóvenes a quienes entrevisté, cuando me empeñaba en hacerles preguntas que ahondaran más allá de los lugares comunes. "Esto se está poniendo pesado".

Con razón me sentía confundida mientras luchaba por dar el paso de niña a mujer, un proceso que se prolongó mucho más allá de mi adolescencia; razón por la cual no he concluido la historia de mi proceso de maduración a los quince o a los veintiuno o a los veintinueve años, para el caso. Con razón me atrajo el tema de las quinceañeras. Las muchachas latinas que conocí durante mis investigaciones me hacían recordar cuando yo tenía su edad, llenas de sueños y ambiciones, muchachas en la cúspide, ya sea del triunfo o del fracaso; éstas últimas, el grupo más numeroso según las estadísticas, siendo la desmoronación femenina una de las tendencias más comunes entre la gente pobre y entre las muchachas más morenas de la población estadounidense en general. Sin embargo, en este momento crítico de sus vidas, las embellecemos y las lanzamos al mundo con un vals.

Pero hay otra vuelta más de la tuerca: la familia y la comunidad se reúnen para acompañar a nuestras adolescentes cuando pasan a su madurez como mujeres: ¡qué gran potencial para el reconocimiento individual y la solidaridad! Si tan sólo las transportáramos a otro lugar que no fuera esa recreación dudosa de ciertas opresiones clave.

Tiene que haber más luz.

Esa luz en el recuerdo

Durante varios años después de la ruptura de mi segundo matrimonio, me sentía como Maira, deseando más luz para poder ver por qué seguía metiendo la pata. A veces, cuando una cultura me fallaba en cierto ámbito, la otra me ofrecía una alternativa. Pero en cuanto a ser mujer, ambas culturas parecían estarme fallando o más bien debería decir, parecía ser yo la que les fallaba a ambas en ser una mujer de verdad. Algo se había dañado, ¿quizá en el tránsito entre culturas?

El primer mes después de dejar a mi esposo me quedé con mi hermana, dormía en el sofá, evitaba hablar con mi mamá o con mi futuro ex marido por teléfono. Temía que sus voces ahogaran mi silencio. Mi hermana me dejaba acompañarla a sus trabajos como cocinera, sin pedir gran cosa de mí, excepto que picara en trocitos esas cebollas, que pelara ese montón de papas. Me sentía agradecida de estar ocupada, de no tener que rendirle cuentas a nadie. Ella era la hermana más allegada a mí durante nuestra niñez y juventud, era la que me seguía, trece meses menor, para ser exacta. La más entregada al cuidado del prójimo y de sus hermanas, de su familia, la que había hecho las cosas a su manera, abandonando los estudios universitarios para asistir a la escuela culinaria. ("¡Vinimos a este país e hicimos tantos sacrificios para que te convirtieras en una cocinera!") El problema en la familia no sólo era la hija que seguía divorciándose.

Algo que me resultaba alentador en esa época sombría era que mis instintos se mantenían intactos. Un animal herido, de alguna manera comprendía lo suficiente como para saber que debía pasar desapercibida, evitar problemas, volver a visitar aquellos abrevaderos del pasado con la esperanza de que el manantial aún manara.

Y allí fue donde se me ocurrió regresar a la Academia Abbot, a esa luz en el recuerdo en la ventana de la Srta. Stevenson. En realidad, la escuela de 145 años de antigüedad había desaparecido, habiéndose fusionado con la "escuela hermana para varones", *Phillips Andover*. Un "fusionamiento" no es la palabra que la mayoría de las maestras militantes de *Abbot* hubiera empleado. Mi antigua maestra de historia, Mary Minard, quien nunca andaba con rodeos, declaró que se trataba de un "toma a la fuerza". Jean St. Pierre, otra de mis maestras adoradas de *Abbot*, que permaneció allí aún después del fusionamiento o toma, vio venir los problemas. "Todos seguían refiriéndose al próximo cambio como si fuera una boda, pero nosotras en *Abbot* lo considerábamos una muerte". La pequeña comunidad fuerte, vivaz y tan propicia para las jóvenes iba de pronto a ser insertada dentro de un mundo masculino. Quizá era un proceso bastante parecido al de una muchacha inmigrante que de pronto se encuentra en un país extraño, a la deriva y necesita que la orienten, necesita de un puerto seguro, una luz encendida. Yo había encontrado ese puerto en *Abbot;* por eso me aferré a ella cuando se desintegró mi vida.

Llamé a la escuela y me sorprendió que me invitaran al campus para hacerme una entrevista. Cuando me ofrecieron el empleo, el cual incluía responsabilidades en la residencia de estudiantes y un horario de clases muy pesado, no lo pensé dos veces. Era el equivalente académico a rebanar zanahorias y pelar papas; me mantendría ocupada. En ese momento, me sentía como una latina de la edad moderna, rompiendo con la tradición, ejerciendo una profesión, ganándome la vida. (Ya había aprendido la lección sobre el alto precio de que alguien se hiciera cargo de mí, "El que paga, manda".) Pero en realidad, mi opción resultó ser mucho más tradicional de lo que pensé. Históricamente, las mujeres que han cometido errores, desafiando uno u otro código social, acababan en un convento: *Get thee to a nunnery* ("Vete a un convento", dice la conocida frase de Hamlet, dirigiéndose a Ofelia). Y *Andover*, en esa época, era el equivalente pedagógico de un convento, una comunidad académica entre muros: incluso un foco fundido en mi apartamento de la residencia para maestros, debía ser cambiado por el personal de mantenimiento.

De modo que inicié el retorno a una Academia Abbot que ya no existía. A sólo seis años del fusionamiento las cosas todavía eran inciertas, sobre todo para las estudiantes y las maestras. Estábamos muy conscientes de que se nos había otorgado el privilegio de ingresar a lo que un maestro describió como el "*Harvard* de las escuelas secundarias*". La presión era palpable, el sistema de apoyo, mínimo, y aunque se hicieron algunos esfuerzos por incorporar a la nueva población femenina (siempre y cuando no comprometiera el alto nivel académico de *Andover*), la verdad era que la red informal entre varones en el medio académico no tenía idea de cómo hacernos sentir bienvenidas. —Yo no tenía mucha experiencia con mujeres como gente común y corriente, a diferencia de como novias —dijo recordando años después Meredith Price, uno de mis colegas varones en el departamento de literatura inglesa. Por otra parte, Zanda Merrill, una de las tres psicólogas del colegio, venía observando un aumento en la depresión, los trastornos alimenticios, las crisis nerviosas: todas las maneras en que las mujeres registran su desconcierto al encontrarse a sí mismas como el canario en la mina dentro de un ambiente nocivo.

Entra en escena una maestra de inglés en estado anímico bastante inestable. A mí me afectaba el ambiente de olla a presión tanto como a mis estudiantes. Yo no tenía formación de maestra;

el aula me aterraba. Estaba convencida de que mis estudiantes podían ver la falta de confianza en mí misma que se escondía debajo de mi fachada bravucona. Cuando llamaban a la puerta de mi oficina, yo hacía desfilar a Rilke (*Cartas a un joven poeta* era uno de mis favoritos), citaba a Rumi ("¡No te vuelvas a dormir!"), compartía el poema sobre el miedo de los esquimales que tenía pegado sobre mi escritorio. Todo lo que les podía ofrecer era una luz de segunda mano, una sarta de palabras que yo misma usaba para salir de mi propio laberinto:

Vuelvo a pensar en mis pequeñas aventuras
cuando empujado por el viento en mi kayak
iba a la deriva
y pensé que me hallaba en peligro
Mis miedos
Aquellos pequeños miedos
que parecían tan grandes...
Por todo lo vital
Que debí conseguir y alcanzar
Y sin embargo sólo algo es grandioso
Lo único grandioso:
Vivir para ver el gran día despuntar
Y la luz que ilumina el mundo.

Ese gran día no despuntaría para mí en mucho tiempo todavía. Me embargaba la duda y me sentía agotada tratando de mantener todo bajo control para no perder mi empleo. En un momento dado durante el primer semestre en *Andover* —antes de ponerme en contacto con Zanda— me encontraba en tal estado de ansiedad, que pedí la ayuda de un psiquiatra del lugar. Le confesé lo insegura que me sentía, cómo a veces en clase seguía escribiendo en el pizarrón, demasiado aterrada de darme la vuelta y enfrentarme a un aula con ¡diez o quince muchachos y muchachas de catorce años! Seguí, hable que hable, desembuchando todo frente al doctor, llorando mientras le contaba de un incidente tras otro para ilustrar mi incompetencia. Finalmente, había terminado. Alcé la vista, y he de haber tenido la cara de "el perro semihundido" de la pintura de Goya del mismo nombre. —¿Cree que estoy loca? —le pregunté al psiquiatra. No, me aseguró, no creía que estuviera loca. —Bueno, pero, ¿le gustaría que su hijo tomara uno de mis cursos? —Titubeó—. No, no me gustaría —admitió.

La hora casi había terminado, pero me sentía incapaz de abandonar la silla. Ese juicio, si bien es cierto que yo se lo había pedido, fue la gota que derramó el vaso. El doctor se dio cuenta demasiado tarde de que no me había dado una respuesta útil. En los últimos minutos que nos quedaban se disculpó, explicando por qué había dicho lo que había dicho. Resulta que tenía un hijo en *Andover* y mientras hablábamos, él pensaba en cómo mi depresión y falta de confianza en mí misma podrían afectar a su hijo tímido y sensible. ¡¿Suponía que eso me iba consolar?! ¡Era el padre de uno de los estudiantes! Muy pronto, habría una llamada confidencial al director, diciendo, "Deben deshacerse de esa mujer loca".

De alguna forma encontré el camino de regreso a mi apartamento, a mis aulas, a mis estudiantes. Trabajé aún más duro en la preparación de las clases para ser digna de dar clases en esa institución elitista. Me preparaba con tanto ahínco que cada clase era un concentrado del cual se podrían haber destilado diez lecciones. Supongo que eso las volvía intensas y estimulantes, en su propia manera adolescente, para mis jóvenes estudiantes. No era raro que mis colegas del departamento de literatura inglesa me llamaran la noche anterior para preguntarme qué planeaba hacer al día siguiente en mis clases. ¿Podría compartir mi "plan de trabajo" con ellos? Y así, a los pocos meses de haber dejado a mi esposo, estaba haciendo lo mismo otra vez, cumpliendo con aquellos que pagaban y estaban en su derecho de mandar.

No me malinterpreten. No tenía nada de malo intentar hacer bien mi trabajo. Pero había cierto elemento de tener que probar que yo era suficientemente buena, lo cual hacía que todo el esfuerzo colosal fuera agotador y contraproducente. Finalmente, ocurrió un incidente que me obligó a detenerme y evaluar la situación.

Cada otoño, *Andover* ofrecía a los padres un fin de semana de visita, durante el cual se les invitaba a asistir a las clases de sus hijos en calidad de oyentes. Pueden imaginarse lo poco que yo dormí la semana anterior, preocupada de cómo me iba a desempeñar frente a padres de familia a quienes imaginaba como el equivalente del padre psiquiatra. Afortunadamente, las clases salieron bien, así que me sorprendió mucho cuando el lunes siguiente, el director del departamento me llamó a su oficina.

—Relájate —dijo, sonriendo, cuando vio la expresión adusta en mi rostro. Sólo quería compartir conmigo el comentario que le había hecho uno de los padres de uno de mis estudiantes. El corazón aminoró su marcha; se me deshizo el nudo en el estómago. ¡Finalmente, alguien había reconocido mi ardua labor! ¡Colmarían de halagos mis clases! El director del departamento me dijo entonces que el padre de uno de mis estudiantes había expresado "sorpresa" de que con tantos maestros excelentes a la disposición, una escuela tan distinguida como *Andover* hubiera recurrido a una "latina" para enseñarle inglés a su hijo.

Estaba furiosa, pero en lugar de mostrarlo, tuve la típica reacción femenina y me eché a llorar. Finalmente, recobrando la calma, le agradecí al director del departamento su apoyo. O al menos eso creía tener hasta que, una persona invitada a cenar a mi casa me escuchó relatar el cuento, obviamente un pequeño bache narrativo que aún hoy necesito seguir revisando. Mi invitada se preguntaba por qué el director del departamento sintió la necesidad de propinarme ese pedacito de información desalentadora. Claro, era una manera de mostrar solidaridad con mi lucha. Pero, ¿acaso no era también una manera de mantenerme a raya, de decir, "Si no fuera por mí, te quedarías ahí, relegada a los márgenes"? Y sin embargo, ese mismo director del departamento me había contratado a pesar de que no había publicado mucho. He llegado a creer que ambas posibilidades pueden haber estado encerradas en esa revelación, aquella mezcolanza del legado de la mujer latina de la que he estado hablando.

Acabé en la oficina de Zanda, una excelente opción. Era un cuarto trasero pequeño lleno de plantas exuberantes y cojines y telas coloridas y cristales: un universo completamente distinto del típico campus de Nueva Inglaterra, acartonado, con sus salas y salones de juntas estilo cuáquero, presididas por retratos adustos. La misma Zanda tenía el aspecto de alguien que no encajaba bien aquí con sus faldas largas y abundantes, su melena de pelo rubio y unos ojos tan claros que daba la impresión como si un rayo de luz emanara de ellos. Era tribal, centrada, una mujer que atraía a otras mujeres. Más tarde, llegué a comprender que ésa era la apariencia que podría tener el poder femenino, tierna y a la vez feroz, incorrupta por la seducción, la sumisión o la agresividad: todas esas maneras en que las mujeres nos desviamos en reacción a un mundo masculino.

Yo no era la única mujer que luchaba por sobrevivir en *Andover*, me aseguró Zanda. Es más, yo no era la única mujer a quien le costaba trabajo armar las piezas de su vida. Ésta era una época muy confusa de la historia para muchas mujeres, no solamente las latinas: intentábamos reinventarnos. Así que había otra manera de ver mi fracaso como niña-mujer: la evidencia de un espíritu vivaz e inquieto.

Lo que uno necesita es que alguien lo note, una persona a quien admires, una Zanda, una Srta. Stevenson. Y entonces comienza a despuntar el gran día; es decir, una luz pequeña pero significativa comienza a llenar tu mundo.

Comencé a notarlo en mis clases. Muchachas entrañablemente expresivas con esa inteligencia apasionada especial, que pasaba desapercibida en esa escala de calificaciones tan severa. Reconocía el hambre en sus ojos, ese anhelo ferviente de lo que George Eliot describe en el preludio para su novela *Middlemarch* como "una vida épica donde hubiera un despliegue constante de acción de alta resonancia". Estas jovencitas necesitaban una musa, cierta sabiduría femenina con la cual conectarse a medida que se abrieran paso por ese territorio masculino orientado a los logros.

Decidí iniciar un ritual para ellas, mis muchachas especiales. Seleccioné a cinco de mis colegas femeninas con quienes me unía un lazo fuerte —¡de desplazamiento mutuo, de terror!— para preparar una historia significativa y un regalo simbólico. Llevaría a mis muchachas a emprender una especie de pasaje del héroe (o heroína), según lo describe Joseph Campbell (*El héroe de las mil caras* de Joseph Cambell era lectura obligatoria en mis clases de inglés). Nos detendríamos en cinco abrevaderos donde nos saldrían al encuentro unas ayudantes que nos brindarían su sabiduría antigua. (¡Qué invenciones son esas!, como diría el sacerdote de Mónica). Jean St. Pierre era una de nuestras paradas. Mi querida amiga Carole Braverman era otra. Zanda, por supuesto. La cuarta, estoy casi segura que era una maestra de química y la quinta, no recuerdo, por haber archivado ese recuerdo en un cajón de la memoria señalado en retrospectiva como COSAS QUE PREFERIRÍA OLVIDAR.

Las muchachas llegaron a mi apartamento en la residencia para maestros, riendo tímidamente, pero a la vez intrigadas. Habían recibido una invitación privada en un sobre; se les pedía que no divulgaran a nadie el contenido de la invitación; la idea era que las demás no se sintieran excluidas. Le di a cada muchacha una vara y un poco de hilo rojo. Haríamos envoltorios con objetos recolectados durante la noche que les dieran poder. Mis regalos eran la vara y esta historia: les conté la versión Sufi de la leyenda de Fátima, en la cual Fátima atraviesa por varias aventuras que terminan de manera trágica, pero de cada una de ellas, Fátima aprende una destreza que en última instancia le permiten triunfar. —En el camino de la vida se enfrentarán a muchos obstáculos. Esta noche haremos una representación de ese pasaje.

Nos pusimos en marcha, atravesando por un bosque oscuro, hacia la casa de Zanda en la residencia para maestros que quedaba al pie de una colina en el campus casi desértico de *Abbot.* Claro que pudimos haber ido por la acera de *School Street,* pero se trataba de infundirle drama al rito. Zanda nos recibió con la leyenda de Proserpina y nos repartió granadas. (¿Cómo guardar granadas en un envoltorio de poder?). La maestra de química no estaba segura a qué me refería con una "historia de poder", pero ella había hecho una tanda de galletas con pedacitos de chocolate, el antídoto universal en un internado. (Ídem para cómo guardar galletas en un envoltorio de poder).

A medida que procedíamos de una parada a la otra, esa noche tuve la sensación de ser una loca cuyas amigas habían decidido seguirle la corriente. Uno no puede inventarse un ritual de la nada y esperar que funcione de la noche a la mañana, aun si se basa en ceremonias antiguas sobre las que leíste en los libros de Joseph Campbell. (Parte de la controversia que rodea la nueva tradición de Kwanzaa, es qué tan auténticamente africana es la tradición). Es por eso que la celebración de los quince, que parece hechas en Hollywood o en *Disneylandia,* no tiene el peso espiritual y mítico que distingue un rito de una gran producción (al estilo de *My Super Sweet 16* de *MTV*). El hecho de que nosotros como estadounidenses no comprendamos la diferencia entre uno y otro, dice mucho acerca de nuestra pobreza espiritual.

Quizá si me hubiera quedado dando clases en *Andover* y al final de cada semestre hubiera llevado a cabo este ritual, lo habría conectado con otra ceremonia más antigua y significativa que pudiera revestirlo de legitimidad; así como se ha hecho con Kwanzaa al vincularla con los rituales de cosecha de "los primeros frutos", los cuales son realmente antiguos, irrefutablemente universales y auténticamente africanos. O quizá desde un principio, el problema no residía en el ritual en sí, sino en la persona que lo había creado, quien todavía no era muy sabia y zozobraba en su propia vida. Ahora sé lo suficiente sobre lo que significa un ritual como para comprender que incluye una entrega al tiempo cósmico, de manera que uno sea transportado simbólicamente y sin peligro más allá de esas desconcertantes transiciones de nuestra vida terrena. También me conozco lo suficiente como para comprender que una parte de mí siempre se quedará por fuera de cualquier entrega semejante: observando, anotando, fijándome en cómo el jugo de la granada nos manchaba la ropa, en las picaduras de mosquito y en los moretones (los únicos desafíos del bosque oscuro), la falla ponderable, el humor agridulce de aquella noche inolvidable aún.

Women's way

En la primavera de mi segundo año en *Andover* entregué mi carta de renuncia. Me sentía culpable, dejando atrás a mis muchachas especiales para que se las arreglaran solas, pero sabía que si me quedaba, nunca me convertiría en la escritora que soñaba ser. Pero no hay otra manera de expresarlo: estaba abandonando a mis jovencitas. De nuevo sentí que había fallado en mi papel femenino de cuidar de otros y de satisfacer las necesidades de los demás.

Al dejar mi empleo en *Andover*, cerraba las puertas a la vida que tenía un sentido convencional aun para mí. También, poco a poco, quitaba el piso firme de debajo de mis pies. En medio de un terror casi total, me lanzaba al vacío. Era una maniobra azarosa: como dije antes, mis instintos estaban intactos. Si quería escribir, maldita sea, más valía que me arriesgara e intentara volar. Afortunadamente para mí, un gran día comenzaba a despuntar en la literatura estadounidense. Los llamados escritores étnicos, quienes al igual que sus contrapartes afroamericanos habían estado comiendo en la cocina, comenzaban a ser bien recibidos en la gran mesa de la literatura estadounidense.

Había tomado un puesto de sustituta por un año en Vermont, ocupando el cargo de un amigo escritor que había recibido una beca *Guggenheim*. Dentro de mi euforia inicial, todo lo que podía pensar era, ¡soy libre! Habiendo fracasado rotundamente en el cuento de hadas —y en el otro desenlace del convento para muchachas que meten la pata— ahora sí podía escribir la historia de mi propia vida. Sonaba bien. Pero es una sensación muy solitaria estar en esa tierra de nadie —literal y metafóricamente—, y a menos que tengas unos hombros internos bastante macizos para resistir, vas a seguir desmoronándote bajo el peso de todo ese bagaje personal que no sabes cómo descartar. Estar totalmente libre de cualquier relación aprisionante —el único tipo de relación que yo sabía tener hasta entonces en mi joven vida de treinta y un años—, significaba estar desarraigada y sola y, hay que reconocerlo, carente de historia. La narrativa requiere de una habitación local y un nombre y algún tipo de interacción humana, es decir, una historia de amor. No necesariamente del tipo heterosexual, pero donde haya chispas entre los seres humanos. O el fuego se apaga. La página está fría. Kris Kristofferson dio en el clavo cuando cantaba: "La libertad es sólo otra palabra para no tener ya nada que perder". O a nadie a quien abrazar.

Mientras andaba perdida y solitaria en ese primer invierno en mi remota estación de Vermont, Zanda me invitó a participar en su taller *Women's Way* (El camino de las mujeres), un retiro de nueve días con otras veinte mujeres. A continuación, les cito una carta más reciente acerca de ese taller —el cual está en su cuarta década— sobre lo que ocurre en él:

> Estarás en compañía de mujeres afines, todas noso-tras mirándonos al espejo de las culturas en que vivi-mos y a las cuales representamos. Al llevar dentro el espejo interiorizado de madres, hermanas, abuelas y amigas, nos hemos dado cuenta de que los mitos fe-meninos contemporáneos ofrecen espejos crueles y distorsionados. Debemos volver la vista atrás en busca de imágenes tomadas de las culturas que nos preceden [...] Buscamos espejos más compasivos, que nos refle-jen tal y como somos, en lugar de cómo los demás quisieran que fuéramos.

A decir verdad, me aterraba la idea de asistir a ese taller. Es-taba segura de que el grupo —que yo imaginaba como feministas implacables— me despreciaría por mi forma de vida y mis opin-iones no visionarias. O me vería atrapada dentro de un aquelarre opresivo y serio donde el sentido del humor no tendría un efecto moderador. Mujeres que odian a los hombres: eso también me preocupaba. No iba a pasar nueve días poniendo a los hombres por los suelos, ¡de ninguna manera! La libertad a costa de otra gente no me interesaba, incluso si eran unos bravucones, machos o cerdos chovinistas, porque ¿saben qué? Sucede que esos bravu-cones-machos-sexistas también eran padres de hijas como yo. Mi papá que era un patriarca-macho-sexista, había cuidado mucho mejor de mí que mi propia mamá. A medida que conducía las cuatro horas al sur en medio de una tormenta de nieve, me seguía cuestionando, ¿acaso me estaba tendiendo una trampa a mí misma que me haría sentir aún más excluida? Había empacado el maquillaje en señal de rebeldía ya que si tenía ganas de usar delineador de ojos en el retiro, ¡USARÍA DELINEADOR! ¡La conmoción adolescente en mi mente! De puro milagro no me estrellé contra un montón de nieve.

Los recuerdos específicos de lo que sucedió durante esos nueve días se han desvanecido en los veinticinco años subsiguientes. Pero se dio un cambio importante en mi interior debido a lo que experimenté en él.

Reunirse para compartir historias, para volver a escribir las metáforas: no tenía idea de que eso en sí podía darnos tal sensación de poder. Sí, lo sabía intelectualmente, por supuesto, estas reuniones de mujeres se daban con bastante frecuencia en mi propia familia en la República Dominicana, pero esas reuniones eran para realizar una labor en particular, proceso durante el cual se contaban cuentos, se intercambiaban chismes, se daban consejos. Pero nuestro punto de atención en *Women's Way* era nuestro propio ser femenino. Usar la luz de los cuentos para comprender qué le sucedía a cada una de nosotras, a través de culturas y generaciones. Zanda tenía razón. Reinaba la confusión entre nosotras las mujeres. Pero habíamos comenzado a juntar las piezas que nos proporcionaban los cuentos de la familia, los cuentos de nuestra cultura y formación, y a cavilar sobre cómo podríamos embonarlos para conformar una versión más amplia, más satisfactoria de ser mujer.

Esto no necesariamente le sucede a todas las mujeres que asisten a uno de estos talleres, pero quizá porque yo estaba lista para este tipo de reconceptualización, el taller me llenó de un conocimiento embriagador y prometedor: no era necesario seguir reaccionando en contra de las viejas historias; podíamos desenchufarnos del sistema. Y lo podíamos hacer contando con el apoyo de una comunidad; el exilio no era necesario sólo porque no jugaríamos según las reglas antiguas. Había mujeres en el mundo que habían sobrevivido a sus propios cuentos de hadas, que estaban un paso adelante de nosotras: las Srtas. Stevensons, las Zandas; había retahílas de palabras, poemas y cuentos que podíamos usar para navegar por aguas agitadas.

En su libro *The Songlines* (Los trazos de la canción), Bruce Chatwin cuenta de las tribus en la costa noroeste de Estados Unidos que vivían la mitad del tiempo en las islas y la mitad en el continente. Viajaban por el mar y navegaban sus canoas siguiendo la corriente de California hacia el norte al estrecho de Bering, el cual ellos conocían como *Klin Otto*. Las navegadoras eran sacerdotisas. Chatwin cita a una anciana que habla de una tradición de cerca de quince mil años de antigüedad:

> Todo lo que sabíamos del movimiento del mar se conservaba en las estrofas de una canción. Durante miles de años, íbamos adonde queríamos y regresábamos a casa sanos y salvos, gracias a la canción. En noches despejadas nos guiábamos por las estrellas y en la neblina, teníamos las corrientes y las rías del mar, las corrientes y las rías que desembocan y se convierten en *Klin Otto*...
>
> Había una canción para ir a la China y una canción para ir al Japón, una canción para la isla grande y una canción para la pequeña. Todo lo que alguien tenía que saber era la canción y sabría dónde se hallaba. Para regresar, sólo tenía que cantar la canción al revés.

¿Cuál era mi canción? Durante años había escuchado las canciones de los demás y había acabado perdida y a la deriva, naufragando en sus costas, furiosa con ellos por actuar como las sirenas cuando lo único que hacían era defender su territorio, ser fieles a sí mismos. Su canción no era mala, simplemente no era la mía. Conocer mi propia canción era saber quién era yo, de dónde había venido y cómo iría más allá de las islas grandes y las pequeñas; esa vida rica, audaz y aterradora en la que me había embarcado ahora con plena consciencia.

Quizá las mujeres más jóvenes —más jóvenes que yo, tengo cincuenta y tantos ahora— saben todo esto desde el comienzo porque han sido criadas por mujeres de mi generación y por tanto han absorbido ese conocimiento con la leche materna: sí puedes ser tú misma. No es que sea fácil. Quizá nuestras hijas tampoco esperaban que fuera fácil. Lo único que sé es que cuando yo y muchas de las mujeres de mi generación teníamos la edad que tienen ahora nuestras hijas, nos encontrábamos sumidas en un mar de dudas en un mundo nuevo donde los viejos paradigmas que nuestras madres y abuelas nos habían heredado, no nos eran útiles. Y para aquellas de nosotras que además éramos latinas, esos paradigmas que nos habían dado nuestras madres y abuelas no sólo no nos eran útiles, pero rechazarlos equivalía a rechazar nuestra cultura, a abandonar nuestro grupo étnico, nuestra comunidad, las tradiciones sagradas y la familia.

Lo que me sucedió durante *Women's Way* me permitió encontrar el camino de regreso a esa cultura, aprovechar la fortaleza de esas mujeres que observé en todo su esplendor durante los quince años de Mónica. Fue uno de esos momentos en que uno piensa, ¡ajá!, donde todo por dentro cambia ligeramente de posición, y el cambio permite que surjan nuevas posibilidades en la conciencia. Afirmaciones grandiosas, lo sé. Y nada fue así de fácil. Fue una semilla, un comienzo, una imposición de manos.

Fue algo muy parecido a lo que me sucedió cuando era una escritora en ciernes y leí mi primera "novela étnica": *The Woman*

Warrior: Memories of a Girlhood Among Ghosts (La guerrera: recuerdos de una niñez entre fantasmas), sobre una niña estadounidense de ascendencia china que se siente atrapada entre el
antiguo mundo de sus padres y su nueva vida en Estados Unidos.
Antes del libro mágico de Maxine Hong Kingston, yo no sabía
que podía utilizar mi propia experiencia para convertirla en una
historia estadounidense. No me refiero a que creyera que un escritor no podía usar material autobiográfico: había leído a James
Joyce, a Sylvia Plath, a F. Scott Fitzgerald. Pero no sabía que las
narrativas que se encontraban fuera de la corriente dominante,
en las que aparecían palabras en español o personajes latinos,
podían formar parte de la literatura estadounidense. Ese material, según me habían enseñado, era folclor y por tanto, del campo
de la sociología. Fue entonces que leí el libro de Maxine Hong
Kingston.

Cuando pienso en cómo la tradición de los quince años podría
ir más allá de afirmar y codificar el viejo paradigma de ser una
princesa, la heroína de un cuento de hadas, me pregunto qué sucedería si el ritual beneficiara a nuestras jovencitas de igual
manera que *Women's Way* me benefició mucho más tarde en la
vida, después de muchos momentos difíciles y decisiones equivo-
cadas y puertas cerradas y errores dolorosos. Si tan sólo me hubiera sucedido antes, esa imposición de manos.

Las historias que llevamos en la cabeza

Los quince años definitivamente tienen el potencial de introducir una narrativa nueva en la imaginación de la siguiente
generación, una narrativa que posiblemente pueda ayudarles a
vivir una vida más feliz y productiva.

¿Por qué otra razón, compañías como *Maggi* y *Kern's Nectar* escogerían la tradición de los quince años como el blanco al cual dirigir sus campañas de relaciones públicas? Ellos saben reconocer a primera vista un icono cultural poderoso.

Pero otros se sienten atraídos a la tradición no como una herramienta publicitaria sino como una oportunidad para realmente potenciar a los jóvenes a creer que sus sueños pueden volverse realidad.

Entran en escena las hadas madrinas.

Hemos conocido a Isabella Martínez Wall, a Priscilla Mora y a sor Ángela: Isabella, dando consejos desde su página de Internet, *bellaquinceañera.com,* y comprometida con la idea de hacer que cada muchacha se sienta como la reina de su vida; Priscilla Mora, organizando ferias de exposiciones para mostrar a las latinas cómo organizar fiestas de quince años con un contenido cultural rico y cómo hacerlo de una manera fiscalmente responsable; Sor Ángela, utilizando la tradición como un momento propio para la enseñanza de la juventud católica, de niños y niñas, ya sean latinos o no. Una cuarta hada madrina es Ana María Schachtell, fundadora del *Stay-in-School Quinceañera Program* (Programa para quinceañeras: "Quédate en la escuela"), el cual bien podría convertirse en un modelo para programas similares en otros lugares.

En Idaho, aunque parezca mentira.

Pero por otra parte, Ana María es el tipo de persona dinámica y emprendedora a la cual uno se encuentra constantemente aplicando versiones de la frase "aunque parezca mentira". Entonces, aunque parezca mentira, esta inmigrante mexicana, madre de dos hijos varones, comenzó un programa para lo que tradicionalmente es un territorio para las hijas. Pero, si uno pasa más de cinco minutos hablando con la carismática y alegre Ana María, uno piensa, *¡Por supuesto!*

Ana María se crió en una familia de cinco niñas y dos niños. Se ríe cuando le pregunto si tuvo una fiesta de quince. —Éramos demasiado pobres —dice, haciendo eco a un sinnúmero de madres de quinceañeras de hoy en día. Ana María llegó a este país en 1965 cuando tenía dieciocho años, trabajó duro en todo tipo de empleos, desde mesera hasta empacadora de huevo, pero siguió asistiendo a la escuela por la noche. A la larga, conoció y se casó con su esposo alemán y se mudaron a Idaho, siguiendo a una de sus hermanas que le dijo que allí había empleos. Ana María acabó en Nampa, un lugar donde había una creciente comunidad de inmigrantes mexicanos.

Y fue así como Ana María se involucró con las quinceañeras. Uno de sus hijos había sido invitado a participar en la corte de una muchacha en Caldwell. Así que todos los sábados, Ana María lo llevaba a los ensayos en *Memorial Park*. —Me sentaba bajo un árbol, mirando a esos treinta y tantos muchachos practicar el vals y otros bailes. Y un día, ¡tuve una revelación!

Miró al grupo de muchachos y lo único que pudo pensar fue, *¡Ay, Dios mío!*

La invadió un sentimiento de desesperación. —Me dieron ganas de ir y pararme en medio del grupo y decirles: ¿Se dan cuenta de que un treinta por ciento de las muchachas aquí reunidas estarán embarazadas el año entrante? ¿Se dan cuenta de que un treinta por ciento de los muchachos aquí presentes acabarán en la cárcel cuando cumplan los veintiún años? ¿Se dan cuenta de que la mayoría de ustedes abandonará los estudios?

Ana María hace una pausa como si al volver a pensar en ese momento sintiera de nuevo esa mezcla de esperanza y pavor ante las frágiles posibilidades reunidas frente a ella. Es esa mezcla de sentimientos a la que me he acostumbrado yo misma este año, al asistir a fiestas de quince años y hablar con las jovencitas. Tanto potencial para hacerse al vuelo; tantas probabilidades de alas rotas, de aterrizajes forzosos.

—Allí estaban —sigue Ana María—, muchachos divirtiéndose, queriendo aprender, abiertos a las experiencias y nosotros, los líderes de la comunidad, ignorando olímpicamente ese momento, desaprovechando esa increíble oportunidad de aprendizaje.

Así que decidió hacer algo al respecto. Cuatro años después, cuando su hijo ingresó a la universidad, comenzó a movilizar a la comunidad para establecer el Centro Cultural Hispano y la joya en el centro que era su sueño, el *Stay-in-School Quinceañera Program*.

—Comenzamos en enero, dos veces por semana, una noche entre semana y un sábado, de treinta a cuarenta muchachos y muchachas de catorce años —explica Ana María—. Los tenemos hasta el fin de las clases en junio. La mayoría acaba de comenzar la escuela secundaria o va a comenzar en el otoño —Ana María calcula que dispone de un espacio muy breve en el cual pueda tener un impacto sobre cómo les va a ir en la vida—. La mayoría de estos muchachos proviene de familias pobres de trabajadores temporeros. Sus padres no han tenido mucha educación escolar. Estos muchachos necesitan escuchar que sí se puede. Así que traemos a maestros de la escuela secundaria para que les expliquen qué se espera de ellos. Traemos a líderes de la comunidad para animarlos a reflexionar sobre su futuro y tratar de que se sientan orgullosos de su pasado, de sus raíces, de sus tradiciones. El juez Gutiérrez, el único juez hispano que tenemos en Idaho, vino a hablarles, y el año pasado, ¡trajimos a Loretta Sánchez!—. Obviamente esta última es un pez gordo y me avergüenza no saber quién es. Más tarde hago una búsqueda por *Google* y me entero de que es una congresista que representa al estado de California.

—Traemos a artistas, a bailarines y a escritores para que les den talleres a los muchachos —de pronto, Ana María hace una pausa, una pausa elocuente—. ¿Te gustaría venir a hablarles a los chicos?

Quedo absuelta porque estamos en mayo y el programa casi ha terminado. Pero sin duda alguna, el invierno próximo me encontraré en Idaho. No hay nada más feroz que un hada madrina que necesita un par de alas para una heroína o un héroe joven en apuros.

Según Ana María, los jóvenes la pasan muy bien, —o no regresarían, semana tras semana —dice. Mucha de la diversión proviene de hacer cosas que afirman un sentido de orgullo en su cultura. —Aprenden técnicas antiguas de cerámica. Una vez trajimos a una mujer de 89 años para enseñar a las jovencitas cómo hacer coronas tradicionales con flores de cera, una artesanía mexicana que se está perdiendo debido a las coronas de plástico baratas que se encuentran en todas partes. Y para los chicos, trajimos a un charro, que es realmente el vaquero original de Estados Unidos. Mucha gente no lo sabe. La tradición del charro representa lo mejor del machismo, cómo ser un hombre de verdad, responsable de su familia y su comunidad. A los muchachos les encanta.

Estoy segura de que así es. ¿Cómo podría no serlo, si Ana María está allí, animándolos? El programa culmina en una fiesta de gala para recaudar fondos para el Centro Cultural Hispano. El centro cuenta con un inventario de treinta vestidos largos para las muchachas y alquila esmóquines a los muchachos. A la fiesta asisten el gobernador, los senadores, el alcalde. (La población hispana del estado crece a cuatro veces más del índice de la población no hispana. Sin duda, estos dirigentes políticos han hecho bien las cuentas).

Lo que me inspira del programa de Ana María, el cual se encuentra en su octavo año, es que toma la tradición de la fiesta de quince años, y reconoce el poder que tiene como rito de iniciación, reestructurándola con un contenido nuevo, que incluye un marcado énfasis en la formación escolar de los jóvenes. ¿Qué quiere decir ser un hombre de verdad, un charro, en esta nueva patria? ¿Qué quiere decir ser una mujer que reconoce sus tradiciones, que sabe hacer flores de cera para una corona como en antaño, pero que también puede lanzarse como candidata para el congreso? En otras palabras, el programa *Stay-in-School* aprovecha la ocasión de la celebración de los quince años para modificar la narrativa limitada que el rito ha apoyado tradicionalmente.

Es el mismo enfoque que un grupo de profesionales e investigadores de la salud han adoptado para hacer un estudio, resumido en un artículo titulado: *"Latina Adolescents' Sexual Health"* ("La salud sexual de las adolescentes latinas"), publicado en el libro *Latina Girls* (Chicas Latinas). En el proyecto *SHERO* (versión femenina de *hero*, héroe, con la *s* de *she*), participó un grupo de adolescentes latinas de Chicago entre los doce y los veintiún años, jóvenes que corrían un alto riesgo de quedar embarazadas sin desearlo, o de contraer SIDA. ¿Cómo potenciar a estas jóvenes de manera que cuidaran mejor de su salud sexual? El grupo de cinco investigadores y profesionales de la salud (Harper, Bangui, Sánchez, Doll y Pedraza) usaron un "enfoque etnográfico narrativo", trabajando en forma colectiva con las muchachas para "revelar la gama de narrativas comunitarias y culturales que se interponen ante la autoprotección sexual".

En otras palabras, como lo descubrí yo misma en el taller de *Women's Way*, llevamos en la mente historias sobre lo que debemos ser y sobre qué podemos hacer, y esas historias se apoderan de nuestras vidas. Las muchachas del grupo *SHERO* aprendieron a reconocer estas narrativas, principalmente el marianismo y el machismo y todas sus manifestaciones sutiles y no tan sutiles. A partir de ahí, ellas han procedido a desarrollar sus propias "narrativas innovadoras y sanas", incorporando cualidades admirables de madres, tías, abuelas, así como también aspectos valiosos de su tradición.

Pero el hecho de que estas viejas narrativas que restringen a la mujer persistan en nuestras latinas jóvenes confirma la necesidad que tenemos de actualizarlas. Y la tradición de los quince años —como se han dado cuenta muchas hadas madrinas— podría entonces ofrecer una increíble oportunidad de aprendizaje.

Sin pelos en la lengua

Algo que me pareció curioso es cómo a algunas de las mujeres latinas a quienes yo identificaba como compañeras innovadoras e implacables, se les humedecían los ojos y parecían mostrar cierta reverencia en torno a la idea de la quinceañera.

Parte de ello, supuse, era la misma ambivalencia que yo sentía hacia la tradición. A mí también me daban ganas de llorar y me sentía esperanzada en las celebraciones a las que asistía y, a la vez, deploraba los aspectos que valoraban la fantasía de la princesa dentro del patriarcado; esto último, en el mejor de los casos, inútil y, en el peor, dañino para la jovencita.

¿Acaso estábamos cerrando filas alrededor de nuestra propia comunidad latina, negándonos a permitir una división entre nosotras al criticar una tradición cultural, como si la solidaridad significara abandonar el raciocinio y olvidar las heridas sufridas en la batalla en pos de nuestra feminidad latina?

¿Había cierto elemento de condescendencia afectada entre aquellas que acogían los excesos de un ritual sobreextendido, especialmente a nivel popular?

¿O quizá temíamos ser llamadas malinchistas por traicionar a nuestra gente, al criticar lo que unos reclaman como "una antigua tradición azteca"?

Por eso fue alentador encontrarme con el trabajo de investigadoras latinas que no tienen pelos en la lengua, que no se andan
con rodeos, que le dicen al emperador y a la emperatriz que no llevan ropa, de ser necesario. En su estudio previamente mencionado, *"La Quinceañera: Making Gender and Ethnic Identities"* ("La
quinceañera: la formación de la identidad étnica y de género"), la
antropóloga cultural Karen Mary Dávalos no tiene inconveniente
en admitir que hay más fricciones de las que se admiten en el discurso público acerca de esta tradición.

Entre las mujeres méxicoamericanas que Dávalos entrevistó
había una constante "negociación y disputa en torno a la celebración". A veces el conflicto era sobre un tema al parecer ino-
cuo, como el color del vestido. Una quinceañera y su madre
peleaban sobre si el vestido podía ser rojo; la muchacha ganó y
celebró su iniciación por medio de la ceremonia tradicional que
deseaba su madre pero vestida de forma poco tradicional de rojo
carmesí. Claudia, miembro del equipo de *softball junior* de *Lawrence High School,* insistió en usar tenis de botita para que su papá
se los cambiara por los zapatos de tacón. A su madre y a su abuela
al principio no les parecía la idea, pero finalmente cedieron porque
en realidad, Claudia estaría simbólicamente haciendo a un lado
esa fase de patita fea y de marimacha para convertirse en el cisne
dócil de tacón alto, por intervención de su papá.

Según Dávalos, estos desacuerdos superficiales son evidencia
de "una variedad de perspectivas, a menudo en conflicto entre sí,
sobre la mujer, la familia y la tradición mexicana". Es como si la
tradición misma de los quince años fuera una especie de prueba
de *Rorschach* cultural que permitiera que los conflictos y las contradicciones inherentes en la feminidad latina afloraran. Así que
aunque la ceremonia dé la apariencia de ser una manera de "afian-
zarse a las raíces" y de crear y mostrar su identidad como mexicana, "esta construcción de la identidad no se basa en un libre

albedrío que produzca imágenes armoniosas de las mexicanas en su totalidad". En lugar de eso, estas mujeres se enfrentaban a "representaciones contradictorias del ser [...] a través de un evento que se piensa como sumamente *tradicional* dentro de una institución patriarcal". Dávalos llegó a la conclusión de que la celebración de los quince años coexiste dentro de ese "territorio incómodo [...] entre dos o más culturas, de múltiples significados y construcciones complicadas" que se funden en la latinidad. En breve, la tradición de los quince años es el momento en tiempo y espacio donde la joven enfrenta el complejo legado que hereda como mujer latina.

Al ser así, la tradición de los quince años representa una verdadera oportunidad. Ofrece un espacio donde nosotras como latinas podamos observar, examinar, expresar y quizá hasta reformular algunas de estas contradicciones. El sólo hecho hace que a mí también se me humedezcan los ojos al pensar en la tradición. Como aprendí en *Women's Way*, tener la oportunidad de hablar y comprender nuestra propia historia puede tener un efecto transformador. Parte de lo que hizo tan difícil mi paso de la niñez a la madurez fue que no se hablaba de los conflictos que existen dentro de nosotras y dentro de nuestras familias y comunidades. Se requiere ser pionera para responder al llamado de Maira e iluminar un poco el camino. Las memorias de Maxine Hong Kingston, *La guerrera*, publicada a mediados de los años setenta, iluminó a una generación de latinas, a mí entre ellas, y no sólo a nivel artístico como lo mencioné anteriormente. Aunque la experiencia de la autora era como mujer estadounidense de ascendencia china, mucha de su experiencia fronteriza reflejaba la nuestra. La prohibición con la que comienza el libro bien pudo haber sido pronunciada por cualquiera de nuestras madres: —No debes contarle a nadie —dijo mi madre— lo que te voy a contar—. Ése era el mandato: ¡silencio!

Siete años después de la publicación de *La guerrera*, como haciendo eco a Maxine Hong Kingston, Cherríe Moraga subtituló sus memorias *Loving in the War Years: lo que nunca pasó por sus labios* (El amor en los años de guerra: lo que nunca pasó por sus labios). Moraga concluye su libro reconociendo esos mensajes profundos y a la vez simples, que nunca pasaron por los labios de nuestras madres y sin embargo llevamos profundamente grabados en la mente:

> Siempre ha sido así
>
> profundo y sencillo
> lo que nunca
> pasó
> por sus labios
>
> pero fue
> totalmente
> totalmente
> escuchado.

Con sólo leer la obra de las escritoras latinas que comenzaron a surgir a mediados y fines de los años ochenta me dio ánimos y me hizo sentir menos sola. Cherríe Moraga, Lorna Dee Cervantes, Sandra Cisneros, Gloria Anzaldúa, que en paz descanse, estaban expresando lo que yo totalmente, totalmente sabía que era cierto en base a mi propia experiencia. Al escribir sobre su propio proceso tormentoso de volverse mujer en *Borderlands/La Frontera: The New Mestiza* (*Borderlands*/La Frontera: la nueva mestiza), Gloria Anzaldúa describe el mundo fronterizo en el cual muchas latinas se sienten atrapadas: "Enajenada de su cultura materna, extranjera en la cultura dominante, la mujer de color [está] atrapada entre los intersticios, los espacios entre los distintos mundos en los que habita".

Pero Gloria Anzaldúa se negaba a quedarse atorada ahí, aporreada por fuerzas en oposición. Eso hace que sus memorias, publicadas en 1987, parezcan más proféticas y oportunas que nunca. Anzaldúa creía en la evolución de una nueva conciencia como mujer latina, basada en una tolerancia hacia las contradicciones heredadas. Ese doloroso mundo fronterizo también puede ser el lugar "donde se dé la posibilidad de unir todo lo que está separado". El análisis de Anzaldúa es demasiado valioso para no citarlo en su integridad:

> Este ensamblaje [de tradiciones culturales dispares y de la pluralidad del ser] no es uno donde las partes cercenadas o separadas puedan simplemente unirse. Tampoco se trata de lograr un equilibrio de poderes opuestos. Al tratar de encontrar una síntesis, el fuero interno ha agregado un tercer elemento que es más grande que la suma de sus partes cercenadas. Ese tercer elemento es una nueva conciencia —la conciencia de la mujer mestiza— y aunque es una fuente de intenso dolor, su energía proviene del continuo movimiento creador que sigue derrumbando el aspecto unitario de cada paradigma nuevo.

> En unas pocas centurias, el futuro le pertenecerá a la mestiza. Porque el futuro depende del derrumbe de paradigmas, depende de aquellos con un pie en dos o más culturas. Al crear una nueva mitología, es decir, un cambio en la manera en que percibimos la realidad, la manera en que nos vemos a nosotros mismos y en las maneras de comportarnos, la mestiza crea una nueva conciencia.

Y la líder será una latina, ¡me encanta! ¿Por qué no? Ser latino o *spanglish* en EE.UU. significa ser un híbrido. "En cada familia *spanglish*, se puede encontrar a una persona de raza negra, de raza blanca, un asiático, un semita o un indígena", explica Ed Morales en *Living in Spanglish* (Vivir en *spanglish*). A diferencia de sus contrapartes anglosajones, los españoles, quienes trajeron a pocas de sus propias mujeres al Nuevo Mundo, se mezclaron con los nativos y los esclavos. "Nos encanta el mestizaje", concluye Ed Morales.

Y esa misma mezcla continúa aquí en los EE.UU. Irónicamente, como señala Ed Morales, el sueño de Simón Bolívar sobre la unidad latinoamericana, el cual se desintegró debido a rivalidades nacionales y regionales del siglo XIX, se está dando nuevamente en el siglo XXI dentro —y no en contra— de Estados Unidos. Nos estamos convirtiendo en un grupo panamericano en suelo americano. Y mientras nos mezclamos, no sólo entre nosotros mismos, sino con otros estadounidenses, estamos transformando nuestro país nuevo. *E pluribus unum*, bien dicho. De muchos, una nación híbrida.

Pero es esta hibridez como estado mental la que interesa a Ed Morales, la que intrigó a Gloria Anzaldúa, la que me inspira a mí ahora. Un estado del ser entre una cosa y otra, "de pertenecer a por lo menos dos identidades a un mismo tiempo, y no sentirse confundido o molesto al respecto", según Ed Morales. Ser *spanglish*, como él lo denomina. El poeta John Keats lo llamaba la cualidad de una capacidad negativa, "ideal para el carácter poético [...] el poeta camaleón": la habilidad de contemplar dualidades y "estar inmerso en incertidumbres, misterios, dudas, sin irritarse ni procurar los hechos ni la razón". Mike Davis en *Magical Urbanism* (Urbanismo mágico), advierte que los latinos bien podrían ser quienes enseñen a los Estados Unidos —¡quién lo hubiera pensado!— a ser americanos:

Ser latino en los Estados Unidos es participar en un proceso único de sincretismo cultural que podría convertirse en el patrón transformador de la sociedad en su conjunto total.

De nuevo, ¿por qué no? Las estadísticas predicen que para el año 2050, uno de cada cuatro estadounidenses será de origen hispano. ¡Más y más gente *spanglish*! Pero la inmigración a una cultura nueva o a lo establecido de esa cultura —ser *spanglish*, ser híbrido— ya no es una experiencia exclusiva de los latinos. La globalización acarrea la "experiencia de la inmigración" más allá de nuestras fronteras y hace del choque de culturas una realidad en todas partes. De modo que cuando nos preguntamos cómo enfrentar estas confusiones y contradicciones, en realidad estamos abordando la cuestión de cómo evolucionar a un nuevo tipo de conciencia mundial transformadora y sintetizadora. Anzaldúa tenía razón. El asunto se trata de nada menos que de, ¡cómo ser un nuevo tipo de ser humano!

Se podría decir que eso es mucho pedir, pero tal proeza puede desglosarse en ínfimos milímetros de comprensión en el momento presente, el aquí y el ahora, ese terreno tan engañoso. Cómo vivimos la vida cotidiana, cómo elegimos qué comprar y por quién votar y, sí, cómo educamos y ayudamos a nuestros jóvenes para que hagan la transición a la madurez. Ellos en particular se encuentran en el punto cero en cuanto al enfrentamiento de los mundos; su identidad se está forjando en el crisol de esos encuentros. Y la tradición de los quince años es un lugar tan bueno como cualquiera para comenzar.

La escritora y crítica literaria Norma Cantú así lo pensó. Habiendo tenido una fiesta de quince años tradicional, que reflejaba la limitación de roles que había a su disposición como joven latina, decidió darse una segunda fiesta de quince años ¡al cumplir los cincuenta! Su "cincuentañera", como la denominó, incluyó la corte tradicional, con cuarenta y nueve (en lugar de catorce) madrinas tales como, la madrina de queques, la madrina de una suscripción a *AARP*, la madrina de hierbas y remedios caseros. La celebración fue una ocasión para confirmar lo que sólo había sido un potencial hacía treinta y cinco años, así como también para replantear la tradición desde una perspectiva de poder, inteligencia, buen humor y experiencia.

Leí acerca de la cincuentañera de Norma Cantú en su artículo *"Chicana Life-Cycle Rituals"* ("Los rituales del ciclo de vida de las chicanas"), que incluye en su antología *Chicana Traditions: Continuity and Change* (Tradiciones de las chicanas: continuidad y cambio). El libro en sí reúne a varias investigadoras chicanas que estudian y comparten historias para ayudar a crear esa nueva conciencia latina. Una antología de mujeres sin pelos en la lengua. Me hizo tanta gracia la reformulación alocada y maravillosa de Norma Cantú que decidí llamarla. Durante años había oído hablar de ella por medio de mis amigas latinas y había leído su obra. Pero como suele suceder cuando uno se siente un poco intimidado por alguien, le tenía un poco de miedo. Incluso su nombre sonaba feroz. Su primera respuesta por correo electrónico trazó una agenda que dejaría agotado a cualquier hombre o mujer más joven que ella; parecía que sólo había un puñado de horas durante los siguientes meses cuando podría estar libre para recibir una llamada. Pero después de jugar *ping pong* con varios mensajes electrónicos, acordamos la hora.

—En todos nosotros existe la necesidad de una expresión ritualizada dentro del contexto de una comunidad —explicó Norma cuando finalmente nos comunicamos por teléfono. La ausencia de rituales en nuestras vidas nos hace sentir impotentes para resistir las presiones de nuestra época. Norma cita la aseveración del antropólogo Solon Kimball, que el aumento de enfermedades mentales de mediados a fines del siglo XX, es posible que se deba a que muchas personas se ven obligadas a enfrentar las distintas transiciones de la vida solos y con símbolos privados.

Pero tampoco debemos sentirnos maniatados por la tradición. —Es una criatura viva, la tradición —Norma ríe. Su voz es más suave y más bonita de lo que me había imaginado—. La naturaleza de un ritual es evolucionar según las necesidades de una comunidad —. Me cuenta la historia de un antropólogo que se sorprendió al ver que la comunidad de trabajadores migratorios mexicanos que él estudiaba en Wisconsin no celebraba el Día de los Muertos, un día festivo importante en México, donde la comunidad va al cementerio, se dan un festín y celebran sobre las tumbas de sus antepasados. Cuando le preguntó a los trabajadores temporeros por qué habían abandonado la tradición, le dijeron: —¡Ninguno de nuestros muertos está enterrado aquí! Además — agrega Norma, —imagínate pasar la noche a la intemperie en un cementerio de Wisconsin en noviembre. Hace demasiado frío para los muertos, imagínate para los vivos.

Norma, la mayor de once hijos, creció en una familia de clase trabajadora que de alguna manera hallaba los recursos para celebrar los momentos importantes en la vida de cada uno de sus hermanos. —A mí me festejaron con piñatas al cumplir uno, cinco, diez años y, por supuesto, tuve una fiesta de quince años. Creo firmemente en celebrar cada etapa importante de la vida y también, en dar gracias al universo por todas las bendiciones que recibo en la vida —. De hecho, Norma ya está haciendo planes para su sesentañera.

—Estas celebraciones promueven la unión, nos ayudan a seguir adelante —afirma Norma—. En realidad, un ritual es un evento transformador para toda la comunidad, no sólo para el individuo que atraviesa por él —. Elabora sobre cómo en su propia cincuentañera cuando sus ancianos padres se pusieron de pie y le desearon emotivamente feliz cumpleaños y expresaron el orgullo que sentían por todos sus logros, en efecto, ellos también reconocían un cambio en su propia forma de pensar. Celebraban una vida que no había seguido la ruta tradicional que ellos habían anticipado. Para ellos "bendecir" públicamente la exitosa carrera académica y literaria de Norma era importante, no sólo para ella, sino para las mujeres jóvenes de la comunidad. —Aquellos que desafían los patrones establecidos por la sociedad necesitan del reconocimiento individual.

Después de nuestra conversación, le envío un mensaje electrónico a Norma para agradecerle el haber iluminado algunos de los comportamientos confusos codificados en nuestro cuerpo y mente como latinas y, al igual que Anzaldúa, por haberse negado a quedarse varada. Estamos renovando los cables en nuestro fuero interno por medio de nuestra escritura, nuestro compartir y contar historias. Ahora que nosotras, las mujeres de mi generación, nos estamos convirtiendo en las matriarcas de la tribu, queremos transmitir algo de lo que hemos aprendido en las luchas que hemos enfrentado.

Esto me hace recordar mi viaje a Miami para entrevistar a quinceañeras y a organizadores de eventos. En una de mis visitas a una tienda que vende de todo para quinceañeras, pregunté si podía pasar al almacén a ver algunos de los vestidos. Me abrí paso por un vestidor y me encontré en un cuarto trasero sin ventanas donde tres mujeres latinas no mucho mayores que yo arreglaban trajes de quinceañeras. A su alrededor, unos vestidos terminados colgaban de la tubería en el techo. Tuve la sensación de que había ingresado en un mundo mítico donde las tres parcas hilaban el hilo de nuestra vida como mujeres latinas.

Les expliqué lo que hacía. Escribía un libro sobre la tradición de los quince años. Por alguna razón, esta presentación hizo que todas rieran alegremente.

—Pues ha llegado al sitio indicado —dijo la que parecía ser la mayor del grupo. Su cabello blanco estaba despeinado, su sonrisa dejaba entrever varios huecos. Había estado comiendo un sándwich, pero rápidamente se lo puso en el regazo cuando entré. Sin duda alguna la tienda tenía una regla de no comer mientras arreglaban esos vestidos elegantes.

Conversamos por un rato. La mujer que había estado hablando la mayor parte del tiempo era de Cuba, así como otra mujer más callada con un casco de cabello cano que parecía como si se lo hubieran soldado con laca. Ella era quien más se aproximaba a mi concepción de una costurera, una especie de bibliotecaria del mundo de las telas, pulcra y modosa. La tercera mujer parecía varios años más joven, de pelo oscuro y vivaracha, y orgullosa de ser de Nicaragua. Resultó que ninguna de ellas había tenido una fiesta de quince años. —Éramos demasiado pobres en la familia —explicó la nicaragüense. Las otras dos coincidieron.

—¿Se arrepienten de no haber tenido una fiesta? —interrogué en voz alta. Eso hizo que todas se quedaran calladas. —Yo tampoco tuve una fiesta —agregué en caso de que pensaran que yo estaba sugiriendo que ésta era una carta credencial que se suponía que ellas debían tener.

La del cabello blanco rompió el silencio una vez más. —A mí me da igual —dijo, levantando lo que quedaba de su sándwich—. Yo preferiría gastarme el dinero en algo necesario. Pero me alegro de que la gente lo esté haciendo, por eso nos dan trabajo.

Entre ellas contaban con más de sesenta años de experiencia en esta ocupación de hacer trajes para quinceañeras y novias.

—¡Sesenta años! —exclamé. Mi sorpresa las hizo reír.

—Somos veteranas de las guerras de quinceañeras y de novias —proclamó la del pelo blanco.

Eso me hizo reír. —¿Qué quiere decir con eso, veteranas de las guerras de las quinceañeras?

—Llegan, quieren tal vestido, la mamá quiere otro, se pelean porque ella quiere un vestido corto o uno sin tirantes o uno sin espalda, uno le saca al vestido para las gorditas, le mete para las flaquitas —. Las mujeres volvieron a reír.

Por alguna razón se me quedaron grabadas, aquellas tres veteranas de las guerras de quinceañeras. Ahora, cada vez que una quinceañera hace su entrada mágica o se sienta en el trono mientras su padre le cambia los zapatos y su madre le pone la corona, alcanzo a verlas en mi imaginación, trabajando sin cesar en el cuarto trasero. Es una visión más amplia, más útil, el sujetalibros al otro extremo de la quinceañera. Una visión que hace que me pregunte: ¿qué podemos ofrecer a nuestras jóvenes que pueda llevarlas hasta esta última etapa de la condición femenina?

Liberar a las quinceañeras

Es una cuestión que comenzó a obsesionarme de nuevo a medida que se acercaba el plazo para completar este libro, pero de forma negativa: ¿qué era lo que *no* le dábamos a nuestras jóvenes que las hacía fallar?

Esta pregunta, en realidad, había despertado en un principio mi interés en el tema de las quinceañeras. Al leer las estadísticas alarmantes en "El estado de las muchachas hispanas" había sentido curiosidad sobre esta disparidad extraña entre la fantasía que el ritual representa y los hechos en la vida de estas muchachas. Pero en el curso de mis investigaciones, ¡había conocido a tantas jóvenes que sabían lo que querían y triunfaban! Por supuesto, había hallado a una población selecta, ya que las fiestas de quince años a menudo se utilizan como una recompensa de los padres por ser "niñas buenas". Pero, ¿acaso los informes en cuanto al fracaso eran una exageración y había una cara más halagüeña que no aparecía en los medios de comunicación?

Justo cuando comenzaba a disfrutar del resplandor rosado de una femineidad latina eternamente optimista, descendía una sombra en el reino feliz.

Había puesto una alerta en *Google* sobre el tema de las quinceañeras, así que además de reseñas para la película reciente, *Quinceañera* y los artículos de fondo generados por dicha película acerca de fiestas de quince años en particular, yo seguía recibiendo artículos sobre la violencia que tomaba lugar en las fiestas de quince años. En Wellington, Florida, una fiesta de quince terminó en un "mini-disturbio" entre los invitados y los ayudantes del *sheriff* que habían sido llamados cuando estalló una pelea en la pista de baile. Un titular en San Diego rezaba: HOMBRE ASESINADO EN UNA FIESTA DE QUINCE AÑOS. En el condado de San Bernardino, California, un invitado murió de un tiro después de que se armara un pleito. En West Sacramento, un invitado de diecinueve años fue acribillado a balazos y dos más resultaron heridos. En Oakland, la víctima tenía catorce años. En Fitchburg, Massachussets, un muchacho de diecisiete años abrió fuego y disparó a cuatro hombres, uno de los cuales murió. ¿Qué estaba sucediendo?

Por supuesto, esto se debe en parte a cómo funciona el periodismo. Como me gusta recordar a mis estudiantes de escritura, los cuentos tienen que ver con problemas. De todas formas, el reportaje constante de asesinatos en fiestas de quince años me puso a la defensiva: surgen problemas en la comunidad latina y reciben mucha atención de los medios de comunicación. Pero esas noticias eran como llevar una piedrita en el zapato. En cuanto al patrón: muchas de las peleas comenzaban cuando no se permitía que entrara gente que no había sido invitada o, si de alguna manera lograban colarse, se les pedía que se marcharan. Hombres jóvenes que querían entrar a un espacio femenino íntimo; pandillas disputando territorio que además habían bebido; todas estas son maneras comprobadas de desencadenar una tragedia: basta con leer *Romeo y Julieta*. Pero estas tragedias en fiestas de quince años presentaban una historia antigua con un giro nuevo: no tenían nada que ver con una historia de amor. Se trataba de violencia, cruda y brotando a la superficie, entre nosotros mismos.

Los artículos mencionaban nombres de las jefaturas de policía que habían respondido a los disturbios. Decidí hacer una cuantas llamadas y preguntar a los agentes de policía qué opinaban de lo que estaba sucediendo.

Dave Farmer, el teniente de la Jefatura de Policía de *West Sacramento* que respondió al llamado de la fiesta donde un invitado fue asesinado y dos resultaron heridos, admite sentirse preocupado cada vez que se acerca una fiesta de quince años. ¿Habrá suficiente protección y vigilancia para evitar problemas? Ha estado casado con una hispana por treinta y seis años y admira mucho lo que él llama "el espíritu festivo de los hispanos". Pero lo que sucede en estas fiestas es que hay una población joven, hay rivalidades, hay pandillas. —Dependiendo de la situación de la comunidad en un momento dado —dice el teniente—, si hay tensiones presentes, éstas tienden a intensificarse durante una fiesta de quince años.

Arden Wiltshire del departamento del *sheriff* del condado de San Bernardino coincide. Como ayudante del *sheriff*, la contratan para dar protección en fiestas de quince años. —Hay que tener a dos, no a uno, sino a dos de nosotros, armados —explica—. Hoy en día es un requisito para cuestiones del seguro —. Arden ha dado protección a unas 50 ó 60 fiestas de quince años en los últimos seis años y aunque admite no saber nada de español, excepto decir ¡Alto!, sabe que cada incidente —y le han tocado bastantes—

ha estado relacionado con el exceso de alcohol. —La gente se emborracha —dice—, luego surge un problema de rivalidad y olvídate.

Pero no es sino hasta que llamo a la Jefatura de Policía de Fitchburg después del incidente en el cual un muchacho de diecisiete años mató a un invitado e hirió a otros tres, que comienzo a entender: la sombra que se proyecta y adquiere la forma de violencia en estas fiestas es parte de un problema mucho mayor. El jefe de policía Ed Cronin, quien suena paternal y sabio, dice que cuando comenzó a trabajar en el distrito de Fitchburg en 1982, hubo siete asesinatos en los primeros dieciocho meses, y seis de ellos eran latinos que mataban a latinos. La comunidad latina, además, había levantado demandas a dieciocho de sus agentes.

—Y tenemos aún peores noticias —agrega—. La tasa de deserción escolar entre los latinos, sólo aquí en Fitchburg, es del 40 por ciento. Cuando nos ponemos a pensar que el 50 por ciento de los niños que entran a kindergarten son latinos, entonces nos encontramos frente a un fracaso rotundo aquí en el centro de Massachussets.

Hace dos años, Ed Cronin llegó a la conclusión de que estar a cargo de una jefatura de policía alerta no era suficiente. —Comencé a preguntarme de qué manera mi comportamiento les estaba fallando —. Decidió participar en un grupo llamado Coalición Latina y comenzó lo que él describe como: —un proceso de escuchar, no de juzgar, sino solamente de escuchar. Intenté ver el mundo a través de los ojos de los latinos. Y no quiero decir genéricamente.

—¿Qué fue lo que vio?

—Vi un racismo sistémico total a todo nivel en nuestras instituciones. Es un sistema doble, que funciona para brindar éxito a unos y fracaso a muchos otros —. Muchos otros (al menos dentro de su comunidad) son latinos, y es durante la adolescencia que empiezan a darse cuenta de cómo son las cosas. La violencia en las fiestas de quince años es apenas un síntoma. —Los marginados —dice Cronin— siempre van a estallar durante las fiestas de quince. Van a estallar en las calles, en sus hogares.

Ed Cronin me recomienda hablar con Sayra Pinto, directora ejecutiva del grupo Coalición Latina, una mujer joven, que tiene más o menos la mitad de la edad de Cronin. Fuerte y apasionada, Sayra me dice que la suya es "la historia típica". Tenía un padre ausente. Su madre la dejó a cargo de parientes en su tierra natal de Honduras para venir ilegalmente a EE.UU, en busca de una vida mejor. —Cuando mi madre consiguió papeles y me mandó a llamar, yo ya tenía doce años, y fue como encontrarme con una extraña —. Las cosas no funcionaron muy bien entre ellas y muy pronto Sayra andaba en las calles. Pero unos tíos la acogieron.

—Supongo que no tengo que preguntarte si tuviste una fiesta de quince años —comento.

Sayra ríe. —En realidad, pude haberla tenido. Una de mis tías me la ofreció. Pero no quería ser exhibida de esa forma.

Ese fuerte sentido de integridad la condujo en otra dirección. Sayra se las arregló para ingresar a la universidad. —Ninguno de mis parientes quería firmar mi solicitud. Tenían miedo de que eso los haría responsables. Me costó mucho trabajo convencerlos —. De nuevo la "historia típica": una muchacha no necesita tanta preparación académica. ¿Para qué? Cuando Sayra se recibió de la universidad, decidió que iba a velar por otros jóvenes, como nadie lo había hecho por ella.

Su trabajo en la coalición consiste en ayudar a combatir el racismo sistémico del que hablaba el jefe de policía Ed Cronin. —Nosotros constituimos la explosión demográfica del momento. Podemos comenzar a construir puentes, crear un modelo nuevo, transformar un sistema educativo que no funciona para nuestra juventud. Es un momento crítico —prosigue Sayra con una urgencia en la voz que hace que me ponga a dibujar corazones atravesados por flechas en los márgenes de mi página de notas—. Tenemos la oportunidad histórica de forjar el futuro de este país.

Sayra calcula que se nos presenta una oportunidad que durará diez, quince años. —Hay una confluencia de crisis que se están dando en el mundo entero en estos momentos: la degradación ambiental, el aumento del armamento nuclear, el fallo de los sistemas democráticos, etcétera. Nos enfrentamos a situaciones difíciles a escala mundial sin precedentes. —El sistema actual requiere de un cambio drástico. Es un sistema que no reconoce la integridad del elemento femenino—. De modo que para liberar a las mujeres por medio de un verdadero ritual a los quince años habría que crear y afirmar una conciencia en nuestras jóvenes en el aspecto sagrado de la femineidad, la conexión que existe entre su cuerpo y el mundo natural y la entidad política —explica Sayra. En cuanto a la violencia que con frecuencia surge en las fiestas de quince años, Sayra opina que: —se trata de subyugar a las mujeres y su poder sexual recién descubierto, en una forma profundamente inconsciente y casi poética, bajo un sistema que hace uso de la violencia para perpetuarse a sí mismo. Redefinir esta tradición, de una manera muy similar a la que hemos redefinido el término "hispano", va a requerir de un arduo trabajo, el de reconocer los mejores aspectos de nosotros mismos y sacarlos a la luz.

Debería haber más luz. Allí está otra vez.

Si éste parece un pronóstico desalentador, con la balanza inclinada hacia ese lado por alguien que ha pasado once largos años trabajando en las trincheras urbanas, una serie reciente en el periódico neoyorquino en español *El Diario/La Prensa,* corrobora la urgencia del cometido descrito por Sayra Pinto y Ed Cronin.

Presentando los resultados de un estudio nacional del 2005 sobre el comportamiento juvenil peligroso entre estudiantes de secundaria, llevado a cabo por el Centro para el Control y la Prevención de Enfermedades del Departamento de Salud y Servicios Humanos de los Estados Unidos, *El Diario/La Prensa* ha llegado a la conclusión de que nos enfrentamos a una crisis nacional, que en su mayor parte ha sido ignorada, dentro de uno de los sectores de mayor crecimiento de la población estadounidense, las jóvenes hispanas. De acuerdo al estudio, una de cada seis jóvenes latinas intenta suicidarse, una tasa de 1.5 veces más alta que la de adolescentes no hispanas de raza negra y blanca. Además, esta población vulnerable tiene la tasa más alta de embarazos en adolescentes, y una de las tasas de deserción escolar más elevadas —¼ de las muchachas adolescentes latinas abandonan la escuela secundaria— una cifra superada únicamente por los hombres hispanos jóvenes, ⅓ de los cuales no termina la escuela secundaria.

"Las chicas latinas se encuentran en crisis, y si lo negamos y lo ignoramos, las condenamos mediante nuestra complacencia", advierte una editorial en el mismo ejemplar de *El Diario/La Prensa*. "Cuando estas jóvenes intentan suicidarse, están pidiendo auxilio. Debemos escucharlas y actuar. Son hijas de la comunidad y nos necesitan".

"Esta es una cuestión de salud pública", coincide el Dr. Luis H. Zayas, psicólogo titulado y profesor en *Washington University* en San Luis, Missouri, quien encabezó el estudio en el 2005. "Cuando se llega a ese nivel de tasas, deberíamos preocuparnos".

No sólo son elevados los niveles actuales, pero cuando se considera que una de cada cuatro mujeres en los Estados Unidos será hispana a mediados de siglo, no sólo nos enfrentamos a una crisis comunitaria, sino a una crisis nacional. "El momento para ayudarlas es ahora", concluye un editorial de *The New York Times* en respuesta a la serie que apareció en *El Diario/La Prensa*. Una opinión editorial en *Críticas*, que salió cuando se dio a conocer este estudio coincide: "Si queremos que nuestras quinceañeras y mujeres gocen de salud y productividad y estén listas para conquistar el mundo, debemos actuar ahora".

Pero, ¿por qué nuestras jóvenes se sienten tan desesperadas en cifras tan elevadas?

"Es la pregunta del millón de dólares, averiguar por qué", explica el Dr. Zayas en uno de los artículos de *El Diario/La Prensa*. "Existe una combinación de fuerzas que se mezclan a medida que las jóvenes se integran a la experiencia social en Estados Unidos".

El Dr. Zayas menciona como una de las fuerzas principales, la brecha cultural que se forma entre las muchachas y sus padres a medida que las chicas entran en la adolescencia: los padres esperan que sus hijas vivan según unos valores tradicionales estrictos, y las chicas quieren formar parte de una sociedad contemporánea estadounidense que les permite tener mucha más libertad. Al mismo tiempo, estas jóvenes no están seguras de cuál es su lugar —étnica, racial y culturalmente— en este mundo estadounidense nuevo. Saben que necesitarán de una buena preparación académica para poder triunfar y, sin embargo, la cultura en el seno hogareño las presiona para que sean mujeres abnegadas, que cuidan de los demás, inmersas en el marianismo. Todas estas presiones se ven exacerbadas por el hecho de que muchas de estas jóvenes cuentan con pocos recursos, muchas provienen de una clase de bajos ingresos. Comienzan a tener una sensación de aislamiento profundo y opresivo.

"Todos fuimos adolescentes una vez", concluye la editorial de *Críticas*. "Sabemos cuán intenso y confuso es este período. Imaginen agregar a esa mezcla dos fuerzas importantes, la cultura estadounidense y las tradiciones latinas, y podremos entender por qué crecer como joven latina en los Estados Unidos puede resultar traumatizante y difícil.

Además, imaginen esto: darse cuenta del racismo que incluso un jefe de policía anglosajón de mediana edad, calificó de extremo, al fijarse la meta de ver el mundo desde la perspectiva de los latinos. Cuando una muchacha joven que de por sí lucha por mantenerse a flote entre dos mundos se da cuenta de esta perspectiva, no es de extrañarse que el suicidio le parezca una posibilidad real. Cuando un joven latino se da cuenta de esta perspectiva, no es de extrañarse que estalle cuando alguien más le dice que no está invitado a la fiesta.

La sombra que se sigue proyectando sobre la fantasía de las quinceañeras cada vez que estalla una pelea, es un recordatorio cruel de que muchas de nuestras muchachas y muchachos están en apuros; y necesitan de nuestra ayuda ahora más que nunca, para no seguir fracasando. El momento de actuar es ahora. —Estar con nuestra juventud, acompañarlos a entrar a una madurez, es precisamente lo que creo que nuestros líderes deben hacer ahora —explica Sayra—. Escucho comentarios de mi propia gente que me dice que estoy malgastando mi talento al trabajar con pandillas y muchachos con problemas. Supongo que todo esto depende de si uno toma o no la visión a largo plazo. Pero me niego a abandonar los barrios pobres del centro de la ciudad [...] con todos nuestros niños allí solos.

En cuanto al tiroteo en la fiesta de quince que sacudió a su pequeña comunidad, Sayra dice que fue sumamente difícil. Después de todo el trabajo y el progreso que su coalición había logrado, ¡que una fiesta importante como ésta se convirtiera en un funeral! —Y lo más decepcionante de todo fue la poca ayuda que recibimos después. No hubo ningún psicólogo en las escuelas que ayudara a los estudiantes con el duelo, por un lado —recuerda Sayra. Pero aun así, —en medio de los múltiples fracasos sistémicos en apoyar a nuestra comunidad en todos los frentes, experimenté la justicia. Justo cuando creímos que estábamos solos en el funeral, Ed [Cronin] se presentó y acabé llorando en su hombro. Quizá fue la primera vez en mi vida que me sentí segura.

Un jefe de la policía nunca podrá sustituir a un padre ausente y llorar en sus brazos no es ninguna especie de vals. Sin embargo, no pude evitar pensar que Sayra Pinto había experimentado una especie de quince años liberados después de todo.

Un deseo para la quinceañera

Se acerca la medianoche, la fiesta ha llegado a su punto culminante, Mónica ha partido su pastel y ha ido de mesa en mesa repartiendo pequeñas muñecas Cenicientas, el recuerdo predilecto, que por lo general va con el tema de la fiesta de quince. Se ve radiante, especialmente porque todos le han dicho qué hermoso discurso dio. —Me hizo llorar —admite el Sr. Ramos cuando voy a despedirme.

—A mí también —coincido. Lo que no le digo es que lloro en todas las fiestas de quince años, que sigo viendo a mis tres viejitas en el cuarto trasero hilando nuestras vidas latinas, que me pregunto qué le será de utilidad a Mónica de haber tenido esta noche especial.

—Ella sola escribió su discurso —alardea el Sr. Ramos, secándose la frente con el pañuelo decorativo que ha sacado del bolsillo del esmoquin. Se pone a darme el currículum de todo lo que Mónica ha logrado en su corta vida: sus calificaciones de *A* en inglés, sus cargos en el consejo estudiantil. —Va a llegar muy lejos —dice. Está seguro de ello. Mi presencia allí lo comprueba. Ya está recibiendo reconocimiento a nivel nacional, ¡una escritora está cubriendo su fiesta de quince años!

La Sra. Ramos nos ve y se apresura hacia nosotros; lo he notado antes, su inquietud siempre que me ve hablando con su esposo. Sospecho que teme que el Sr. Ramos, quien es un poco bocasuelta y más aún ahora que ha estado tomando, le diga a "la escritora" algo que no debiera. Bueno, ya pasó el peligro. Voy de regreso a mi hotel. —Gracias por permitirme estar aquí esta noche —le digo, dándole a ella un beso de despedida.

—¿Qué? ¿Ya se va? ¡Tan temprano!

—¿Temprano? —río. Ella debe comprender que ahora ya soy una de las viejitas—. Mi esposo y yo por lo general estamos profundamente dormidos a las diez de la noche —. La Sra. Ramos me mira detenidamente. No puedo tener muchos más años que ella, si acaso. No me cree. ¿No me gustó la fiesta? Hubo algunos problemitas, pero todo salió bien al final. ¿No me parece así?

—Fue una celebración muy linda —le aseguro—. Tienen a una hija muy bella, a dos hijas muy bellas.

Su expresión se suaviza, aliviada. La ha pasado tan mal estos últimos años, me confía, un roce con el cáncer, otros problemas. La Sra. Ramos nunca estudió, nunca tuvo la oportunidad. —Yo no soy nadie, nadie —. Les dice a sus hijas que no quiere que ellas también acaben siendo unas nadie.

—¡Usted no es una nadie! —protesto yo. La música está tan estrepitosa que tengo que levantar la voz para que me escuche. ¿Cómo puede decir eso? Esta mujer guapa que ha criado a dos hijas encantadoras e inteligentes y a un hijo triunfador. Pero mientras hablamos o más bien nos gritamos, me doy cuenta de que la Sra. Ramos realmente no se considera una nadie, excepto cuando está cerca de mujeres como yo, que aparentan estar por encima de lo que nos ha tocado en suerte a la mayoría de los mortales. Qué extraño que en esta etapa de mi vida, sabiendo cómo arruiné las cosas, vea ese pasado reformulado por haber obtenido cierto éxito, como un sendero por el cual viajé hacia un final feliz, una escritora que ha publicado libros, una profesora, una mujer a quien otras mujeres puedan admirar. Si tan sólo supiera ella a lo que equivale "el camino de mi vida": mi medio de transporte, mi instinto; mi mapa, una serie de desviaciones alrededor de puentes en llamas.

Me encuentro a Silvia riendo con sus primas, finalmente libre de todas sus responsabilidades. —Espero que la haya pasado bien —me dice al despedirse. Más tarde, por teléfono, su madrina Claire me contará que toda esa noche Silvia estuvo comparando la fiesta extravagante de su hermana menor con la suya más modesta de hacía tres años. Le dije: —La tuya fue especial a su manera —. Apuesto a que mucha gente le dice eso a Silvia y la llega a hartar: ser la hermana de la reina. Quizá algún día se dé cuenta de que hay cierta libertad en no obtener el papel estelar. Puedes escabullirte, ir detrás de tus propios sueños.

Mónica no ha parado de bailar. Es parte de la tradición de la fiesta de quince años, que la quinceañera baile con todos los invitados varones. Es de buena suerte sacar a bailar a la princesa de la noche. Hasta sus amigas la llevan a la pista de baile, forman un círculo alrededor de ella, bailando y aplaudiendo. El momento da una sensación antigua, tribal, puras mujeres celebrando a una del grupo. Pero muy pronto, a alguien se le ocurre mejorar las cosas y jalan a Franz dentro del círculo. La vieja historia. Pero quizá estas jóvenes lo vivirán de otra manera, inventarán sus propias formas de armar las piezas. Uno desearía que así fuera. Sin duda alguna, ellas necesitarán más luz para hallar su camino en ese mundo fronterizo complicado donde muchas de nosotras nos perdimos. Con un poco de suerte, como las antiguas sacerdotisas que navegaban, les hemos dejado algunas señales en el camino, hemos escrito libros, hemos dado clases. "Todo lo que sabíamos del movimiento del mar se conservaba en los versos de una canción. Durante miles de años, íbamos adonde queríamos y regresábamos a casa sanos y salvos, gracias a la canción". Y todavía aquí andamos, hilando historias nuevas en ese cuarto trasero, las veteranas.

Cuando se termina el baile, me apresuro a despedirme de Mónica. Le entrego una pequeña bolsa con dos regalos pequeños que le traje desde Vermont antes de que supiera quién sería esa quinceañera. —Ábrelos después —le digo, ya que me doy cuenta de que está distraída por el alboroto a su alrededor—. Muchas gracias —dice ella, echándome los brazos al cuello. Los regalos se caen al suelo. ¡Oh, no! Dentro de una de las cajas hay una figurina de una niña alada sosteniendo un corazón que está a punto de poner en libertad. Espero que no se haya roto al caerse. El otro regalo es una de mis novelas, ya que Mónica me dijo que le encanta leer. Más tarde llamo a Mónica para darle las gracias de nuevo y para recordar su noche especial, y le pregunto si la niña alada está bien. —Ah, muchísimas gracias —canturrea Mónica.

—No —corrijo el malentendido—. Quise decir si se había roto.

—No, está perfecta —me dice Mónica. Parece haber olvidado que dejamos caer la caja mientras nos dábamos un abrazo—. La puse con esas muñecas dominicanas que tiene mi mamá en la sala.

¡Las siete figurinas de cerámica sin rostro sobre la mesa de centro de la familia Ramos! Y yo que creí que le estaba dando a Mónica un regalo único, contemporáneo, estadounidense. En esta etapa posterior de mi vida, a menudo me sorprende y me alienta ver cómo mis genes biológicos y culturales han sobrevivido intactos. De modo que el daño no fue tan grave. Finalmente, a los treinta y tantos años comencé a entretejer las varias narrativas: aquella de la niña inmigrante; la de la mujer latina; la de la escritora estadounidense; la de la maestra insegura; la de la madrina sin hijos que ayuda a criar a todos nuestros niños. Con Maxine Hong Kingston como guía y otras compañeras escritoras latinas que encontré por el camino, comencé a abrirme paso al escribir sobre estas contradicciones, al forjar una narrativa nueva con el tejido de hilos antiguos. Comencé a enviar mis poemas y cuentos, y no sólo a esperar a que alguien me descubriera, la versión de la escritora del síndrome de la princesa que aguarda a su caballero de brillante armadura.

Además, el amor resultó ser verdadero en la tercera ocasión. Cuando tenía treinta y tantos años largos, me enamoré de un verdadero compañero, un matrimonio que ahora lleva dos décadas y que sigue creciendo.

En español tenemos ese dicho sobre qué hacer con los problemas que uno enfrenta, con las cosas de la vida por las que hay que pasar: hacer de tripas corazón. Uno de los sitios para quinceañeras que visité —*poorgirlsquinceañera.com*— tenía en la página principal el siguiente lema: "La fiesta de quince años que no pudiste tener porque eras demasiado pobre: una celebración artística impulsada por las privaciones". La poeta Gwen Zepeda, quien fundó esa página de Internet y dio una fiesta de quince años en Houston para todas aquellas muchachas que no tuvieron fiesta, siente que su evento en particular y la tradición en general, son un imán para todo tipo de anhelos insatisfechos. Lo mejor que uno puede hacer con ese anhelo, decidió ella, es convertirlo en arte: hacer de tripas corazón. Por consiguiente, este libro. Por consiguiente, la niña alada de Mónica tiene su lugar al lado de su madre y sus abuelas dominicanas de cuyos vientres, ahora vacíos, y sus heridas, ahora sanas, ella surgió.

Manejo de la fiesta de Mónica de regreso al Hotel *Pan American* con las instrucciones que me dieron en la recepción del hotel. El corazón me late con fuerza por si me pierdo. "Lo único que ella tenía que saber era la canción y sabía dónde se hallaba". Si pudiera pedir un deseo para todas mis niñas sería ese. "Lo único que necesitas saber es tu canción y sabrás dónde estás". Esta canción toma toda una vida en aprender y volver a aprender, como las mujeres en el cuarto trasero podrían decírtelo. Como yo puedo decírtelo.

Por lo general enciendo la radio para que me haga compañía, pero esta noche no. Estoy pendiente de los puntos de referencia: *Panadería Catalano's, Lavandería Amore, Carnes Finas Gaspar's, New China Soft Taco*, la biblioteca, el cementerio luterano, girar a la derecha en la calle sesenta y nueve, pasar *Mount Olivet Cemetery*, bajo un rótulo que dice *MASPETH IS AMERICA*, y todo recto hasta llegar a *Queens Boulevard*, el Bulevar de las Reinas.

La bendición

Pasar un año tratando de comprender una tradición enfocada en adolescentes latinas a menudo me hacía sentir como una adolescente, sujeta a cambios de humor repentinos y contradictorios sobre mi tema de estudio.

Pero nunca me sentí así en cuanto a mis sujetos de estudio. Deseo aclarar eso. Una y otra vez lo que sentía hacia las muchachas mismas era una ternura y un sentido protector que me tomó por sorpresa. Apenas conocía a muchas de ellas. Yo no era ni su madre ni su abuela ni su madrina ni su tía. Pero su juventud y vulnerabilidad, su esperanza y belleza, me llegaron al alma y me conmovieron como mujer con algo que —a falta de otro nombre— podría llamar instinto maternal.

De camino a casa después de una fiesta de quince años o al colgar el teléfono después de una entrevista, yo deseaba seguir al lado de ellas, acompañándolas, aconsejándolas y protegiéndolas, pero más que nada escuchándolas, animándolas. Esos sentimientos, después me di cuenta, son lo que las ceremonias de iniciación tienen como propósito ritualizar y afirmar en una comunidad a lo largo del tiempo. De alguna forma, hemos fallado al respecto como nación, dejando a nuestras jóvenes plantadas, como lo advirtió Mary Pipher hace más de doce años en *Reviviendo a Ofelia*. Quizá el haberlas dejado solas era un deseo bien intencionado, dejar que nuestras jóvenes experimentaran la libertad y autonomía que a nosotras se nos había negado a su edad. Muchas de nosotras, mujeres latinas en particular, crecimos con tantas prohibiciones e inhibiciones. Por supuesto, queremos que nuestras jovencitas sean ¡libres, libres, libres al fin de todas las ataduras que nos perjudicaron y dividieron!

Sin embargo, al celebrar su fiesta de quince años estas muchachas latinas nos están diciendo que quieren algo más allá de la libertad. Anhelan tener una conexión con su historia. "Es como... parte de mi cultura hispana", respondían muchas cuando les preguntaba acerca de la tradición. Me gustaba que agregaran la muletilla del "como" en sus descripciones; señalaba que la tradición se encuentra en un proceso de transformación aun cuando está siendo codificada por sus descripciones.

La fiesta de quince como se practica hoy en los Estados Unidos es "como" un ritual que vino de los países de origen de abuelos y padres, países que muchas de estas muchachas nunca han visitado. Pero mediante esta tradición, se remontan a la cultura de antaño, partiendo de una necesidad de comunidad y significado, de continuidad y dirección. Una manera de no perderse en el camino. Una manera de ser y de pertenecer: una joven latina que enhebra la cuenta que le toca en el collar de las generaciones.

No todos los latinos y latinas mayores somos estadounidenses de primera generación, pero *todos* somos los primeros *hispanics,* un grupo creado en 1973 con un trazo de pluma. Es importante que no permitamos que otro trazo de pluma de alguien ajeno, hablando en sentido figurado, defina nuestras tradiciones por nosotros. Con esto me refiero al peligro de que una cultura consumista fuera de control recree y distorsione nuestras tradiciones con tal de vendernos algo. El cambio es necesario, pero debe ser un cambio basado en las necesidades de nuestros jóvenes, no con el propósito de una corporación. Tampoco debemos restringirnos en aras de una mentalidad de vaca sagrada sobre las tradiciones de nuestros países sólo porque "es una de las pocas tradiciones que nos quedan". Las tradiciones están hechas de algo más resistente que eso y nuestra responsabilidad es revisarlas y renovarlas constantemente para que sigan satisfaciendo su auténtico propósito, potenciarnos.

Razón por la cual esta aventura dentro del mundo de las quinceañeras resultó ser más rica y compleja de lo que sospeché en un principio. Razón por la que termino este año comprendiendo de manera más profunda los obstáculos que enfrentamos como comunidad latina a medida que alcanzamos una madurez en Estados Unidos, así como los obstáculos que enfrentan nuestras hijas y nietas a medida que alcanzan la madurez. Es necesario acompañarlas en este importante rito de iniciación, ayudándolas a profundizar en lo que implica esta etapa. Para poder educarlas, tenemos que educarnos a nosotros mismos, como nos recuerda Platón, sobre quiénes somos como comunidad y como americanas latinas nuevas.

Este libro ha sido un intento de hacer eso a través del lente de una tradición, la de la fiesta de quince años: revisar y comprender este ritual que está en proceso de evolución con todas sus contradicciones, demistificando su ideología, desempolvando la diamantina con que el comercio ha rociado el ritual para vendérnoslo, mediante un mercado consumista agresivo, como si fuera el artículo genuino, transmitiéndolo de forma tan clara y consciente como sea posible. Espero que a partir de la perspectiva ventajosa desde la cual observamos este ritual, podamos comenzar a comprender tanto nuestro pasado a nivel individual, como nuestro presente colectivo, así como también, nuestro futuro en evolución como una comunidad diversa dentro de una nación cada vez más latinizada.

Pero los cambios de parecer, querido lector, mis cambios de parecer sobre la tradición han sido totales y absolutamente aturdidores y desconcertantes. ¿Acaso creía yo en esta tradición de los quince? Sí y no. Cambiaba a menudo de parecer. Cuando en reuniones con amigos, les contaba sobre algunos de los detalles de una fiesta de quince años extravagante a la que había asistido recientemente o de la cual había escuchado hablar, y mientras mis amigos gesticulaban y comparaban la fiesta de quince años con las fiestas desmedidas del *Bar* o del *Bat Mitzvah*, me sentía dar marcha atrás, queriendo defender nuestra tradición. "Por otro lado...", les decía.

Por un lado: las fiestas de quince años son caras, sobre todo en la forma que han ido evolucionando dentro de la cultura consumista de los EE.UU. Es un escándalo tirar la casa por la ventana por una fiesta de una sola noche. Dinero que una familia de la clase trabajadora bien podría usar en la educación escolar de sus hijos o en pagar la hipoteca de la casa. Por otro, está toda esa cuestión de una ceremonia que estimula en las jóvenes la fantasía discutible de ser una princesa, una fantasía que la mayoría de nuestras jóvenes no puede darse el lujo de ni siquiera pensar. En realidad, para retomar la visión de Ana María bajo aquel árbol en *Memorial Park* en Caldwell, Idaho, los porcentajes nos indican una historia muy distinta sobre el futuro que le espera a nuestra juventud. ¿Cómo entonces, podemos dejarnos engañar y creer que una producción extra grande y excesiva tiene algo que ver con una tradición auténtica que pueda potenciar a nuestras jovencitas a medida que se convierten en mujeres?

Por el otro lado: hubo veces, en que sentada en la cocina de alguien, mientras observaba a las mujeres de la familia, madre y abuelas, tías y madrinas, haciendo los recuerdos con sus manos,

mientras una corte de quince parejas jóvenes practicaban los pasos
de la coreografía en la sala o en el patio trasero, entrando a la cocina
de vez en cuando por un bocadillo o para escuchar las viejas historias que inevitablemente surgen cuando las mujeres se reúnen:
en esas ocasiones, sentía que se estaba dando una transmisión
especial. Yo era parte de algo eterno, difícil de nombrar o contener.
"Algo estaba creciendo dentro de mí", dice Estrella a medida que
se acerca su noche especial en *La fiesta de quince años de Estrella*.
"Una sensación que no había tenido en mucho tiempo. Yo formaba
parte de algo más grande. Realmente pertenecía a esta familia y a
esta comunidad". En esa cocina, yo también me sentía parte de
una experiencia fuera de lo común y verdadera, una experiencia
que me hizo gran falta durante mi propio crecimiento. "Necesitamos de la acción simbólica para sentirnos unidos y para ayudarnos a seguir adelante", escribe Norine Dresser en *Multicultural
Celebrations* (Celebraciones multiculturales). "Ese es el propósito
de las celebraciones en cada etapa del ciclo de vida. Nos hacen
sentir que pertenecemos a ... nuestra familia y comunidad. Esa sensación se obtiene por medio de la creación de *communitas*: la sensación de ser una unidad [...] Las celebraciones del ciclo de vida
brindan oportunidades para la expresión creativa del espíritu humano [...] confirman la espiritualidad y dan autenticidad a la vida".

Esa unidad, esa sensación potenciadora de formar parte de
una transmisión continua, es lo que la tradición ritualiza, la razón
por la cual la fiesta de quince años no se trata únicamente de las
muchachas, sino de la comunidad, y por tanto, nos puede en-
riquecer a todos.

Al querer transmitir una tradición que realmente incremente
el potencial de las jóvenes, a mí, por supuesto, me preocupaba que se me acusara de sexista. Según se practica tradicional-

mente, la fiesta de quince años representa y, por tanto, afirma de
forma subliminal un paradigma patriarcal, la sexualidad de la joven, controlada y vigilada por una cultura machista. ¿Cómo es
posible que una mujer que se dice feminista quiera transmitir un
ritual semejante a su hija?

A lo largo del año pasado, mientras ayudaba a estas muchachas y me empapaba en esta tradición popular, saboreando las
nuevas variaciones más liberadas, pensé mucho acerca de esta
acusación en contra de las fiestas de quince años. ¿Acaso era una
señal de mi propio feminismo corrupto el que sintiera esa atrac-
ción hipnótica a este ritual?

Lo que llegué a comprender acerca de mí misma y de la mayoría
de las mujeres y muchachas que entrevisté es que existe un ansia
en nosotras mismas por un tipo de expresión ritual que realmente
respete y honre nuestra sexualidad femenina. En su maravilloso
ensayo *"Brideland"* ("La tierra de las novias"), Naomi Wolf describe haber experimentado sentimientos similares de perplejidad
como feminista joven preparándose para su boda, una ceremonia
"que no deja ninguna duda en cuanto al palpante patriarcalismo
de [...] sus orígenes". De hecho, Naomi Wolf dice sentirse como
arrullada y profundamente atraída por este mundo de las novias.
¿Por qué razón una feminista joven querría sumergirse en esta
"tierra de novias"? se pregunta a sí misma.

La razón tiene que ver con la denigración de la sexualidad femenina de la era moderna. Vivimos en una
época en la que la sexualidad femenina se malbarata
de una forma increíble; está a la mano de todos; se obtiene acceso a ella con sólo pulsar un botón. Aunque
sean pocos los que desean regresar a los viejos tiempos

de la virginidad obligatoria, creo que existe un terrible anhelo espiritual y emocional entre ellos porque exista un comportamiento social o un ritual que respete e incluso venere la sexualidad femenina y el potencial reproductivo. Ya no somos diosas ni reinas de nuestra propia sexualidad.

Paradójicamente, envueltas en el raso blanco del traje de novia formal, adquirimos por un momento esa majestuosidad sexual perdida [...] Nos convertimos de nuevo en un tesoro y llevamos el pecho adornado de joyas. De blanco, recuperamos nuestra virginidad, lo que metafóricamente significa, lo especial que era originalmente tener acceso sexual a nosotras...

Quién no desearía dejarse llevar por esas corrientes por un rato...

La fiesta de quince años también ofrece a la joven latina la oportunidad de dejarse llevar por esas corrientes, y no porque se esté casando con alguien. Eso es precisamente lo que Isabella Martínez Wall quería decir con querer que cada muchacha se sienta como la reina de su propia vida. Por supuesto, ninguna de nosotras, latinas y feministas ya mayores, quisiera volver a "los viejos y malos tiempos", cuando se restringían nuestros derechos, y teníamos el corazón y la mente divididos por una u otra disyuntiva, como atestigua mi propia larga y tambaleante transición a la madurez. Pero como concluye Naomi Wolf, "quizá el darnos cuenta de que hemos perdido el sentido del valor de la sexualidad femenina [...] nos lleve a encontrar rituales nuevos, experiencias nuevas, ceremonias nuevas con las cuales podamos anunciar al mundo que nuestra sexualidad es invaluable, y no sólo por un día".

La fiesta de quince años es ese tipo de ritual, pero necesita que lo pongamos al día, como soy capaz de afirmar después de un año de sentir como si me ahogara en clichés color de rosa y de observar a padres de clase trabajadora tirar dólares "para lucirse ellos en lugar de lucir a sus hijas", una distinción que me hizo una invitada en una de esas fiestas. Como la generación que transmite esta tradición, necesitamos despojarla de sus trampas y a la vez reconocer que debajo, yace un manantial vivo. Mimi Doll, una de las investigadoras asociadas al proyecto *SHERO* mencionado anteriormente, hizo una observación maravillosa sobre la tradición. (Dado que este libro comenzó con el tema de las muñecas, me encantó que su apellido fuera *Doll,* o sea, muñeca, y que el comentario que hizo me ayude a dar cierre a este libro). Al escuchar que me quejaba de estas tradiciones que nos tienden una trampa y entorpecen que florezcamos por completo —era uno de esos días en que yo oscilaba hacia el territorio de los críticos de la tradición— Mimi Doll me recordó: "Se supone que nuestras tradiciones deben velar por nosotros y protegernos como pueblo. Así que no podemos simplemente descartarlas. El reto es asegurarnos de actualizarlas dentro del contexto de hoy para que sigan velando por nosotros".

Mimi Doll prosiguió a citar el ejemplo del marianismo, ese ideal de la feminidad latina con su marcada insistencia en la virginidad. Las muchachas del proyecto *SHERO* lo habían identificado como una de las fuerzas poderosas de comportamiento en su vida. ¿Cómo puede este viejo paradigma serles de utilidad ahora? "Originalmente, el marianismo tenía que ver con la castidad como signo de la pureza de la mujer y el honor de la familia. Las muchachas de *SHERO* ahora hablan de la castidad como una manera de protegerse a sí mismas, para no quedar embarazadas, para terminar el bachillerato y continuar a la universidad".

Nuestras jóvenes latinas deben sentirse libres de reinventar las historias antiguas, de modo que no se sientan divididas por su doble cultura, como nos sentimos muchas de mi generación, de modo que reciban nuestra bendición para la expresión particular que hagan de sus tradiciones, como muchas de nosotras no las recibimos, en perjuicio nuestro.

Esta actitud expansiva hacia nuestras culturas heredadas está, en realidad, siendo adoptada por las feministas jóvenes de hoy en día. En su introducción para *To Be Real: Telling the Truth and Changing the Face of Feminism* (Ser realistas: la verdad y el rostro cambiante del feminismo), Rebecca Walker explica por qué muchas feministas jóvenes han rechazado la etiqueta feminista de la generación previa: "Para muchas de nosotras ser feminista de la manera en que hemos entendido el feminismo, es conformarse a una identidad y una forma de vida que no tiene en cuenta la individualidad, la complejidad o las historias personales imperfectas". Las de la "tercera ola", como estas feministas jóvenes se denominan a sí mismas, están "ampliando la visión de quiénes y qué constituyen la 'comunidad feminista', reclamando un terreno inclusivo, desde el cual buscar activamente las metas de la igualdad social y la libertad individual que todos compartimos. Aceptamos la contradicción y la ambigüedad [...] usando *esto y aquello* mucho más que *ni esto ni aquello*".

En la primera y segunda ola del feminismo, así como en la primera y segunda generación de inmigrantes y latinos recién acuñados, a veces nos tendemos una trampa al encasillarnos en definiciones demasiado rígidas de lo que significa ser lo que somos. Como nos recuerda Rebecca Walker: "La naturaleza compleja de nuestras vidas, con sus múltiples situaciones de vida, el instinto de no categorizar y de no aislarse de los demás, y las enormes contradicciones que personificamos, son todas alimento para crear nuevas teorías de la vida y de cómo relacionarnos con los demás". De modo que, sí, Rebecca Walker les asegura a las demás feministas jóvenes, puedes ser feminista y afeitarte las piernas, casarte, criar a tres hijos en una granja en Montana, seguir en comunicación con el padre que te maltrató.

La manera en que estas feministas jóvenes están redefiniendo y ampliando el terreno del feminismo se aplica a nuestras jóvenes latinas a medida que negocian y expanden el suelo de su etnicidad. Precisamente, la hibridez que heredan debido a su dualidad cultural, además de la cultura global en la que están alcanzando la madurez, significa que las tradiciones que les transmitimos deben tomar en cuenta a una persona joven más compleja, polifacética y contradictoria de lo que éramos nosotras cuando teníamos su edad. Y la tradición de las fiestas de quince años les ofrece la oportunidad de explorar la variedad y la contradicción dentro del contexto solidario de la familia y la comunidad, de las costumbres y de la ceremonia. Como nos recuerda W. B. Yeats en su poema *A Prayer for my Daughter* ("Oración por mi hija"), las tradiciones son la manera en que la sociedad cultiva, protege y transmite aquello que considera importante para las nuevas generaciones:

¿De que otra forma si no en la tradición y la ceremonia
Nacen la inocencia y la belleza?
La ceremonia es otro nombre para
    el cuerno de la abundancia,
    Y la tradición para el laurel florido.

Quizá nacido de ese mismo impulso que me llevó a congregar a varias mujeres sabias en *Andover* y a construir un ritual que pudiera potenciar a mis muchachas especiales, decidí terminar este libro con una reunión de mujeres sabias.

Invitaría a quince mujeres que no tuvieran pelos en la lengua para unirse a la corte de mujeres sabias, mujeres que dicen la verdad. Me imaginé una especie de fiesta de quince años virtual para mis lectores, quienes se encontrarían con estas madrinas al cierre del libro, cada una ofreciendo un consejo que pudiera serles de utilidad en un futuro.

Una mañana, al escuchar la estación pública de radio *NPR*, me sentí respaldada en mi decisión por un reportaje acerca de un grupo de personas mayores que dan consejos por Internet. El llamado *Elder Wisdom Circle* (Círculo de ancianos sabios) fue fundado por un "joven" de cuarenta años, Doug Meckelson, quien se dio cuenta de que había gran necesidad de recibir consejos por parte de los jóvenes y los no tan jóvenes, así como un caudal de sabiduría que las personas mayores podían ofrecer. Al momento del reportaje, *Elder Circle* contaba con 250 voluntarios, distribuidos por todo Estados Unidos, quienes representaban en su conjunto, ¡más de dieciocho mil años de experiencia! (Me causó gracia la respuesta a la carta de una niña de trece años, preocupada porque su hermana mayor estaba tomando. Comenzaba así: "Hola, Le responden trece damas y cuatro caballeros").

Una de las revelaciones no tan sorprendentes es que la mayoría de las cartas que piden consejo provienen de adolescentes. "Muchos de ellos escriben diciendo, 'nadie me escucha'", expresó la reportera de *NPR* Sharon Morrison, miembro del círculo. Después, mientras reflexionaba sobre cuál podría ser la razón, suspiró diciendo: "Cuando eres joven, necesitas de alguien de cierta edad y con autoridad que te ayude a encontrar el camino".

"Solía ser que la manera en que aprendíamos era al tratar con gente que ya tenía experiencia en algo", elaboró Doug Meckelson. De hecho, su inspiración inmediata para fundar el círculo fue su difunta abuela, "ella me aconsejaba sobre todo tipo de cosas". Pero ahora, como me recordó Will Cain, fundador de *Quince Girl*, acerca de las fiestas de quince años, "no siempre se puede recurrir a la abuelita". La emigración de nuestros países para acá y la movilidad que tenemos dentro de este mismo país nos han obligado a buscar consejos y conocimientos de otras fuentes, por Internet con *Elder Wisdom Circle* y a través de manuales y de libros como éste.

Razón de más para reunir a algunas de esas abuelitas y mujeres sabias aquí y preguntarles qué consejo le darían a una joven o no tan joven que anhele un poco de sabiduría en el mundo actual.

Y fue así que comencé a hacer una lista de las mujeres sabias que conocía. El plan era enviar una primera ronda de cartas a varias de ellas y esperar su respuesta antes de enviar una segunda ronda. Después de todo, no quería invitar a demasiadas mujeres sabias al círculo y luego —con el fin de mantener el número temático de quince— tener que botar a alguna. Pero, ¿cómo decidirlo? Había tantas. La única manera de hacer cualquier tipo de selección era recordarme a mí misma que cada mujer en mi círculo representaba a muchísimas mujeres ausentes. Un congreso representativo, más que un aquelarre oligárquico.

Algunas de las mujeres sabias de mi lista eran figuras que ya han conocido en las páginas de este libro, mujeres que sirvieron de guía en mi propia vida, Zanda Merrill y Ruth Stevenson y Cherríe Moraga y Maxine Hong Kingston. Otras eran personas que se han desarrollado como líderes y que han servido de inspiración en la comunidad latina o en la comunidad en general, mujeres como Isabel Allende y Dolores Huerta, esta última, el rostro femenino del Sindicato de Trabajadores Agrícolas, y Mary Pipher, autora de *Reviviendo a Ofelia*. Algunas han sido compañeras en el camino, como Sandra Cisneros y Norma Cantú y María Hinojosa.

"Te escribo porque eres una de esas mujeres sabias en mi vida", explicaba en mi carta. "Ahora somos las matriarcas de la tribu, y así como los ancianos hopi le recordaban a su pueblo en épocas difíciles, 'Somos esos a quienes hemos estado esperando'. ¿Qué podemos transmitir a nuestra juventud que alcanza la madurez en el mundo de hoy en día? Me gustaría que pensaras en esta pregunta y que te unieras a mi círculo sagrado".

"Déjame pensarlo", Ruth Stevenson respondió gentilmente por escrito. En un mensaje electrónico posterior admitió, "por lo general desconfío cuando escucho en mi fuero interno la palabra 'deberías'". Lo intentó un par de veces, pero lo que enviaba de vuelta no eran perlas de sabiduría sino cuentos de cuando era joven y sentía la vida alada despertar en su interior. Sonreí. ¡Por supuesto que mi maestra de inglés contaría cuentos! Ella sabía, al igual que los maestros sufíes, que la mejor "respuesta" que uno puede dar a un estudiante es contarle una historia que permita varias interpretaciones, y de la cual pueda recoger la sabiduría acorde con su habilidad de absorber y comprender.

Comencé a preguntarme si esta gran idea realmente sería una manera útil de concluir el libro. Pero luego, algunas "respuestas" comenzaron a llegar, a menudo con el siguiente prólogo: "Ay, Dios mío, ¿sólo *un* consejo?" O a la inversa: "Ay, Dios mío, no sé si creo en dar *ningún* tipo de consejo". Aun así, muchas de estas mujeres de buen corazón me complacieron y prosiguieron a ofrecer lo que me pareció como consejos sabios. Pero de lo que me di cuenta mientras seleccionaba las respuestas y comenzaba a hacer el borrador para una segunda ronda de cartas es que cuando yo tenía quince años, lo que me hubiera servido más no era un consejo, sin importar cuán sabio fuera, sino tener una relación con la persona que me servía de ejemplo sabio por la manera en que vivía su vida. Alguien que pudiera haberme escuchado y ayudado a tener acceso a la fuerza y la sabiduría que había dentro de mí y a aplicarla a los obstáculos particulares que enfrentaba en esa etapa de mi vida.

Quizá no era de extrañarse, pero muchos de los consejos que recibí de un grupo tan variado de mujeres eran del mismo corte.

El mayor énfasis era sobre desarrollar el poder interno. Parecería que dentro del panteón de mis tres muñequitas *Papo* —princesa, madrina, guerrera— la figura principal entre mis mujeres sabias era la guerrera. "Conoce tu lado fuerte", escribió María Hinojosa. "¡Desayúnate el miedo y la falta de confianza en ti misma!" coincidió Isabel Allende. "Arriésgate", aconsejó, "porque una vida sin correr riesgos no es vida".

"No olvides tus poderes", hizo eco Zanda Merrill, y prosiguió a enlistarlos: El poder de formular deseos, el poder de quedarse, el poder de irse, el poder de sanar, el poder de efectuar un cambio en el mundo.

Durante una entrevista en persona en mi habitación de un hotel de Los Ángeles, en vísperas de una marcha a favor de los inmigrantes que ella encabezaría, Dolores Huerta respondió a mi llamado con una pregunta. ¿Quién creía yo que era el más feroz de la especie en el reino animal, el macho o la hembra?

Podía adivinar la respuesta, pero quise darle el placer de ilustrarme. —¿El macho?

Como era de esperarse, Dolores respondió con regocijo: —No, ¡la hembra!

—Es por eso que les digo a las muchachas que tienen que saber defenderse solas. Estar bien preparadas. Si no puedes luchar por ti misma, ¿cómo podrás luchar por tu familia, tu comunidad, tu país? —Me pareció extraño escuchar un grito de guerra semejante de una mujer menuda, muy bonita, de setenta y seis años de edad, vestida primorosamente en un traje negro con una blusa floreada. Pero sus ojos negriazules eran sabios, los ojos de un alma antigua de corazón joven. El collar de cuentas —que me hizo un preso, dijo— con el logotipo del águila, el símbolo del Sindicato de Trabajadores Agrícolas, también era un recordatorio de las luchas arduas y prolongadas que Dolores ha peleado y continúa peleando.

Otro énfasis importante, entre los consejos que recibí de la primera ronda de mujeres sabias tenía que ver con buscar tu magia: la figura del hada madrina en mi trinidad de muñecas. "Usa tus talentos", aconsejó Norma Cantú, y luego prosiguió a usar los suyos al ofrecer catorce consejos más, desde los más elevados: fijarse metas, correr riesgos, saber perdonar; hasta lo mundano: hacer ejercicio, ser puntual, llevar un diario. Cuando le pedí que escogiera sólo uno, retomó "celebra tu don y compártelo". Compartir fue un elemento clave de la conversación que tuve con Cherríe Moraga. —Recuerda que vives en comunidad. Eres responsable de tu familia y de tu comunidad así como de ti misma. —Cherríe rió, explicando que su madre había fallecido el verano pasado a los noventa años de edad—. Y aunque yo era una rebelde, me encuentro hoy repitiendo cosas que decía mi madre.

Finalmente, parte de los consejos iban destinados específicamente al aspecto princesa de nuestras jovencitas: la última de mis muñecas *Papo*. "No dejes que se te suba a la cabeza cuando un hombre guapo (o famoso) te preste atención", escribió Sandra Cisneros. "Los hombres guapos (o famosos) que andan detrás de ti como lobos, andan detrás de TODAS las mujeres de la misma manera. Si yo lo hubiera sabido en ese entonces, no habría sido tan ingenua como para pensar que me estaban escogiendo de entre todas las mujeres y me estaban honrando con sus atenciones. Pensaba que los incitaba a 'amar', pero para los hombres yo era simplemente otra conquista".

—No te dejes —hizo eco Cherríe Moraga—. No te abandones a ti misma. Si te encuentras en un lugar donde te has traicionado a ti misma, ¡salte! —De nuevo, Cherríe rió. Algo más que le solía decir su madre.

Quizá porque Cherríe seguía mencionando a su madre, sentí deseos de llamar a la mía y averiguar qué me aconsejaría.

No había sido mi intención pedirle que se uniera a mi círculo de ancianas sabias. Como la mayoría de las hijas, sentía que había recibido suficientes consejos maternales como para durarme toda la vida. Además, mami y yo habíamos tenido una relación tan difícil desde los mismísimos años que he estado describiendo en este libro sobre quinceañeras. Sin mencionar que en el pasado también ella se había molestado por algunos de mis escritos auto-biográficos. No se creía mi defensa de que mis novelas eran fic-ción, que había aprovechado las cosas que me eran familiares para poder contar bien una historia, no como si fuera un tabloide sensa-cionalista y revelador. Más allá del velo de la invención, ella distinguía una sombra de nuestra propia familia, nuestras luchas, nuestros fracasos y, lo que su furia le impedía ver, nuestros triunfos.

Durante la época en que más dolida se sentía ella conmigo, la habían hospitalizado por una fractura de tobillo, y yo me había apre-surado a Nueva York para estar a su lado. Mi aflicción y mi lealtad inquebrantable —a pesar de mis "desobediencias"— era un recor-datorio de que esta mujer formaba parte del núcleo de mi corazón, no un apéndice que me pudieran quitar y sin el que podría vivir.

Después de visitarla en el hospital, pasé la noche en el pequeño apartamento al que mis padres se habían mudado en Manhattan después de vender la casa de Queens. Dormí en su cama, junto a la cama de papi. En una bandeja pequeña sobre la mesa de noche había un frasco pequeño de *Vick's* y un tubo de crema facial, igual que en mi propia mesita de noche en mi casa de Vermont. Debajo del cajón, en un compartimento, encontré un ejemplar de mi primera novela, lo que me sorprendió pues sabía que mi mamá había prohibido mi obra de ficción en su casa.

Abrí el libro, ¡y qué tremendo dolor! Mi mamá había leído toda la novela y había marcado con un rotulador fosforescente ciertos pasajes: algunas páginas literalmente resplandecían. Lo que la ofendía parecía emanar de alguna mención sexual o sobre drogas o sobre una enfermedad mental o sobre madres imperfectas. Cerré el libro y acaricié la portada —mi primera novela, mi gran logro, con el que había esperado poder reclamar mi prestigio en la familia— y lo puse de vuelta en el compartimento donde lo había encontrado.

Quince años después, para ser exacta con el colmo de las coincidencias, me iba a poner en contacto con ella para que apareciera en un libro ¡sin fingir que se trataba de una obra de ficción! No, no soy masoquista. Sucede que habíamos hecho las paces estos últimos años. Mami le había pedido a mi esposo, que es oftalmólogo, que le quitara las cataratas, y había venido a Vermont y se había quedado con nosotros durante los dos procedimientos. Estaba muy agradecida conmigo por haberla recibido en mi casa y con él por "haberle devuelto la vista". Después, fue como si su sentido de la vista —al igual que el mío— se hubiera aclarado, en sentido figurado. Escuché un nuevo tono en su voz. "Mi palomita, mi chiquita, mi niña, mi hija". Mientras tanto, retomé una costumbre de nuestra tierra que mis hermanas y yo habíamos descartado a lo largo de los años. Al despedirnos de nuestros padres, en persona y por teléfono, les pedíamos: "La bendición, mami, la bendición, papi".

"Que Dios te bendiga, mija".

Pero no sólo fue la nostalgia lo que me motivó a querer llamar a mi mamá y pedirle su consejo para el final de este libro. En realidad, un mar de cambio había tomado lugar, no sólo en nuestra relación, sino en la historia de nuestra familia. Después de cuarenta y dos años en este país, ella y papi habían vuelto a Santiago. Muy pronto después de la mudanza, papi comenzó el largo descenso de la despedida cuando le dio el mal de *Alzheimer*, olvidaba si ya había merendado o si las ventanas daban a Nueva York o a Santiago, ese pueblo que ahora era una ciudad urbana y bulliciosa, la ciudad que había elegido para morir.

En ésta, la más difícil de todas las transiciones, ver cómo mami cuidaba a papi con tanto esmero y sin quejarse, ver su capacidad de resistencia y su alegría de vivir nos dejaron maravilladas e impresionadas a las cuatro hijas. Resulta que habíamos subestimado la capacidad que tenía mami para enfrentar la adversidad, para tomar los limones que te da la vida, como diría ella enredando los refranes en inglés, en su típico uso cómicamente incorrecto de una palabra o frase por otra, pues no hay mal que por bien no venga.

"Hacer de tripas corazón".

Pero notamos que se siente sola. Nos llama con más frecuencia; le da gusto que la visitemos, lo cual nunca fue el caso en el pasado cuando regresábamos del internado o de la universidad o de nuestras propias vidas con nuestro ruido y exigencias y nuestros modos desordenados y nuestras historias preocupantes. También se ha vuelto gran aficionada a los juegos de béisbol, va con los equipos que tienen más jugadores dominicanos y ve los juegos por cablevisión. Mi mamá, que nunca estaba quieta, que no se sentaba a hablar por largo rato porque siempre tenía que estarse moviendo. Hablar la ponía de nervios, sobre todo hablar con sus hijas, que tenían unas ideas tan extrañas. Pero sobre todo hablar con esa hija, la de los divorcios y las novelas autobiográficas problemáticas.

Nos tratamos con guantes de seda. Nuestra conversación se queda dentro de los confines seguros de su salud y la condición de papi, como si todavía no estuviéramos seguras de qué tan lejos podríamos aventurarnos dentro de esta nueva sensación de sentirnos unidas. A veces me pregunta sobre mi escritura. Cuando le dije que estaba trabajando en un libro sobre quinceañeras, consiguió a varias sobrinas nietas para que las entrevistara durante una de mis visitas a Santiago y dio un té para todas las "muchachas" que habían sido presentadas en sociedad junto conmigo en el verano de 1967.

Así que me sentía animada aunque un tanto nerviosa de pedirle que se uniera a mi círculo de mujeres sabias. ¿Qué consejo le daría a una jovencita hoy en día, una muchacha que inevitablemente luciría mi cara de adolescente en su imaginación?

Le envié un mensaje electrónico sugiriéndole la idea. Varios días después, al no recibir respuesta, la llamé.

Se encontraba viendo un juego de béisbol, los *Red Sox* contra *Cleveland* —la tele resonaba al fondo— y comiendo galletas saladas, una costumbre nueva debido a la tensión del juego que hace que ella quiera masticar algo, y mascar chicle no es bueno porque se le pega a la dentadura postiza.

Le encantaría incorporarse a mi círculo de mujeres sabias si yo así lo deseaba, dijo con un poco de timidez. Pero no estaba segura de que pudiera darle buenos consejos a una muchacha joven.

¡¿Mami sin poder dar un consejo?!

—Claro que si puedes, mami —la animé—. ¡Tienes ochenta años de experiencia! Más sabe el diablo por viejo que por diablo. —Cité el refrán que solía recitarnos, refrendando así su autoridad—. Y además, has criado a cuatro hijas.

—Está bien —accedió, dando un mordisco a una galletica. Ahora no era el juego lo que la ponía nerviosa sino mi pregunta—. Supongo que le diría que más le vale estar preparada. Debes poder hacerte cargo de ti misma. No se sabe si algún día estarás divorciada y tengas que criar sola a tus hijos. ¡No dependas de nadie más que de ti misma!

De nuevo, como con el resto de las mujeres sabias, se invocaba a la guerrera.

—Otra cosa es que si hay algo que te encanta hacer, hazlo. Como si quieres pasar diez horas en un cuarto escribiendo, hazlo, y no dejes que nadie te diga que deberías abandonarlo o que deberías estar acompañando a tu esposo. Es la calidad del tiempo lo que cuenta.

Un vitoreo y la voz animada del locutor. El *big* Papi iba a batear, me informó mami, mordiendo nerviosamente otra galleta.

Yo también sentía la necesidad de masticar algo para no soltar un: "¡¡¡Mami!!!" Verán, durante mi última visita, ella me había advertido que más me valía prepararme para dejar de escribir. —Vas a envejecer, sabes. No vas a poder seguir escribiendo a toda hora.

Aunque ya casi nunca nos enojamos, ese comentario me irritó. —Pues no lo voy a dejar de hacer, mami —la informé—. Escribir es mi manera de vivir. —Ella había negado con la cabeza como si tuviera la razón—. Es una vocación, mami, no un trabajo. Lo mejor que le puedo desear a alguien es que encuentre su vocación, ¡que no deje que nadie la obligue a abandonarla!

De alguna forma, la apasionada defensa de mi escritura hacía meses había disuelto su absoluta certeza de lo que era mejor para mí. En realidad, la sabiduría que mi sabia madre me transmitía ahora la había recibido unos meses antes, ¡de mí!

Pero al hablar con mami me vuelvo más sabia. ¿Cómo se me ocurre pensar que podría reunir a un montón de mujeres y cosechar su sabiduría para el uso general? La sabiduría no es una cualidad fija. Circula entre nosotros. Con razón me costó tanto trabajo decidir a quién incluir en mi círculo de mujeres sabias. La sabiduría se da dentro de una relación, en un contexto recíproco. Aniana Vargas, una dominicana sabia que se quedó a trabajar con los campesinos después de que sus compañeros revolucionarios bajaran del cerro a sus trabajos de lujo y a sus vidas cómodas, me dijo una vez: "Todo lo que se sabe en el mundo, se sabe entre todos". Nuestra sabiduría conjunta es un gran río caudaloso dentro del que nuestras pequeñas vidas y libros fluyen cual riachuelos; y podemos enseñar a nuestra juventud cómo aprender de ese río, cómo tener acceso a él y cómo navegarlo por sí solos.

Mary Pipher, con quien me puse en contacto antes de llamar a mi mamá, había empezado a guiarme a comprender esto. Ella había accedido gentilmente a ser entrevistada pero rehusó dar un consejo. —Los consejos sensatos comienzan a sonar todos iguales —explicó—. Sé fiel a ti mismo. Persigue tus sueños. Escucha la voz de tu conciencia. Yo prefiero acercarme al lector como alguien que aprende junto conmigo en lugar de ser yo la maestra. Pero he aquí un pensamiento para tu libro —agregó como queriendo ofrecerme algo—. Piensa en él como si fuera una canoa y condúcenos de vuelta al mar profundo, a una experiencia más rica de esta tradición, con lo que tienes para decirnos.

Me eché a reír (la risa de mami) porque estaba recibiendo el consejo más personal y conmovedor de esa mujer sabia que se había rehusado a dar un consejo. De modo que decidí disolver mi círculo de mujeres sabias. Porque, sabios lectores, como probablemente ya se habrán dado cuenta: ¡ha sido mi propia celebración de quince a los cincuenta y seis años lo que he estado montando aquí al cerrar mi libro! Invitando a mis mujeres preferidas a formar parte de mi corte. Pidiéndoles su sabiduría y sus historias, su bendición, para apreciarlas y conservarlas y ahora transmitirlas.

Agradecimientos

A las madrinas y padrinos de este libro

En la comunidad méxicoamericana, un pariente o amigo patrocina cada detalle de la fiesta de quince años. He visto invitaciones que incluyen más de cuarenta nombres: madrina del pastel, padrino de la limusina, madrina de la corona, padrino del *disc-jockey*. Desde las decoraciones hasta el vestido hasta la última muñeca, hay una madrina o un padrino cuya inversión en ese regalo en particular representa una inversión mayor en la joven misma. El regalo es una prenda y una promesa para la quinceañera: sus padrinos la respaldarán, la protegerán y cuidarán de ella de cualquier forma posible a medida que ella emprenda su camino a la edad adulta.

Recuerdo estos patrocinios al final del libro que no podría haber escrito si no fuera por la ayuda y la generosidad y el estímulo de tantas madrinas y padrinos. Esta investigación me llevó dentro de las casas de docenas de muchachas y sus familias, dentro de iglesias y salones de fiesta en hoteles y centros recreativos, dentro de comercios y establecimientos que proveen servicios para quinceañeras. Tantos de ustedes me recibieron con los brazos abiertos en sus hogares y compartieron sus historias conmigo. De todo corazón, quiero darles las gracias.

Asimismo, el libro en sí atravesó por varias evoluciones en el camino, comenzando por ser un manuscrito breve, hecho bajo encargo, para ser empaquetado con un DVD, una idea que llegó a un callejón sin salida cuando la editorial quebró. Momento en el cual varias madrinas de la familia *Penguin* intervinieron para rescatar un proyecto que para entonces se había convertido en una pasión, no una tarea. Y durante todo el trayecto, mi incansable madrina-guerrera-agente me animó y conservó la fe durante varios tramos accidentados en el proceso de maduración de este libro. Mi infinito agradecimiento para ella.

A continuación se encuentra una lista parcial de las madrinas y los padrinos de este libro. Debido a que he decidido respetar el ámbito privado de las muchachas y sus familias, no incluyo los nombres de las personas que para mí tuvieron la mayor importancia al escribir este libro. Quiero que sepan que mi corazón se desborda de agradecimiento, y cualquier crítica a ciertos aspectos de la tradición no tiene en absoluto la intención de disminuir su celebración en particular o de atenuar mi más profundo agradecimiento. Gracias por ayudarme a entender este ritual clave y la comunidad en evolución dentro de la cual se celebra.

En primer lugar, a la Virgencita de la Altagracia
gracias
por tantas bendiciones,
entre ellas, el haber tenido el privilegio y el placer
de conocer a tanta gente maravillosa en el transcurso de escribir este libro;
algunas de esas personas se mencionan a continuación:

CHAMBELÁN DE HONOR
Bill Eichner

MAMI
Julia Tavares de Alvarez

PAPI
Eduardo Alvarez

MADRINA DE HONOR
Susan Bergholz

CORTE DE HONOR
Isabel Allende, Ana Rosa Alvarez, Maury Alvarez, Norma Cantú, María Hinojosa, Dolores Huerta, Tita Jensen, Zanda Merrill, Cherríe Moraga, Grace Paley, Mary Pipher, Shannon Ravenel (también madrina de muchas de las categorías a continuación), Ruth Stevenson, Judy Yarnall

MADRINAS AL RESCATE
Kathryn Court y Alexis Washam

MADRINAS DE HACE AÑOS
Emily Haynes y Trena Keating

MADRINAS Y PADRINOS DE LA INSPIRACIÓN

Gloria Anzaldúa (*Q.E.P.D.*), familia Boodramsingh, Graciela Fonseca, Maxine Hong Kingston, familia Ledesma, Isabella Martínez Wall, Ana María Schachtell, Donna Vásquez, Vendela Vida, Gwen Zepeda

MADRINAS DE LA RED DE CONEXIONES

Ofelia Barrios, María Battle Pesquera, Liz y María Bueno, Maris Callahan de Lippe Taylor, Inma Carbajal, Arlyn Davich, Suzanne Kelly, Zoa y Zoa Izanet Mendez, Priscilla Mora, Esthersita Pentón-Nodarse, Christy Rivera, Michele Salcedo, Mari Santana, María Rosa Tavares de Bogaert

MADRINAS Y PADRINOS DE FOTOGRAFÍA, PELÍCULAS Y MEDIOS DE COMUNICACIÓN

Los Benavides de *Tilde Photography*, Inés Espinoza, Emily Ríos, Franklin Bencosme, Will Cain, Richard Glatzer, Enrique Muñoz, Higinio Muñoz, *Payret Studios* en Miami, Salvador Suriano, Wash Westmoreland

MADRINAS Y PADRINOS DE LA PRODUCCIÓN DE EVENTOS

Bisli de *Bisli Event Services*, Yolanda Martos, Priscilla Mora de *sweetfifteenparty.com*, Esthersita Pentón-Nodarse de *Pretty Party*, Luis Molina, Denny Nicholas, Tony Pouparina, Oscar Suárez

MADRINAS DEL VESTIDO

Lisa Chang de *Mary's Bridal*, Trina Chartier de *House of Wu*, Cindi Freeburn de *David's Bridal*, Tonya Gosselin de *Needleman's Bridal Shop*

MADRINA DEL PASTEL

Miguelina, dondequiera que estés

MADRINAS Y PADRINO DE INVESTIGACIÓN E HISTORIA

Rachel Manning, Joy Pile, Charles Mann

MADRINAS DE MÁS INFORMACIÓN

Jill Denner, Mimi Doll, Bianca Guzmán, Cettina Larrow, Evelyn Rodríguez, Bernadette Sánchez, Sunita Trevino

MADRINAS Y PADRINOS DE INSTRUCCIÓN RELIGIOSA

Reverenda Cathie Caimano, Daysi Caro, Sor Ángela Erevia, Josette Goldish, Yvonne Konig, Esperanza Monterubio, Heske Zelermyer,

Rabí Isidoro Aizenberg, Eli Cohen, Rabí Oisiki Ghitis, Reverendo Nicolás Menjívar, Padre Jorge Reyes, Rabí Ira Schiffer, Padre Carlos Urbino

MADRINA DE LA MÚSICA

Monique Alvarado (cantante principal de un mariachi juvenil de San Antonio, conocida como la "muñequita de oro")

MADRINAS Y PADRINO DE TILDES Y TRADUCCIÓN

Lyn Tavares, Roberto Véguez, Liliana Valenzuela

MADRINAS Y PADRINOS DE MIAMI

Dulce Goldenberg, Esthersita Pentón-Nodarse de *Pretty Party,* Enrique Fernández, Maurice Mompoint

MADRINAS Y PADRINOS DE LAWRENCE

Daysi Caro, Zoa Mendez de *Mendez Flowerloons,* familia Peralta, todas las muchachas de *Lawrence High School* que me ayudaron, ¡ya saben quienes son!, Lou Bernieri, Richard Gorham

MADRINAS MÉXICOAMERICANAS

Ana Barrios, Norma Cantú, Gabriela Castañeda, Sandra Cisneros, Lorena Flores, Leticia y Heather y Apolonia Hernández, María Hinojosa, Mónica y Juanita Lepe, Ángela Mosqueda, Norma Pérez, Marisela Ramos, Juliana Santillán

MADRINAS PUERTORRIQUEÑAS

Andrea Español, Melissa Parada, Carolyn Ramos

MADRINAS DOMINICANAS

Carolina Alba; Karla y Mauri Alvarez; Yajaira Blanco; Ivanna Bogaert; Paulina Estepan, "Pali"; Patricia Franco; Mariana Franco de Miess; Lidiana Fuente; Amantina Grullón, "Titi" (*Q.E.P.D.*); Yanique Grullón; Sandra Haddad de Estrella; Rose Mary Lora; María Antonia Pichardo; familia Redondo; Astrid Trujillo Cabral de Idigoras; Ameriquín Velázquez; Zaidy Zouain

MADRINAS Y PADRINOS CUBANOS

Vitalina Alfonso, Celita Gómez, Carmel Rodríguez, Eduardo Béjar, Roberto Véguez

MADRINAS MEXICANAS, SUDAMERICANAS Y
CENTROAMERICANAS

Inés Espinoza, Ángela y Verónica Fajardo, Gloria González,
Loren Michelle Mejía, Mercedes Peralta, Patricia Saldarriaga

MADRINAS Y PADRINO DE AUTOBIOGRAFÍA

Judy Sherman, Ruth Stevenson, Bruce Holsapple

Lecturas recomendadas

Para aquellos que tienen interés en aprender más sobre la tradición de la fiesta de quince años y las jóvenes latinas en general

NO FICCIÓN

Anzaldúa, Gloria, *Borderlands/La Frontera: The New Mestiza* [Borderlands/La frontera: la nueva mestiza] (San Francisco: Aunt Lute Books, 1987).

Cantú, Norma y Olga Nájera-Ramírez, *Chicana Traditions: Continuity and Change* [Tradiciones: continuidad y cambio] (Urbana: University of Illinois Press, 2002).

Denner, Jill y Bianca L. Guzman, *LATINA GIRLS: Voices of Adolescent Strength in the U.S.* [Jóvenes Latinas: voces de fortaleza adolescente] (New York: New York University Press, 2006).

Dietrich, Lisa C., *Chicana Adolescents: Bitches, 'Ho's, and Schoolgirls* [Adolescentes chicanas: perras, putas y colegialas] (Westport, CT: Praeger Publishers, 1998).

Dresser, Norine, *Multicultural Celebrations: Today's Rules of Etiquette for Life's Special Occasions* [Celebraciones multiculturales: las reglas de hoy para la etiqueta en las ocasiones especiales de la vida] (New York: Three Rivers Press, 1999).

Erevia, Sister Angela, *Quince Años: Celebrando la vida: Celebrating Life* (San Antonio: Missionary Catechists of Divine Providence, 2000).

King, Elizabeth, *Quinceañera* (New York: Penguin Putnam Books for Young Readers, 1998).

Lankford, Mary D., *Quinceañera: A Latina's Journey to Womanhood* [Quinceañera: el camino de las latinas a la adultez femenina] (Brookfield, CT: Millbrook Press, 1994).

Marling, Karal Ann, *Debutante: Rites and Regalia of American Debdom* [Debutante: Los ritos y los atuendos de las debutantes en los EE.UU.] (Lawrence: University Press of Kansas, 2004).

Morales, Ed, *Living in Spanglish: The Search for Latino Identity in America* [Vivir en spanglish: la búsqueda de la identidad latina en EE.UU.] (New York: St. Martin's Press, 2002).

Napolitano, Valentina, *Migration, Mujercitas, and Medicine Men: Living in Urban Mexico* [Migración, mujercitas y curanderos: la vida en el México urbano] (Berkeley: University of California Press, 2002).

National Coalition of Hispanic Health and Human Services Organization, *The State of Hispanic Girls* [El estado de las muchachas hispanas] (Washington, D.C.: COSSMHO, 1999).

Pentón-Nodarse, Esthersita, *Sólo Para Quinceañeras* (Miami: Colonial Press International, 1999).

Pleck, Elizabeth, *Celebrating the Family* [Celebración de la familia] (Cambridge: Harvard University Press, 2000).

Salcedo, Michele, *Quinceañera!: The Essential Guide to Planning the Perfect Sweet Fifteen Celebration* [¡Quinceañera!: la guia esencial para planear la fiesta de quince años ideal] (New York: Henry Holt & Company, 1997).

Vida, Vendela, *Girls on the Verge: Debutante Dips, Drive-bys, and Other Initiations* [Muchachas al borde: reverencias de debutantes, tiroteos desde un carro y otras iniciaciones] (New York: St. Martin's Press/Griffin, 1999).

FICCIÓN

Alegría, Malín, *Estrella's Quinceañera* [Los quince años de Estrella] (New York: Simon & Schuster Books for Young Readers, 2006).

Alvarado, Lisa, Ann Hagman Cardinal y Jane Alberdeston Coralin, *Sister Chicas* [Chicas hermanas] (New York: New American Library, 2006).

Bertrand, Diane Gonzales, *Sweet Fifteen* [Quince abriles] (Houston: Arte Publico Press, 1995).

Canales, Viola, *The Tequila Worm* [El gusano del tequila] (New York: Wendy Lamb Books, Knopf, 2005).

Chambers, Veronica, *Quinceañera Means Sweet Fifteen* [Quinceañera significa quince abriles] (New York: Hyperion Books for Children, 2001).

Osa, Nancy, *Cuba 15* (New York: Delacorte Press, 2003).